门阙、轴线与道路

秦汉政治理想的空间表达

曾磊 — 著

广西师范大学出版社

GUANGXI NORMAL UNIVERSITY PRESS

·桂林·

门阙、轴线与道路
MENQUE ZHOUXIAN YU DAOLU

责任编辑：梁鑫磊
责任技编：伍先林
封面设计：阳玒玮

图书在版编目（CIP）数据

门阙、轴线与道路：秦汉政治理想的空间表达 /
曾磊著. --桂林：广西师范大学出版社，2020.5
　　ISBN 978-7-5598-2882-8

Ⅰ. ①门… Ⅱ. ①曾… Ⅲ. ①政治思想史—
研究—中国—秦汉时代 Ⅳ. ①D092.32

中国版本图书馆 CIP 数据核字（2020）第 092197 号

广西师范大学出版社出版发行

（广西桂林市五里店路 9 号　邮政编码：541004）
网址：http://www.bbtpress.com

出版人：黄轩庄
全国新华书店经销
广西广大印务有限责任公司印刷
（桂林市临桂区秧塘工业园西城大道北侧广西师范大学出版社
集团有限公司创意产业园内　邮政编码：541199）
开本：880 mm × 1 240 mm　1/32
印张：13.375　　字数：270 千
2020 年 5 月第 1 版　　2020 年 5 月第 1 次印刷
定价：88.00 元

前　言

公元前 221 年,秦王嬴政"平定天下"[1]。秦琅邪刻石说:"六合之内,皇帝之土。西涉流沙,南尽北户。东有东海,北过大夏。人迹所至,无不臣者。"[2]一个疆域空前广大的帝国在东方诞生。秦始皇不仅在关中平原营造壮丽宫阙,修建豪华陵墓,还在全国修驰道、筑长城、通直道、挖灵渠、赭湘山、毁城郭、立刻石、造东门。在通过人工建筑塑造政治空间的同时,也对自然空间加以利用和改造。雷戈指出:"秦始皇的这些做法的政治寓意并不单单在于显耀其赫赫皇权,同时更是一种巧妙而富有意味的政治造型。它的目的是把一种人力无法抗衡的绝对权力,以及这种绝对权力所蕴含的皇权的力量、皇权的威严、皇权的气势、皇权的妄想统统塑造为一种惊人的空间造型。"[3]

继秦而起的汉帝国也非常重视对国都的建设。西汉长安城的

---

[1]　《史记》卷六《秦始皇本纪》,北京:中华书局,1959 年,第 236 页。

[2]　《史记》卷六《秦始皇本纪》,第 245 页。

[3]　雷戈:《秦汉之际的政治思想与皇权主义》,上海:上海古籍出版社,2006年,第 499 页。

建设和改造从高祖立国的长乐宫一直持续到新莽时期的九庙建筑。东汉在都城洛阳修造了南宫、北宫等宫室建筑，又建造了社稷、郊兆、明堂、辟雍等礼制建筑，试图恢复汉王朝昔日的荣光。东汉洛阳城在后代又几经战乱和修葺，一直沿用到北魏时期。无论是政治空间的营造还是自然空间的改造，都可以视作统治者思想观念的空间表达，均有其强烈的象征意义。政治空间的营造以肉眼可见的真实，将礼仪秩序、权力等级直观地展现出来，而对自然空间的改造也试图将自然山川融入人间秩序，以期实现帝王"日月所照，莫不宾服"[1]的政治理想。秦汉两代的都城设计者巧妙地利用了自然地理形势，在一些关键节点上建造宫室、门阙、陵墓、祠庙等包含礼制意味的人工建筑，形成了纵横千里的的东西轴线和南北轴线。这些山川、建筑和轴线，与天上的星空隐隐相映，使秦汉帝王在满足自己"以六合为家，殽函为宫"[2]的雄心之外，也达到了形式上的天人合一。[3]

　　与政治空间和自然空间相比，文化空间的形式相对抽象。文化空间形成的基础是人的参与，因此，文化空间会随着人的会聚与流

---

[1]　《史记》卷六《秦始皇本纪》，第254页。

[2]　《史记》卷六《秦始皇本纪》，第282页。

[3]　雷戈指出："秦汉帝国都不仅仅是把皇宫建筑简单视为一种普通的人间设施。秦皇汉祖们似乎更乐意赋予自己的宫殿以一种'通天'的神圣意味。总之，他们试图把皇权的空间造型编织为一种'天人合一'的巨大建筑网络。而这种建筑网络的核心则是皇帝的无上威势。"参见雷戈《秦汉之际的政治思想与皇权主义》，第500页。

动不断聚合或解体。汉代的长安和洛阳利用其首都优势,成为各自时代的文化重心,"各领风骚二百年"。文化空间的转移实际上是人及其文化产品的转移,汉代的两都交通线对儒学的传播起了重要作用。而交通线路在承载文化空间变动的同时,亦将政治空间和自然空间串连。

基于以上的初步认识,本书尝试从个案分析入手,展现秦汉时期王朝国家如何通过人为的规划、设计,贯彻自身的观念和意图,从而将自然地理空间成功地塑造为政治空间、文化空间。本书的结构较为松散,但章节安排大致遵循这一思路。现将各章主要观点和研究思路罗列于下,相关问题的研究综述则散入各章。

第一、二章是对人工建筑营造的政治空间的探讨。第一章阐述门阙的政治宣教功用。门阙作为一种礼制建筑,能够昭示天子威仪和帝国气势。门阙不仅是天子号令赏罚的展示窗口,还是帝王"听穷省冤"[1]的舆情通道。象征帝王威仪的门阙,也可以成为集中展示民众意愿的场所。第二章讨论汉代未央宫金马门的象征意义。金马门原名鲁班门,其得名源自未央宫宦者署门前的金马。金马门寄托了文人的政治理想,成为被后世反复咏颂的文化符号。汉代很多名臣都曾待诏金马门,但避世于金马门下的狂人东方朔却是才俊中的另类。他外表狂妄自大,实际内心孤寂郁闷。不过东方朔的

---

[1] [梁]萧统编,[唐]李善注:《文选》卷五六《石阙铭》,北京:中华书局,1977 年,第 774 页。

"朝隐"并未得到当时人的理解，魏晋以降，士人才逐渐认同东方朔的避世行为，"滑稽之雄"[1]也转变为大隐金门的谪仙。

第三、四章转入对自然空间改造的探讨。第三章讨论门阙与秦代国土地理坐标的关系。秦关中宫殿区的中心区域大致在黄河秦东门、汧渭之会秦西门、甘泉石门关和南山阙之内。我们可以把这四座门阙视作秦帝国中心宫殿区的界标。而如果我们以咸阳作为秦帝国地理坐标系的原点，朐县秦东门则可以视作坐标系横轴上的端点。咸阳原点与秦东门端点之间的连线，正是秦帝国的东西轴线。位于秦帝国北部的重要军事塞防高阙，则可以视作秦帝国南北轴线的端点。我们或许可以将朐县秦东门和高阙视作秦代设在帝国边界的国门。第四章专门对秦东门的地理位置、历史评价进行详细讨论。朐县秦东门是秦始皇树立在东海之滨的地标建筑。然而作为秦始皇功业象征的秦东门，却遭到了后人的批评。秦东门的具体位置一直存有争议，根据相关史料来看，秦东门当在汉代东海庙附近。朐县秦东门与黄河秦东门共同组成了秦帝国的东方门阙。秦东门留下了久远的历史影响，今山东荣成境内的成山角也有所谓"秦东门"，是历代附会而成的文化遗迹。

第五章对秦代的三条交通线路进行个案研究。以咸阳、长安为中心，东西方向有两都交通线及其延长线，南北方向则有子午道——

---

[1]　汪荣宝撰，陈仲夫点校：《法言义疏》卷一一《渊骞》，北京：中华书局，1987年，第484页。

直道。这两条线路可以视作秦汉东西、南北两条轴线的物化。两都交通线上的函谷关作为重要的交通节点,也是不同文化区域上的分界点和关联点。一些交通道路的修筑除了政治、经济、文化功用之外,还有重要军事意义。"关中通道—函谷关""直道—高阙""飞狐道—飞狐关"均是按照"道路—关塞"防御体系的形式建构。

第六章是对文化空间流变的探讨。以两都交通线为切入点,以汉代博士群体为研究对象,以历史文化地理的研究方法,讨论交通线路与文化传播的关系,并对历史文化地理的研究方法进行初步反思。通过对汉代博士籍贯和活动地域的统计可知,西汉时学术重心有多极化现象,长安、洛阳以及齐鲁地区都是重要的学术重心。东汉时,学术重心则统一到洛阳、陈留、南阳、汝南为中心的中州地区,同时东汉的学术文化在全国的分布更加均衡。这些文化空间的变动,与汉代交通格局的改变有一定关系。

第七章与第八章则是对与交通有关的具体制度的微观讨论。通过细节考证,展现人、物与制度三者的关系,希望通过制度的复原深入时光的缝隙,触摸历史的真实。第七章通过对肩水金关汉简中《厩律》遗文的复原、刘贺"乘七乘传诣长安邸"一事的考议和对悬泉汉简"传信"简释文的校补,从三个角度还原汉代公务用车的法制规定和实际状况。第八章对敦煌出土的西晋元康三年"苻信"进行了专题探讨。该"苻信"是目前发现的唯一完整的西晋"苻信"实物,其上的封泥文字或为"塞曹印信"。"塞曹"是汉晋边郡的地方行政机构,在护乌桓校尉营府(或称幕府)、边郡都尉府和边县县廷中都有可能设置。通过对"符信"文本的释读，可以初步了解西晋边塞巡查制度。该"符信"所见交通地理信息也为相关地名的推定提供了新的线索。

目　录

第一章　宫阙意象与皇权威仪/1

　　第一节　门阙与天子号令/3

　　第二节　门阙与等级尊严/6

　　第三节　"壮丽"与"重威"之外/12

第二章　金马门与士人理想/17

　　第一节　金马门前的待诏知识人/17

　　第二节　狂人东方朔的"朝隐"/23

　　第三节　由"滑稽"到"谪仙"/28

　　第四节　金马的命运结局/37

第三章　都城格局与国土坐标/40

　　第一节　秦关中宫殿区的都门设计/41

　　第二节　秦汉时期的超长建筑基线/48

第三节　高阙与"秦北门"设想/59

第四章　东方国门与始皇功业/66
　　第一节　暴虐秦政的耻辱柱/67
　　第二节　秦东门的地理位置/69
　　第三节　成山角的"秦东门"/82

第五章　道路规划与军事交通/88
　　第一节　两都交通线与函谷关/88
　　第二节　秦直道的线路争议及始修年代/109
　　第三节　飞狐道与汉代军事交通/138

第六章　儒学流布与学术地理/155
　　第一节　汉代知识人的学术传承与文化传播/158
　　第二节　汉代博士的空间分布/167
　　第三节　汉代两都区域的文化优势/172

第七章　传车规制与交通出行/235
　　第一节　肩水金关汉简中的《厩律》遗文/236
　　第二节　刘贺"乘七乘传诣长安邸"考议/273
　　第三节　悬泉汉简"传信"简释文校补/285

第八章 "符信"制度与边塞巡查/322

    第一节 "符信"正名/322

    第二节 封泥及简文考释/330

    第三节 "塞曹"考论/342

    第四节 "符信"所见汉晋交通地理信息/355

参考文献/359

后　记/413

第一章　宫阙意象与皇权威仪

《史记·天官书》载："两河、天阙间为关梁。"所谓"天阙"，张守节《正义》说："阙丘二星在南河南，天子之双阙，诸侯之两观，亦象魏县书之府。"[1]可见天阙二星的由来与地上的"天子之双阙，诸侯之两观"有关。《水经注·谷水注》说魏明帝在洛阳南宫阊阖门外"夹建巨阙，以应天宿"[2]，是以人工建筑映照天上星宿。

有学者以为，阙是早期道教所追求的仙界的象征符号和人仙两界交通的神学媒介。[3] 阙的确是神仙世界的门户。据说蓬莱、方丈、瀛洲三神山上，"其物禽兽尽白，而黄金银为宫阙"[4]。《艺文类聚》卷六二引《神异经》曰："东北大荒中，有金阙，高百丈，上有明

---

[1]　《史记》卷二七《天官书》，北京：中华书局，1959 年，第 1302 页。

[2]　[北魏]郦道元注，杨守敬、熊会贞疏，段熙仲点校，陈桥驿复校：《水经注疏》卷一六《谷水注》，南京：江苏古籍出版社，1989 年，第 1411 页。从汉魏洛阳故城阊阖门遗址的发掘情况来看，阊阖门外的门阙规模确实可称作"巨阙"，其中一期阙台遗迹可能属于魏晋时期（图 1-1）。参见中国社会科学院考古研究所洛阳汉魏故城队《河南洛阳汉魏故城北魏宫城阊阖门遗址》，《考古》2003 年第 7 期。

[3]　姜生：《汉阙考》，《中山大学学报（社会科学版）》1997 年第 1 期。

[4]　《史记》卷二八《封禅书》，第 1370 页。

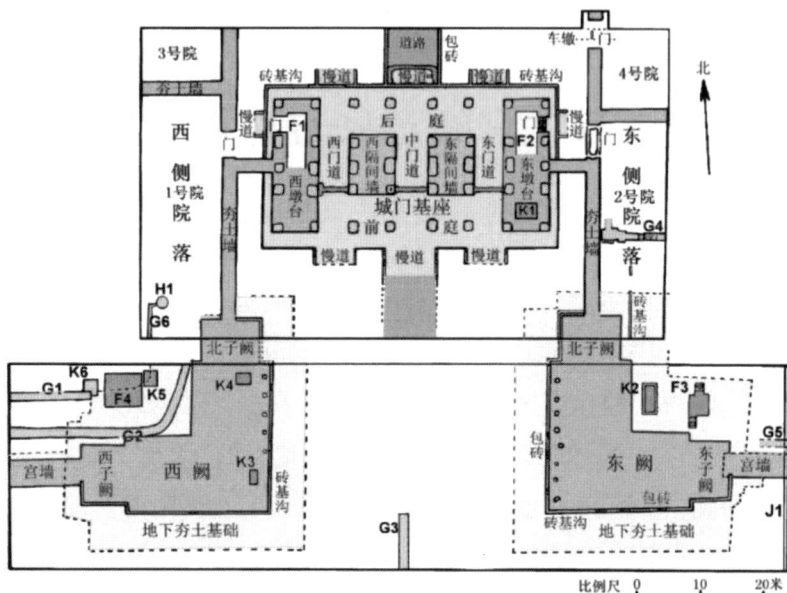

图 1-1 北魏宫城阊阖门遗址平面图

月珠，径三丈，光照千里，中有金阶，西北入两阙中，名天门。"[1]

所谓"山河千里国，城阙九重门。不睹皇居壮，安知天子尊"[2]，阙作为一种礼制建筑，能够昭示天子威仪和帝国气势，阙的政治宣教功用值得研究者注意[3]。

---

[1] [唐]欧阳询撰，汪绍楹校：《艺文类聚》卷六二，北京：中华书局，1965 年，第 1116 页。

[2] [唐]骆宾王著，[清]陈熙晋笺注：《骆临海集笺注》卷一《上吏部侍郎帝京篇》，上海：上海古籍出版社，1985 年，第 6 页。

[3] 关于秦汉阙的研究情况，参见高子期《秦汉阙论》，西安美术学院博士学位论文，2013 年。

第一节 门阙与天子号令

刘熙《释名·释宫室》云:"阙,阙也,在门两旁,中央阙然为道也。"[1]"阙"又称"象魏"。《左传·庄公二十一年》:"郑伯享王于阙西辟。"杜预注:"阙,象魏也。"孔颖达疏:"其上县法象,其状巍巍然高大谓之象魏。"[2]孔颖达以为"象魏"与"县法象"和"巍巍然"有关。所谓"县法象"的做法源自《周礼》。《周礼·天官·大宰》载:"正月之吉,始和布治于邦国都鄙,乃县治象之法于象魏,使万民观治象,挟日而敛之。"郑玄注:"大宰以正月朔日,布王治之事于天下。至正岁,又书而县于象魏,振木铎以徇之,使万民观焉。"又引郑司农云:"象魏,阙也。"贾公彦疏:"郑司农云'象魏,阙也'者,周公谓之象魏,雉门之外,两观阙高魏魏然。"[3]

《文选》卷四所载张衡《东京赋》说:"建象魏之两观,旌六典之旧章。"薛综注:"言所以立两观者,欲表明六典旧章之法。"[4]"旌六典之旧章",即是以上所说"县法象"之意。象魏所"县"之"法

---

[1] [汉]刘熙撰,[清]毕沅疏证,王先谦补,祝敏彻、孙玉文点校:《释名疏证补》卷五《释宫室》,北京:中华书局,2008年,第189页。

[2] [晋]杜预注,[唐]孔颖达等正义:《春秋左传正义》卷九《庄公二十一年》,[清]阮元校刻《十三经注疏》,北京:中华书局,1980年,第1774页。

[3] [汉]郑玄注,[唐]贾公彦疏:《周礼注疏》卷二《天官·太宰》,[清]阮元校刻《十三经注疏》,第648—659页。

[4] [梁]萧统编,[唐]李善注:《文选》卷四《东京赋》,北京:中华书局,1977年,第55页。

象"，除了《大宰》所说的"治象之法"外，还有《地官·大司徒》的"县教象之法"[1]，《夏官·大司马》的"县政象之法"[2]，《秋官·大司寇》的"县刑象之法"[3]。

汉代每擒杀夷狄之王，常将王首悬于阙下。武帝时郭吉出使匈奴，曾以"南越王头已悬于汉北阙"之语恐吓对方[4]。终军曾誓言"愿受长缨，必羁南越王而致之阙下"[5]。苏武警告前来劝降的义律说："宛王杀汉使者，头县北阙。"[6]贰师将军李广利征伐大宛，汉武帝下诏称赞他"获王首虏，珍怪之物毕陈于阙"[7]。汉昭帝时，傅介子斩杀楼兰王，"驰传诣阙，县首北阙下"[8]。有学者指出，未央宫北阙正对横门大街，离蛮夷邸不远。将夷狄王首悬于北

[1]　[汉]郑玄注，[唐]贾公彦疏：《周礼注疏》卷一〇《地官·大司徒》，[清]阮元校刻《十三经注疏》，第706页。

[2]　[汉]郑玄注，[唐]贾公彦疏：《周礼注疏》卷二九《夏官·大司马》，[清]阮元校刻《十三经注疏》，第835页。

[3]　[汉]郑玄注，[唐]贾公彦疏：《周礼注疏》卷三四《秋官·大司寇》，[清]阮元校刻《十三经注疏》，第871页。另，《诗·大雅·抑》："讦谟定命，远犹辰告。"孔颖达疏："《周礼》六官，其存者五，惟《春官》无此事，其余皆有之，唯所主异耳。然《春官》主礼，周公所制，永为定法，更不改张，故不须再悬。"（[汉]毛公传，[汉]郑玄笺，[唐]孔颖达等正义：《毛诗正义》卷一八《大雅·抑》，[清]阮元校刻《十三经注疏》，第554页）《左传·哀公三年》："命藏象魏。"杜预注："《周礼》正月县教令之法于象魏，使万民观之，故谓其书为象魏。"孔颖达疏："唯《春官》不县者，以礼法一颁，百事皆足，不可又县，故不县之。"（[晋]杜预注，[唐]孔颖达等正义：《春秋左传正义》卷五七《哀公三年》，[清]阮元校刻《十三经注疏》，第2157页）

[4]　《史记》卷一一〇《匈奴列传》，第2912页。

[5]　《汉书》卷六四下《终军传》，北京：中华书局，1962年，第2821页。

[6]　《汉书》卷五四《苏武传》，第2462页。

[7]　《汉书》卷六一《李广利传》，第2703页。

[8]　《汉书》卷九六上《西域传上·鄯善国》，第3878页。

阙的目的,除了向天子报功外,更重视其对四夷宾客的警示作用。[1]

崔豹《古今注》卷上《都邑》说:"人臣将朝,至此则思其所阙,故谓之阙。"[2]崔豹的解释虽是望文生义,但阙下确实常见人臣"思其所阙"的场景[3]。淮南厉王杀辟阳侯后"驰走阙下,肉袒谢曰:'……臣谨为天下诛贼臣辟阳侯,报母之仇,谨伏阙下请罪。'"[4]梁孝王刘武曾"伏斧质于阙下,谢罪"[5]。汉哀帝宠臣董贤自杀前,"诣阙免冠徒跣谢"[6]。阙的辅助建筑"罘罳",也有径作"复思"者。《释名·释宫室》说:"罘罳,在门外。罘,复也。罳,思也。臣将入请事,于此复重思之也。"毕沅注:"《水经·谷水注》及《御览》引并作'复思',则'罘罳'有直作'复思'者。"[7]王莽曾"遣使坏渭陵、延陵园门罘罳",目的就是"毋使民复思也"[8]。

阙下又是行刑的场所。《汉书·刘向传》说:"孔子有两观之

---

[1] 李吟屏:《悬挂楼兰王首之北阙考》,《文物》1995 年第 12 期;王静:《汉代蛮夷邸论考》,《史学月刊》2000 年第 3 期。

[2] [晋]崔豹撰,车华林校笺:《〈古今注〉校笺》卷上《都邑》,北京:线装书局,2015 年,第 56 页。

[3] 《水经注疏》卷一六《谷水注》引颍容曰:"阙者,上有所失,下得书之于阙,所以求论誉于人,故谓之阙矣。"(第 1412 页)与人臣"思其所阙"的说法恰巧相反。

[4] 《史记》卷一一八《淮南衡山列传》,第 3076 页。

[5] 《史记》卷五八《梁孝王世家》,第 2085 页。

[6] 《汉书》卷九三《佞幸传·董贤》,第 3739 页。

[7] [汉]刘熙撰,[清]毕沅疏证,王先谦补,祝敏彻、孙玉文点校:《释名疏证补》卷五《释宫室》,第 189—190 页。

[8] 《汉书》卷九九下《王莽传下》,第 4186 页。

诛。"颜师古注引应劭曰："少正卯奸人之雄，故孔子摄司寇七日，诛之于两观之下。"又注曰："两观，谓阙也。"[1]秦始皇因母亲行为不检，将其幽闭冷宫，并下令"敢以太后事谏者，戮而杀之"。因进谏而积死阙下者有二十七人。齐人茅焦冒死进谏，秦始皇令使者告之："若不见阙下积死人邪？"[2]汉代巫蛊之祸后，太子空缺，燕王刘旦求入长安宿卫，"武帝怒，立斩其使者于北阙"[3]。

由此可见，阙可以视作帝王展示治国方针的宣传窗口。正如《三辅黄图》卷二所说："门阙，天子号令赏罚所由出也。"[4]

第二节　门阙与等级尊严

阙是能够体现天子威仪的礼制建筑。[5]《艺文类聚》卷六二引东汉李尤《阙铭》说："皇上尊严，万姓载依，国都攸处，建设端闱，

[1]《汉书》卷三六《刘向传》，第 1946 页。

[2][汉]刘向撰，向宗鲁校证：《说苑校证》卷九《正谏》，北京：中华书局，1987年，第 215 页。

[3]《史记》卷四九《外戚世家》，第 1985 页。

[4]　何清谷：《三辅黄图校释》卷二，北京：中华书局，2005 年，第 112 页。类似说法又见《汉书》卷二七上《五行志上》："门阙，号令所由出也。"（第 1329 页）

[5] 王子今：《门阙与门神崇拜》，西安：陕西人民出版社，2006 年，第 298—321页。刘增贵：《门户与中国古代社会》，《中研院历史语言研究所集刊》第 68 本第 4分，1997 年，第 817—897 页。

表树两观,双阙巍巍。"阙展现了"皇上尊严",能够使"万姓载依"[1]。《史记·秦本纪》载,秦孝公十二年(前350),"作为咸阳,筑冀阙,秦徙都之"[2]。冀阙是由商鞅主持建造的。《史记·商君列传》载,商鞅为大良造三年后,"作为筑冀阙宫庭于咸阳,秦自雍徙都之。"[3]关于"冀阙"之得名,司马贞《索隐》以为,"冀阙即魏阙也。冀,记也。出列教令,当记于此门阙"[4]。《史记》两次记载"筑冀阙"之事,可见司马迁对此事的重视。秦咸阳城的建造并非一日之功,对于国君来说,国都最重要的建筑自然是宫室,咸阳城的宫殿建筑直至秦始皇时仍在扩建。在宫室未就的情况下,冀阙作为一种礼制建筑能够得以优先建造,也体现出冀阙的特殊地位。

商鞅本人对"筑冀阙"一事也颇为自得。《史记·商君列传》载商君自夸之语:"始秦戎翟之教,父子无别,同室而居。今我更制其教,而为其男女之别,大筑冀阙,营如鲁卫矣。子观我治秦也,孰与五羖大夫贤?"[5]商鞅以为自己为秦国创设礼仪秩序,使其脱离

---

[1] [唐]欧阳询撰,汪绍楹校:《艺文类聚》卷六二,第1117页。

[2] 《史记》卷五《秦本纪》,第203页。

[3] 《史记》卷六八《商君列传》,第2232页。有学者认为秦咸阳宫1号官殿建筑遗址即商鞅所筑冀阙之西阙,但亦有学者指出,咸阳宫1号官殿建筑遗址不具备"门阙"或"门"的建筑功能,它与官门门阙、"冀阙"不同。参见学理、采梁、梓林、洪春《秦都咸阳发掘报道的若干补正意见》,《文物》1979年第2期;王学理《以讹传讹"咸阳官",一扫蒙尘显"冀阙"——对秦都咸阳1号宫殿遗址定性的匡正》,《文博》2011年第2期;刘庆柱、白云翔主编,中国社会科学院考古研究所编著《中国考古学·秦汉卷》,北京:中国社会科学出版社,2010年,第38页。

[4] 《史记》卷六八《商君列传》,第2232页。

[5] 《史记》卷六八《商君列传》,第2234页。

"戎翟之教"，治秦功绩可以媲美五羖大夫百里奚。冀阙作为"出列教令"的礼制建筑，正可以强化商鞅对秦国子民的教育。他透露出向当时的文化先进国度鲁国和卫国学习的意愿，"营如鲁卫"的不仅有宫室建筑，还有秦国的社会风气。"大筑冀阙"展现出商鞅对自己教化秦民的骄傲，也体现出秦民族的文化自信。

与商鞅"大筑冀阙"的做法类似，萧何在营造汉长安城时也特别重视对阙的建设。《史记·高祖本纪》载：

> 萧丞相营作未央宫，立东阙、北阙、前殿、武库、太仓。高祖还，见宫阙壮甚，怒，谓萧何曰："天下匈匈苦战数岁，成败未可知，是何治宫室过度也？"萧何曰："天下方未定，故可因遂就宫室。且夫天子以四海为家，非壮丽无以重威，且无令后世有以加也。"高祖乃说。

类似记载又见《汉书·高帝纪下》，颜师古注云："未央殿虽南向，而当上书奏事谒见之徒皆诣北阙，公车司马亦在北焉。是则以北阙为正门，而又有东门、东阙，至于西南两面，无门阙矣。盖萧何初立未央宫，以厌胜之术理宜然乎？"[1]张守节《正义》又说："北阙为正者，盖象秦作前殿，渡渭水属之咸阳，以象天极阁道绝汉抵

---

[1]《汉书》卷一下《高帝纪下》，第64页。

营室。"[1]

前殿是国家的基本礼仪建筑,武库与太仓则是维持国都正常运行的基础设施。在"天下匈匈苦战数岁,成败未可知"的形势下,东阙、北阙能与前殿、武库、太仓共同优先建造,也体现出其特殊的象征意义。门阙位于宫室建筑的最前方,是宫室的先导标志,能够彰显帝国的威仪。萧何以"天子以四海为家,非壮丽无以重威"之语取悦了刘邦,也透露出建设东阙、北阙的用意是以"壮丽"来"重威"。雷戈指出:"这说明人们已意识到了建造大型宫殿已成为向天下昭示自己统治合法性的直接途径。所谓'天子以四海为家,非令壮丽亡以重威,且亡令后世有以加',即是说'重威'于'四海',对世人造成绝对的威慑和压服。"[2]但萧何"无令后世有以加也"的愿望并没有实现,几十年后的汉武帝又在长安城外营造建章宫,树立规模更加壮丽的凤阙、圆阙、别风阙、嶕峣阙等门阙。

《史记·封禅书》载,汉武帝"作建章宫,度为千门万户。前殿度高未央。其东则凤阙,高二十余丈"[3]。《三辅黄图》卷二亦载,凤阙"高二十五丈",又引《三辅旧事》说:"又于宫门北起圆阙,高二十五丈,上有铜凤凰。"此外,阊阖门内又"北起别风阙,高五十丈"。又引《庙记》说:"嶕峣阙,在圆阙门内二百步。"凤阙和圆阙"二十五

---

[1] 《史记》卷八《高祖本纪》,第385—386页。
[2] 雷戈:《秦汉之际的政治思想与皇权主义》,上海:上海古籍出版社,2006年,第496页。
[3] 《史记》卷二八《封禅书》,第1402页。

丈”的高度已令人惊叹，而别风阙竟高至“五十丈”[1]。建章宫的凤阙遗址至今尚存，位于今陕西西安未央区双凤阙村东，二阙址间距 53 米，西阙基址保存较好，现高 11 米、底径 17 米；东阙基址保存较差，现高 6 米、底径 5 米。[2]

班固《西都赋》说建章宫“设璧门之凤阙，上柧棱而栖金雀。内则别风之嶕峣，眇丽巧而竦擢，张千门而立万户，顺阴阳以开阖”[3]。《文选》卷二引张衡《西京赋》则说“圜阙竦以造天，若双碣之相望。凤骞翥于甍标，咸遡风而欲翔。阊阖之内，别风嶕峣。何工巧之瑰玮，交绮豁以疏寮。干云雾而上达，状亭亭以苕苕”[4]。东汉繁钦又作有《建章凤阙赋》专门赞颂凤阙的巍峨，其中说：“筑双凤之崇阙，表大路以遐通。上规圜以穹隆，下矩折而绳直。长楹森以骈停，修桷揭以舒翼。象玄圃之层楼，肖华盖之丽天。当蒸暑之爞赫，步北楹而周旋。鹪鹏振而不及，岂归雁之能翔。抗神凤以甄甍，似虞庭之锵锵，栌六翮以抚跱，俟高风之清凉。华钟金兽，列在南廷；嘉树蓊薆，奇鸟哀鸣。台榭临池，万种千名；周檷辇道，屈绕纡萦。”[5]东汉洛阳城的朱雀阙同样蔚为壮观。《艺文类聚》卷六

[1] 何清谷：《三辅黄图校释》卷二，第 124—128 页。

[2] 刘庆柱、李毓芳：《汉长安城》，北京：文物出版社，2003 年，第 188 页。

[3] 《后汉书》卷四〇上《班固传》，北京：中华书局，1965 年，第 1341—1342 页。

[4] [梁]萧统编，[唐]李善注：《文选》卷二《西京赋》，第 40—41 页。

[5] [唐]欧阳询撰，汪绍楹校：《艺文类聚》卷六二，第 1117 页。

二引《汉官典职》曰："偃师去宫三十五里,望朱雀阙,其上郁朴与天连。"[1]鲁恭王的灵光殿"状如积石之锵锵,又似乎帝室之威神。崇墉冈连以岭属,朱阙岩岩而双立。高门拟于阊阖,方二轨而并入"[2]。

《水经注·谷水注》引《白虎通》曰："门必有阙者何?阙者,所以饰门,别尊卑也。"[3]作为礼仪建筑,阙的规制也体现出等级制度的森严。《公羊传·昭公二十五年》载子家驹之语说:"礼,天子诸侯台门,天子外阙两观,诸侯内阙一观。"不过,春秋战国时期的实际情况正如子家驹所言,"诸侯僭天子,大夫僭诸侯,久矣"[4]。

目前所见秦汉规格最高的阙的形制为三出阙。秦始皇陵、汉景帝阳陵的门阙皆采用了三出阙的形制。[5]霍光妻子显扩建自己的坟茔,"改光时所自造茔制而侈大之。起三出阙,筑神道,北临昭灵,南出承恩,盛饰祠室,辇阁通属永巷,而幽良人婢妾守之"[6]。霍显

[1] [唐]欧阳询撰,汪绍楹校:《艺文类聚》卷六二,第1116页。
[2] [梁]萧统编,[唐]李善注:《文选》卷一一《鲁灵光殿赋》,第169页。
[3] [北魏]郦道元注,杨守敬、熊会贞疏,段熙仲点校,陈桥驿复校:《水经注疏》卷一六《谷水注》,第1411页。
[4] [汉]何休注,[唐]徐彦疏:《春秋公羊传注疏》卷二四《昭公二十五年》,[清]阮元校刻《十三经注疏》,第2328页。
[5] 袁仲一:《对秦始皇陵园门阙遗址的初步认识》,秦始皇兵马俑博物馆《论丛》编委会编,吴永琪主编《秦文化论丛》第11辑,西安:三秦出版社,2004年,第363—377页。段清波:《古代阙制研究——以秦始皇帝陵三出阙为基础》,西北大学考古学系、西北大学文化遗产与考古学研究中心编《西部考古》第1辑,西安:三秦出版社,2006年,第304—330页。
[6] 《汉书》卷六八《霍光传》,第2950页。

所起三出阙，明显逾制。唐长寿曾对墓主身份明确的汉墓门阙进行统计，"墓主官位从州刺史到郡太守、郡都尉的人墓上可以立阙。但官秩远不及二千石的县令、长、县功曹甚至庶民，墓上也可立阙，并且双体阙、重楼阙都照用不误"[1]。有学者进一步指出，"西汉早、中期，设阙制度仍很严格"，"西汉晚期至东汉，设阙制度开始松懈，无论达官贵人或是一介平民，只要财力允许，皆可置阙，所以阙的设置趋于繁盛，符号作用更加明显，到东汉更是走向世俗化"[2]。

第三节　"壮丽"与"重威"之外

《文选》卷五六引梁陆倕《石阙铭》曰："象阙之制，其来已远，春秋设旧章之教，经礼垂布宪之文，戴记显游观之言，周史书树阙之梦。北荒明月，西极流精，海岳黄金，河廷紫贝，苍龙玄武之制，铜雀铁凤之工。或以听穷省冤，或以布化悬法，或表正王居，或光崇帝里。"[3]可见，门阙不仅是"布化悬法""表正王居"和"光崇帝里"的场所，又是帝王"听穷省冤"的舆情通道。

汉代民众的确有至阙下鸣冤求情者。巫蛊之祸后，壶关三老茂

---

［1］　唐长寿：《汉代墓葬门阙考辨》，《中原文物》1991 年第 3 期。
［2］　赵海洲、张广军：《汉代陵墓前的阙门及其起源探讨》，《平顶山学院学报》2005 年第 6 期。
［3］　［梁］萧统编，［唐］李善注：《文选》卷五六《石阙铭》，第 774 页。

自愿"待罪建章阙下"上书武帝,为戾太子刘据鸣冤。[1] 宣帝时名臣赵广汉入狱,"吏民守阙号泣者数万人"[2]。汉成帝下诏检讨自己执政过失,说当时"刑罚不中,众冤失职,趋阙告诉者不绝"[3]。汉哀帝时,鲍宣因摧辱丞相下狱,"博士弟子济南王咸举幡太学下"声援鲍宣,"诸生会者千余人"。太学生"又守阙上书",终于为鲍宣减刑。[4] 光武帝时名儒欧阳歙下狱,"诸生守阙为歙求哀者千余人,至有自髡剔者"[5]。

此外,汉代还有至阙下告发者。如江充曾"诣阙告(赵)太子丹与同产姊及王后宫奸乱,交通郡国豪猾,攻剽为奸,吏不能禁",最后"竟败赵太子"。[6] 有至阙下谢恩者。南越王曾期待"伏北阙,望大廷,以报盛德"[7]。还有至阙下贡献宝物者。《史记·封禅书》载:"新垣平使人持玉杯,上书阙下献之。平言上曰:'阙下有宝玉气来者。'已视之,果有献玉杯者,刻曰'人主延寿'。"[8]

更加引人注目的是,汉代臣民还有诣阙上书的传统。《汉书·梅福传》说:"孝武皇帝好忠谏,说至言,出爵不待廉茂,庆赐不须显

---

[1] 《汉书》卷六三《武五子传·戾太子刘据》,第 2745 页。

[2] 《汉书》卷七六《赵广汉传》,第 3205 页。

[3] 《汉书》卷一〇《成帝纪》,第 315 页。

[4] 《汉书》卷七二《鲍宣传》,第 3094 页。

[5] 《后汉书》卷七九上《儒林传上·欧阳歙》,第 2556 页。

[6] 《汉书》卷四五《江充传》,第 2175—2176 页。

[7] 《汉书》卷三四上《严助传》,第 2788 页。

[8] 《史记》卷二八《封禅书》,第 1383 页。

功，是以天下布衣各厉志竭精以赴阙廷自炫鬻者不可胜数。"[1]汉代很多名臣都有诣阙上书的经历。如主父偃"上书阙下。朝奏，暮召入见"[2]。枚皋"上书北阙，自陈枚乘之子。上得之大喜，召入见待诏，皋因赋殿中"[3]。朱买臣"诣阙上书，书久不报，待诏公车，粮用乏"[4]。据说，建议立王莽之女为皇后的"庶民、诸生、郎吏以上守阙上书者日千余人"，而上书颂扬王莽不受新野田功德者，竟至"四十八万七千五百七十二人"。太后下诏曰："唯公功德光于天下，是以诸侯王、公、列侯、宗室、诸生、吏民翕然同辞，连守阙庭，故下其章。诸侯、宗室辞去之日，复见前重陈，虽晓喻罢遣，犹不肯去。告以孟夏将行厥赏，莫不欢悦，称万岁而退。"[5]

有些诣阙上书事件的规模也值得注意。如上引为赵广汉鸣冤者"数万人"，声援鲍宣者"千余人"，为欧阳歙求哀者"千余人"，求立王莽女为后者"日千余人"。有的诣阙上书事件甚至造成政局动荡。东汉末年的党锢之祸中，阙下就成为太学生抗争宦官集团的战场。汉桓帝永兴元年（153），冀州刺史朱穆因得罪宦官势力被治罪，"太学书生刘陶等数千人诣阙上书"，汉桓帝最终不得不赦免朱穆[6]。延熹五年（162），议郎皇甫规又受到宦官诬陷，"诸公及太

---

[1] 《汉书》卷六七《梅福传》，第 2918 页。
[2] 《史记》卷一一二《平津侯主父列传》，第 2953 页。
[3] 《汉书》卷五一《枚皋传》，第 2366 页。
[4] 《汉书》卷六四上《朱买臣传》，第 2791 页。
[5] 《汉书》卷九九上《王莽传上》，第 4051 页，第 4070—4071 页。
[6] 《后汉书》卷四三《朱穆传》，第 1470 页。

学生张凤等三百余人诣阙讼之",终于使皇甫规得到赦免。[1] 汉灵帝熹平元年(172),"有何人书朱雀阙,言'天下大乱,曹节、王甫幽杀太后,常侍侯览多杀党人,公卿皆尸禄,无有忠言者'"。这条匿名标语书于阙下,造成极大轰动,主事官员四出逐捕,"及太学游生,系者千余人"[2]。原本象征帝王威仪的门阙,却成为集中展示民众意愿的场所。诣阙上书也形成了久远的历史回响,后世知识人曾多次在阙下留有声绝云汉的历史表演。他们不惧权力高层的政治压力,甚至甘愿牺牲个体生命与黑暗政治势力进行斗争,其中体现的知识人的锵锵风骨,并不输给巍巍帝阙。[3]

　　正因为阙下具有如此浓重的政治氛围,一些政治事件的主导者,对事件发生场所的选择,可能也是经过仔细斟酌,以引起帝王和民众的更多注意,而由此产生的政治影响和心理冲击自然也更加强烈。发生在汉昭帝时的夏阳男子冒充戾太子刘据的政治事件即是一例。《汉书·隽不疑传》载:

　　[1]　《后汉书》卷六五《皇甫规传》,第 2135 页。

　　[2]　《后汉书》卷六八《宦者传·曹节传》,第 2525 页。

　　[3]　相关研究参见赵光怀《"告御状":汉代诣阙上诉制度》,《山东大学学报(人文社会科学版)》2002 年第 1 期;王子今《王咸举幡:舆论史、教育史和士人心态史的考察》,《读书》2009 年第 6 期;郭晨虹《南宋时期太学生伏阙上书活动述评》,《纪念〈教育史研究〉创刊二十周年论文集(3)——中国教育制度史研究》会议论文,北京,2009 年;李佳《明代群臣"伏阙"抗争现象的政治文化分析》,《古代文明》2010 年第 4 期;程民生《宋代的诣阙上诉》,《文史哲》2012 年第 2 期;徐畅《西汉长安城未央宫北阙的地理位置及政治功用》,《四川文物》2012 年第 4 期。

始元五年，有一男子乘黄犊车，建黄旗，衣黄襜褕，着黄冒，诣北阙，自谓卫太子。公车以闻，诏使公卿将军中二千石杂识视。长安中吏民聚观者数万人。右将军勒兵阙下，以备非常。丞相御史中二千石至者并莫敢发言。京兆尹不疑后到，叱从吏收缚。或曰："是非未可知，且安之。"不疑曰："诸君何患于卫太子。昔蒯聩违命出奔，辄距而不纳，《春秋》是之。卫太子得罪先帝，亡不即死，今来自诣，此罪人也。"遂送诏狱……廷尉验治何人，竟得奸诈。本夏阳人，姓成名方遂，居湖，以卜筮为事。有故太子舍人尝从方遂卜，谓曰："子状貌甚似卫太子。"方遂心利其言，几得以富贵，即诈自称诣阙。廷尉逮召乡里识知者张宗禄等，方遂坐诬罔不道，要斩东市。一云姓张名延年。[1]

这位夏阳男子"乘黄犊车，建黄旗，衣黄襜褕，着黄冒"的装扮，显然是经过精心设计。汉武帝在太初改制时，改汉水德尚黑为土德尚黄，夏阳男子的黄色装扮正是表明自己根"黄"苗正，能够绍继大统。如上文所言，北阙原本就是民众的政治活动中心，而他"诣北阙"的选择，确实收到了轰动的效果，以致"长安中吏民聚观者数万人"。而"右将军勒兵阙下，以备非常"和"丞相御史中二千石至者并莫敢发言"的局势也说明当时的现场氛围已十分微妙。幸亏隽不疑果断处置，才未造成更大的政治动荡。

---

[1] 《汉书》卷七一《隽不疑传》，第3037—3038页。

第二章　金马门与士人理想

第一节　金马门前的待诏知识人

西汉长安未央宫中有一座金马门，有学者以为是未央宫北宫门[1]。班固的《西都赋》和张衡的《西京赋》对金马门皆有描述。班固《西都赋》："又有承明金马，著作之庭，大雅宏达，于兹为群，元元本本，周见洽闻，启发篇章，校理秘文。"[2] 张衡《西京赋》："内有常侍谒者，奉命当御，兰台金马，递宿迭居，次有天禄石渠，校文之处，重以虎威章沟，严更之署。"[3] 何清谷据此认为"金马门备有食宿的馆舍，文人可以住在那里著书立说"[4]。

金马门原名鲁班门，其得名源自未央宫宦者署门前之金马。《汉书·公孙弘传》："召入见，容貌甚丽，拜为博士，待诏金马门。"

<hr>

[1]　刘庆柱编著：《长安春秋》，北京：人民出版社，1988 年，第 30 页；何清谷：《三辅黄图校释》卷三，北京：中华书局，2005 年，第 175 页。

[2]　《后汉书》卷四〇上《班固传》，北京：中华书局，1965 年，第 1341 页。

[3]　[梁] 萧统编，[唐] 李善注：《文选》卷二《西京赋》，北京：中华书局，1977 年，第 39 页。

[4]　何清谷：《三辅黄图校释》卷三，第 175 页。

颜师古注引如淳曰："武帝时，相马者东门京作铜马法献之，立马于鲁班门外，更名鲁班门为金马门。"[1]《后汉书·马援传》亦载："孝武皇帝时，善相马者东门京铸作铜马法献之，有诏立马于鲁班门外，则更名鲁班门曰金马门。"[2]从以上记载看，金马是武帝时相马者东门京所献。一说这匹金马的原型来自大宛宝马。《三辅黄图》卷三："金马门，宦者署。武帝得大宛马，以铜铸像，立于署门，因以为名。"[3]

这匹金马后人多有咏颂。如唐李贺诗："此马非凡马，房星本是星。向前敲瘦骨，犹自带铜声。"[4]元张雨《汉铜马式》诗："曾同避世东方朔，此马见之金马门。一自露盘辞汉去，铜驼荆棘几消魂。"[5]元邹选又有《金马门赋》，对金马多有夸张的摹写："观其渥洼异产，月窟殊姿，虎文隐见，龙骨权奇，目夹镜之明，臆双凫之飞，饮河而水有声，涉道而尘不知。朝澡乎阆风，夕次乎咸池。飘若惊鸿，矫若游龙，一嘶而胆气雄，再振而冀北空。星流霆发，珠洒汗血，雄姿逸态，难可并述。"又说此马"不嘶而气如虹，不动而耳生风，陋

---

[1] 《汉书》卷五八《公孙弘传》，第 2617 页。

[2] 《后汉书》卷二四《马援传》，第 840 页。

[3] 何清谷：《三辅黄图校释》卷三，第 174 页。不过，据丘述尧考证，早在汉武帝得大宛马之前，就已经有金马门之名了。参见丘述尧《金马门说质疑》，收入其著《史记新探》，台北：明文书局，1992 年，第 312—319 页。

[4] 李贺著，吴企明笺注：《李长吉歌诗编年笺注》卷五《马诗》之四，北京：中华书局，2012 年，第 586 页。

[5] 顾瑛辑，杨镰、祁学明、张颐青整理：《草堂雅集》卷七，北京：中华书局，2008 年，第 624 页。

青玉之骢,鄙拳毛之骊,跷乎若奔,跋乎欲前。伯乐见之,骇其骨之竦;王良过之,怪其神之存。此汉人之所谓金马而立夫未央之门者也"[1]。

金马门有时又省称作"金马",如扬雄《解嘲》:"公孙创业于金马,票骑发迹于祁连。"[2]又如《宋书·王微传》:"且庐于承明,署乎金马。"[3]《梁书·江淹传》:"结绶金马之庭,高议云台之上。"[4]此外,金马门又有"金门""金闺"的雅称。《汉书·叙传下》说公孙弘"平津斤斤,晚跻金门"[5]。《汉书·扬雄传下》说扬雄"与群贤同行,历金门上玉堂有日矣"[6]。江淹《别赋》:"金闺之诸彦,兰台之群英。"李善注:"金闺,金马门也。"[7]又如谢朓《始出尚书省》诗:"既通金闺籍,复酌琼筵醴。"[8]

金马门临近石渠阁,又均是文人会聚之处,故诗文中也常见二者对举。如班固《两都赋序》:"内设金马石渠之署,外兴乐府协律之事。"[9]庾信《和宇文内史入重阳阁》:"待诏还金马,儒林归石

[1] [元]佚名编:《元赋青云梯》卷上,清嘉庆宛委别藏本。

[2] 《汉书》卷八七下《扬雄传下》,第3573页。

[3] 《宋书》卷六二《王微传》,北京:中华书局,1974年,第1665页。

[4] 《梁书》卷一四《江淹传》,北京:中华书局,1973年,第248页。

[5] 《汉书》卷一〇〇下《叙传下》,第4255页。

[6] 《汉书》卷八七下《扬雄传下》,第3566页。

[7] [梁]萧统编,[唐]李善注:《文选》卷一六《别赋》,第239页。

[8] [梁]萧统编,[唐]李善注:《文选》卷三〇《始出尚书省》,第429页。

[9] [梁]萧统编,[唐]李善注:《文选》卷一《两都赋序》,第21页。

渠。"[1]又如《陈书·后主纪》:"待诏之徒,争趋金马,稽古之秀,云集石渠。"[2]

诗文中又常见金马与铜驼对举。徐陵《洛阳道》说:"东门向金马,南陌按铜驼。"[3]《太平御览》卷一五八引陆机《洛阳记》:"洛阳有铜驼街。汉铸铜驼二枚,在宫南四会道相对。俗语曰:'金马门外集众贤,铜驼陌上集少年。'"[4]后人多有诗作言及金马门前的汲汲于功名的"众贤"与铜驼陌上沉醉于觥筹的"少年"。唐刘禹锡《为郎分司寄上都同舍》说:"籍通金马门,身在铜驼陌。"[5]宋王庭珪《次韵酬国子生赵秀才四绝句》之二说:"入关莫恋铜驼陌,待诏行趋金马门。"[6]又宋晁冲之《敦素有以书局处之者作诗迎之》则说:"朝回金马门前晓,宴罢铜驼陌上春。"[7]

邹选《金马门赋》说金马门"阖则象坤,辟则象乾,将相于此出入,政令于此布宣。盖所以闲天下之邪,朱天下之贤者也","此时人所以贵金马之登而慕金马之客也"。[8]柳宗元在《送幸南容归

[1] [北周]庾信撰,[清]倪璠注,许逸民校点:《庾子山集注》卷三,北京:中华书局,1980 年,第 268 页。

[2] 《陈书》卷六《后主纪》,北京:中华书局,1972 年,第 120 页。

[3] [陈]徐陵撰,许逸民校笺:《徐陵集校笺》卷一,北京:中华书局,2008 年,第 25 页。

[4] [宋]李昉等:《太平御览》卷一五八,北京:中华书局,1960 年,第 770 页。

[5] [唐]刘禹锡撰,《刘禹锡集》整理组点校,卞孝萱校订:《刘禹锡集》卷二五,北京:中华书局,1990 年,第 325 页。

[6] [宋]王庭珪:《卢溪集》卷二三,文渊阁《四库全书》本。

[7] [宋]晁冲之:《晁具茨诗集》卷八,海山仙馆丛书本。

[8] [元]佚名编:《元赋青云梯》卷上。

使联句诗序》中说:"昔汉室方盛,文章之徒合于京师,亦既充金马、石渠,则又溢于诸侯,求达其道。"[1]元柳贯《赠谈命周生》:"请看金马门前路,曳组影缨尽俊英。"[2]出入金马门者都是一时才俊。汉代很多名臣,如公孙弘、主父偃、严安、徐乐、苏武、刘向、张子侨、华龙、柳褒、郑朋、贾捐之、翼奉、刘歆、冯商、聊苍等[3],都曾待诏金马门。宋高似孙《纬略》卷七《待诏金马门》条:"待诏金马门,汉盛选也。以汉之久而膺此选者仅若此耳,殊不轻畀也。"[4]可见能够待诏金马门,已经是汉代知识人中的佼佼者。"巍巍金马门,云是上

---

　　[1]　[唐]柳宗元:《柳宗元集》卷二二,北京:中华书局,1979年,第596—597页。

　　[2]　杨镰主编:《全元诗》,北京:中华书局,2013年,第28册,第200页。

　　[3]　《汉书》卷五八《公孙弘传》:"策奏,天子擢弘对为第一。召入见,容貌甚丽,拜为博士,待诏金马门。"(第2617页)《三辅黄图》卷三:"东方朔、主父偃、严安、徐乐,皆待诏金马门。"(何清谷《三辅黄图校释》卷三,第174页)《汉书》卷五四《苏武传》:"宣帝即时召武待诏宦者署。"(第2468页)《汉书》卷六四下《王褒传》:"宣帝时修武帝故事,讲论六艺群书,博尽奇异之好,征能为《楚辞》九江被公,召见诵读,益召高材刘向、张子侨、华龙、柳褒等待诏金马门。"(第2821页)《汉书》卷七八《萧望之传》:"会稽郑朋阴欲附望之,上疏言车骑将军高遣客为奸利郡国,及言许、史子弟罪过。章视周堪,堪白令朋待诏金马门。"(第3284页)《汉书》卷六四下《贾捐之传》:"元帝初即位,上疏言得失,召待诏金马门。"(第2830页)《汉书》卷七五《翼奉传》:"元帝初即位,诸儒荐之,征待诏宦者署,数言事宴见,天子敬焉。"(第3167页)《汉书》卷三六《刘歆传》:"歆字子骏,少以通《诗》《书》能属文召,见成帝,待诏宦者署,为黄门郎。"(第1967页)《汉书》卷五九《张延寿传》颜师古注引如淳曰:"班固《目录》'冯商,长安人,成帝时以能属书待诏金马门,受诏续《太史公书》十余篇'。"(第2657页)《汉书》卷三〇《艺文志》又有赵人聊苍,曾作《待诏金马聊苍》三篇(颜师古注:"《严助传》作胶苍,而此志作聊。志传不同,未知孰是。"第1739页)。参见何清谷《三辅黄图校释》卷三,第174—175页。

　　[4]　[宋]高似孙:《纬略》卷七,文渊阁《四库全书》本。

天梯"[1]，待诏金马门等于登上了通天之梯。

金马门作为入朝为官象征，也成为被反复咏颂的文化符号。如唐独孤及《丙戌岁正月出洛阳书怀》："往岁衣褐见，受服金马门。拟将忠与贞，来酬主人恩。"[2]宋程俱《虞君明谟和刘氏园居诗再用前韵作因以叙出处之意》："入当陪隽贤，峨冠宣与温。出当仗汉节，登车金马门。"[3]宋陈棣《再用前韵三首》之二："归休我愿向驹谷，登用君宜金马门。"[4]明李梦阳《酬钱水部锡山之招》："振辔金马门，看花曲江浒。"[5]

"出入金马门，交结青云士"[6]，也是许多知识人的终生梦想。陈何胥《赋得待诏金马门诗》说："此时参待诏，谁复想渔樵。"[7]李白"但识金马门，谁知蓬莱山"之句[8]，也反映出大多数知识人对仕途的向往。唐段成式《送穆郎中赴阙》："若逢金马门前客，为说

---

[1] [明]林鸿：《拟古》之三，收入其著《鸣盛集》卷一，文渊阁《四库全书》本。

[2] [唐]独孤及撰，刘鹏、李桃校注：《毗陵集校注》卷一，沈阳：辽海出版社，2006年，第15页。

[3] [宋]程俱：《北山集》卷二，文渊阁《四库全书》本。

[4] [宋]陈棣：《蒙隐集》卷二，文渊阁《四库全书》本。

[5] [明]李梦阳：《空同集》卷一八，文渊阁《四库全书》本。

[6] [唐]刘禹锡撰，《刘禹锡集》整理组点校，卞孝萱校订：《刘禹锡集》卷三五《韩十八侍御见示岳阳楼别窦司直诗因令属和重以自述故足成六十二韵》，第514页。

[7] [唐]徐坚：《初学记》卷二四，北京：中华书局，1962年，第583页。

[8] [唐]李白：《古风五十九首（其三十）》，收入[唐]李白著，[清]王琦注《李太白全集》卷二，北京：中华书局，1977年，第125—126页。

虞卿久著书。"[1]以"金马门前客"代指在朝为官之人。与此类似又有"金马客""金门客"的说法。如唐郑谷《寄前水部贾员外嵩》："贵为金马客,雅称水曹郎。"[2]唐刘禹锡《分司东都蒙襄阳李司徒相公书问因以奉寄》："早忝金马客,晚为商洛翁。"[3]明唐顺之《同皇甫子循游横山》之二："幸接金门客,相攀桂树荣。"[4]

第二节　狂人东方朔的"朝隐"

王安石《东方朔》诗载:

> 平原狂先生,隐翳世上尘。
>
> 材多不可数,射覆亦绝伦。
>
> 谈辞最诙怪,发口如有神。
>
> 以此得亲幸,赐予颇不贫。
>
> 金玉本光莹,泥沙岂能埋。
>
> 时时一悟主,惊动汉庭臣。

---

[1]　[清]彭定求等编:《全唐诗》卷五八四,北京:中华书局,1960年,第6770页。

[2]　[清]彭定求等编:《全唐诗》卷六七四,第7713页。

[3]　[唐]刘禹锡撰,《刘禹锡集》整理组点校,卞孝萱校订:《刘禹锡集》卷二二,第285页。

[4]　[明]唐顺之:《荆川集》卷二,文渊阁《四库全书》本。

> 不肯下儿童，敢言诋平津。
>
> 何知夷与惠，空复忤时人。[1]

王安石对东方朔评价颇高，认为他"射覆""绝伦"，"谈辞""诙怪"，但他在起首一句就将东方朔定位为"狂先生"。"狂"，是东方朔留给后人的显著印象。李商隐《圣女祠》诗说："惟应碧桃下，方朔是狂夫。"[2]明蓝仁《挽陈伯升萧慈谷二公化日同门有为邻媪称觞不至故末语及之》诗说："疏狂却忆东方朔，只恋蟠桃不自由。"[3]清田雯诗中也说："不厌东方朔，狂来据地歌。"[4]均言及东方朔之狂。在有关东方朔最早的文字记录中，东方朔也是以"狂人"形象出现的。《史记·滑稽列传》载："人主左右诸郎半呼之'狂人'"；"人皆以先生为狂。"[5]遭到东方朔羞辱的郭舍人也直呼"朔狂"[6]。史书中记载的东方朔的行为，如上书自荐、欺绐侏儒、岁尽弃妇、小遗殿上、调笑郭舍人、割肉遗细君等，也确实透露出一个"狂"字。东方朔之狂，还表现在他敢于不惧显贵，犯颜进谏，所谓"时时一悟主，惊动汉庭臣"，这也是那些尸位素餐的官员所不能比

[1] ［宋］王安石：《临川先生文集》卷九，北京：中华书局，1959年，第147页。

[2] 刘学锴、余恕诚：《李商隐诗歌集解》（增订重排本），北京：中华书局，2004年，第1875页。

[3] ［明］蓝仁：《蓝山集》卷四，文渊阁《四库全书》本。

[4] ［清］田雯：《古欢堂集》卷一九，文渊阁《四库全书》本。

[5] 《史记》卷一二六《滑稽列传》，北京：中华书局，1959年，第3205页。

[6] 《汉书》卷六五《东方朔传》，第2844页。

拟的。赵翼评价说：“其狂肆自举如此，使在后世，岂不以妄诞得罪？”[1]

东方朔借欺给侏儒一事讨得汉武帝欢心，得以待诏金马门，也获得了更多接近汉武帝的机会。然而这样一位“材多不可数”的狂人，却始终得不到重用，《汉书·严助传》说武帝“颇俳优畜之”[2]。《东方朔传》又载：“武帝既招英俊，程其器能，用之如不及。时方外事胡越，内兴制度，国家多事，自公孙弘以下至司马迁皆奉使方外，或为郡国守相至公卿，而朔尝至太中大夫，后常为郎，与枚皋、郭舍人俱在左右，诙啁而已。久之，朔上书陈农战强国之计，因自讼独不得大官，欲求试用。其言专商鞅、韩非之语也，指意放荡，颇复诙谐，辞数万言，终不见用。”[3]

东方朔自视甚高，《汉书》说他“文辞不逊，高自称誉”，又由于“自公卿在位，朔皆敖弄，无所为屈”[4]，朝堂之中难觅知音，所以他在《答客难》中说：“与义相扶，寡偶少徒，固其常也。”[5]但东方朔的狂言狂行并不能视作单纯的狂妄自大。他在《非有先生论》中写道：“接舆避世，箕子被发阳狂，此二人者，皆避浊世以全其身者也。使遇明王圣主，得清燕之闲，宽和之色，发愤毕诚，图画安危，揆

---

[1]　[清]赵翼著、王树民校正：《廿二史札记校正》卷二，北京：中华书局，1984年，第49页。

[2]　《汉书》卷六四上《严助传》，第2775页。

[3]　《汉书》卷六五《东方朔传》，第2863—2864页。

[4]　《汉书》卷六五《东方朔传》，第2842、2860页。

[5]　《史记》卷一二六《滑稽列传》，第3207页。

度得失,上以安主体,下以便万民,则五帝三王之道可几而见也。"[1]他期待遇到"明王圣主",能够"发愤毕诚,图画安危,揆度得失,上以安主体,下以便万民",实现自己的人生理想,但在"辞数万言,终不见用"的情况下,只能"崛然独立,块然独处"[2],以箕子、接舆自比目的,是"避浊世以全其身"[3]。

东方朔的狂语狂行,正是他因得不到汉武帝重用和找不到志同道合者而内心苦闷的极端表现。东方朔只能通过这些狂语狂行宣泄自己的情绪,他外表狂妄,实际内心孤寂郁闷。他"追悯屈原",模仿屈原口吻写成《七谏》,"以述其志"。[4]《七谏·沉江》说:"苦众人之妒予兮,箕子寤而佯狂。不顾地以贪名兮,心怫郁而内伤。"[5]表面是描写屈原遭逢小人之妒而内心苦闷,以致"不顾地以贪名",其实也可以理解为借屈原之口倾吐自己"怫郁"之情。有学者指出,"官僚系统作为一个权力博弈的场域,个人在其中要受到多种力量的牵制和约束,一方面是君主的最高权力不可冒犯,另一方面是官僚系统内部的权力制约。所以,那些曾经满怀热情致力经

---

[1] 《汉书》卷六五《东方朔传》,第 2871 页。

[2] 《史记》卷一二六《滑稽列传》,第 3207 页。

[3] 汪荣宝以为"朔之意乃欲窃比二子,以己之避世于朝廷间为合于二子之义"。(汪荣宝撰,陈仲夫点校:《法言义疏》卷一一《渊骞》,北京:中华书局,1987年,第 487 页)

[4] 洪兴祖撰,白化文、许德楠、李如鸾、方进点校:《楚辞补注》卷一三《七谏章句》,北京:中华书局,1983 年,第 236 页。

[5] 洪兴祖撰,白化文、许德楠、李如鸾、方进点校:《楚辞补注》卷一三《七谏章句·沉江》,第 239 页。

世的官员,面对挫折,同样以隐逸表达个人的态度,也以一种低调的方式明哲保身"。东方朔无力改变自己所处的政治环境,"心怀不满,但却不能表露,所以自我标榜为隐士","实际上是抑郁不得志发泄怨气的方式"[1]。当人生抱负得不到实现,又不愿远离庙堂之上时,"朝隐"就成为平衡入仕与归隐之间的最佳选择。[2]

《史记·滑稽列传》褚少孙补述记载了东方逆在金马门下的文化表演:

> 朔行殿中,郎谓之曰:"人皆以先生为狂。"朔曰:"如朔等,所谓避世于朝廷间者也。古之人,乃避世于深山中。"时坐席中,酒酣,据地歌曰:"陆沉于俗,避世金马门。宫殿中可以避世全身,何必深山之中,蒿庐之下。"金马门者,宦者署门也,门傍有铜马,故谓之曰"金马门"。[3]

---

[1]　胡翼鹏:《中国隐士——身份建构与社会影响》,北京:社会科学文献出版社,2011 年,第 235 页。

[2]　关于东方朔"朝隐"思想的研究,参见陈兰村、张根明《论东方朔的"滑稽"、"朝隐"及文学创作》,《贵州社会科学》2003 年第 6 期;王继训《也谈朝隐与东方朔》,《济南大学学报(社会科学版)》2002 年第 1 期;胡春润《东方朔"朝隐"思想探源》,《社科纵横》2006 年第 5 期;[澳]文青云(Aat Vervoorn)著,徐克谦译《岩穴之士:中国早期隐逸传统》,济南:山东画报出版社,2009 年,第 189—199 页;胡翼鹏《中国隐士——身份建构与社会影响》,第 192—195 页;谭慧存《论东方朔的"朝隐"思想》,《史学月刊》2012 年第 6 期;蒋波《秦汉隐逸问题研究》,湘潭:湘潭大学出版社,2014 年,第 99—107 页。

[3]　《史记》卷一二六《滑稽列传》,第 3205 页。

第三节　由"滑稽"到"谪仙"

对东方朔"避世金马门"的行为，后人有不同的评判。

虽然褚少孙补述记录了东方朔的"据地歌"，但仍将他列入《滑稽列传》，说明在当时人眼中东方朔还不是以一位"朝隐"者的形象出现的。扬雄《法言·渊骞》载：

> 世称东方生之盛也，言不纯师，行不纯表，其流风遗书，蔑如也。或曰："隐者也。"曰："昔之隐者，吾闻其语矣，又闻其行矣。"或曰："隐道多端。"曰："固也！圣言圣行，不逢其时，圣人隐也。贤言贤行，不逢其时，贤者隐也。谈[1]言谈行，而不逢其时，谈者隐也。昔者箕子之漆其身也，狂接舆之被其发也，欲去而恐罹害者也。箕子之洪范，接舆之歌凤也哉！"或问："东方生名过实者，何也？"曰："应谐、不穷、正谏、秽德，应谐似优，不穷似哲，正谏似直，秽德以隐。"请问"名"。曰："诙达。""恶比？"曰："非夷尚容，依隐玩世，其滑稽之雄乎！"或问："柳下惠非朝隐者与？"曰："君子谓之不恭。古者高饿显，下禄隐。"[2]

扬雄认为东方朔之"诙隐"，并不能与箕子的"圣隐"和接舆的"贤

---

[1]　汪荣宝《义疏》认为隶书"诙"与"谈"形相似，传写每易致误，当作"诙"。

[2]　汪荣宝撰，陈仲夫点校：《法言义疏》卷一一《渊骞》，第483—484页。

隐"相提并论。汪荣宝《义疏》以为东方朔"自污浊其行,托于阳狂之为以示高"[1]。东方朔之隐,是以"秽德"为前提的,但隐者最珍贵的却正是其高贵的品德。正如学者所说,在扬雄眼里,东方朔"缺少道德的严肃性和行为的典范性,而这两者对于隐士来说是关键的"[2]。所谓"君子谓之不恭",李轨注:"孟子曰:'伯夷隘,柳下惠不恭,隘与不恭,君子不由也。'然则饿显不独高,禄隐未为下,今发高下之谈,盖有厉乎素飧也。"即使是柳下惠的"朝隐",也是品位较低的"禄隐",无法与伯夷叔齐的"饿显"相提并论。由此可见,虽然扬雄承认了东方朔的"朝隐"行为,但他对"朝隐"基本持否定态度,他对东方朔的定位与褚先生无异,乃"滑稽之雄"[3]。

　　班固在《汉书·公孙弘卜式兒宽传》赞语中叙述汉武帝时人才辈出的情形时,也将东方朔归入"滑稽"[4],而《东方朔传》的赞语也基本引述了《渊骞》之语。《叙传下》也提及"东方赡辞,诙谐倡优",虽然对东方朔"讥苑扞偃,正谏举邮"[5]的行为表示赞赏,但班固对东方朔的评价基本沿袭了扬雄"滑稽之雄"的看法。

　　直至汉末,士人对东方朔的评价仍是突出其"滑稽"的一面,如

---

　　[1]　汪荣宝撰,陈仲夫点校:《法言义疏》卷一一《渊骞》,第 487 页。

　　[2]　[澳]文青云(Aat Vervoorn)著,徐克谦译:《岩穴之士:中国早期隐逸传统》,第 8 页。

　　[3]　相关讨论又见胡翼鹏《中国隐士——身份建构与社会影响》,第 195 页;蒋波《秦汉隐逸问题研究》,第 107 页。

　　[4]　《汉书》卷五八《公孙弘卜式兒宽传》,第 2634 页。

　　[5]　《汉书》卷一〇〇下《叙传下》,第 4258 页。

蔡邕《释诲》说："东方要幸于谈优。"[1]《三国志·吴书·胡综传》说隐蕃上书"大语有似东方朔"[2]。可见东方朔仍以"大语"为后人所道。

魏晋以降，士人对东方朔的避世行为的评议开始发生转变。

竹林七贤之一嵇康十分推崇东方朔，他的《与山巨源绝交书》说："柳下惠、东方朔，达人也，安乎卑位。吾岂敢短之哉。"嵇康认为，"君子百行，殊涂同致，循性而动，各附所安"。尧舜、许由、张良、接舆虽然事迹各异，但"其揆一也"。"处朝廷而不出"与"入山林而不反"并无高下之分。[3] 嵇康又有《东方朔至清》歌咏东方朔：

> 外似贪污内贞，秽身滑稽隐名。
>
> 不为世累所樱，所以知足无营。[4]

晋夏侯湛的《东方朔画赞（并序）》对东方朔"至清"的形象有更细致的演绎：

> 先生瑰玮博达，思周变通，以为浊世不可以富乐也，故薄游

---

[1]《后汉书》卷六〇下《蔡邕传》，第1987—1988页。

[2]《三国志》卷六二《吴书·胡综传》，北京：中华书局，1959年，第1417页。

[3]《晋书》卷四九《嵇康传》，北京：中华书局，1974年，第1371页。

[4] [魏]嵇康著，戴明阳校注：《嵇康集校注》卷一，北京：中华书局，2014年，第72页。

以取位;苟出不可以直道也,故颉抗以傲世;傲世不可以垂训
也,故正谏以明节。明节不可以久安也,故谈谐以取容。洁其
道而秽其迹,清其质而浊其文。弛张而不为邪,进退而不离群。
若乃远心旷度,赡智宏材。倜傥博物,触类多能。合变以明筭,
幽赞以知来。自三坟五典,八索九丘,阴阳图纬之学,百家众流
之论,周给敏捷之辨,支离覆逆之数,经脉药石之艺,射御书计
之术,乃研精而究其理,不习而尽其功,经目而讽于口,过耳而
暗于心。夫其明济开豁,包含弘大,凌轹卿相,嘲哂豪杰,笼罩
靡前,跆籍贵势。出不休显,贱不忧戚,戏万乘若寮友,视俦列
如草芥。雄节迈伦,高气盖世。可谓拔乎其萃,游方之外者也。

夏侯湛对东方朔的"朝隐"行为赞叹不已,说他"颉抗以傲世",以至
于"凌轹卿相,嘲哂豪杰,笼罩靡前,跆籍贵势","戏万乘若寮友,视
俦列如草芥"。但对于东方朔的"狂",夏侯湛却赞之为"雄节迈伦,
高气盖世。可谓拔乎其萃,游方之外者也"。东方朔虽然"染迹朝
隐",但能"和而不同",即使"栖迟下位",也能"聊以从容"。[1]

　　嵇康与夏侯湛一再提及东方朔道德的清、洁(与扬雄所言东方
朔"秽德"恰好相反),与其行为的秽、浊相对。只要能够"洁其道"
"清其质",即使其迹秽、其文浊,也依然可以"居易而以求其志,处

---

　　[1] [梁]萧统编,[唐]李善注:《文选》卷四七《东方朔画赞(并序)》,第
668—669页。

污而不愧其色"[1]。所谓"小隐隐陵薮，大隐隐朝市"[2]，避世朝堂的金马之客的处世方式似乎比隐迹山林的岩穴之士显得更加高明。

　　李白诗中曾多次提及金马门。如《还山留别金门知己》："一朝去金马，飘落成飞蓬。"《赠参寥子》："余亦去金马，藤萝同所攀。"《寄淮南友人》："不待金门诏，空持宝剑游。"《金门答苏秀才》："我留在金门，君去卧丹壑。"《翰林读书言怀，呈集贤诸学士》："晨趋紫禁中，夕待金门诏。"[3]他在《玉壶吟》中，也流露出对东方朔的推崇之情：

　　　　烈士击玉壶，壮心惜暮年。

　　　　三杯拂剑舞秋月，忽然高咏涕泗涟。

　　　　凤凰初下紫泥诏，谒帝称觞登御筵。

　　　　揄扬九重万乘主，谑浪赤墀青琐贤。

　　　　朝天数换飞龙马，敕赐珊瑚白玉鞭。

　　　　世人不识东方朔，大隐金门是谪仙。

　　　　西施宜笑复宜嚬，丑女效之徒累身。

---

　　[1]　《梁书》卷五一《处士传》，第731页。

　　[2]　[晋]王康琚：《反招隐诗》，[梁]萧统编，[唐]李善注《文选》卷二二，第310页。

　　[3]　分见[唐]李白著，[清]王琦注《李太白全集》卷一五、卷九、卷一三、卷一九、卷二四，第713、495、656、882、1113页。

君王虽爱蛾眉好，无奈宫中妒杀人！[1]

李白以东方朔自喻，冠之以"谪仙"之号，虽然自己上揄"万乘主"下谴"青琐贤"，无奈"世人不识"，只能孤芳自赏、涕泗涟涟。

沈约《和谢宣城诗》："王乔飞凫舄，东方金马门。从宦非宦侣，避世不避喧。"[2]黄庭坚《赠无咎八音歌》："金马避世客，谈谐玩汉朝。"[3]元滕宾《感寓》诗载："吾爱东方朔，高揖金马门。向非玩六合，安肯来昆仑。昂昂九尺身，谈辩黄河翻。谁知上书意，蛾眉非自媒。不见马相如，俛首狗监恩。人生非桃李，何故不自言。"[4]诗人慕东方朔之自荐，赞其行为之狂，毫不掩饰自己对东方朔的仰慕之情。在这些诗句中，我们已读不到《答客难》中郁郁不得志的情绪。才能不被赏识的苦闷心绪已被诗句中的悠闲雅致之情逐步消解，慢慢稀释。"避世从容金马门"[5]反而渐渐成为许多知识人追求的生活状态。原本抒发苦闷的"据地歌"也成为"昔贤"之"浩歌"[6]。

宋张方平《东方朔》诗：

————————

［1］　［唐］李白著，［清］王琦注：《李太白全集》卷七，第377—378页。

［2］　［梁］萧统编，［唐］李善注：《文选》卷三〇《和谢宣城诗》，第433页。

［3］　［宋］黄庭坚撰，［宋］任渊等注，刘尚荣校点：《黄庭坚诗集注》外集卷六，北京：中华书局，2003年，第960页。

［4］　杨镰主编：《全元诗》，第29册，第409页。

［5］　唐韦应物《送褚校书归旧山歌》："春风饮伐灞陵原，莫厌归来朝市喧。不见东方朔，避世从容金马门。"（［唐］韦应物撰，孙望校笺：《韦应物诗集系年校笺》卷八，北京：中华书局，2002年，第418页）

［6］　宋苏籀《秋兴一首》："昔贤浩歌金马门，或亦箪瓢松菊主。"（［宋］苏籀：《双溪集》卷四，文渊阁《四库全书》本）

不独岩扃与市尘，金门亦可晦吾真。

孤风大义人谁见，宣室聊曾抗幸臣。[1]

宋人陈渊说："汉金马门，乃风云会遇之地，而东方生于此避世，宜显而能晦，兹其所以为贤耶。"[2]这里的"金门亦可晦吾真""宜显而能晦"更强调东方朔之"晦"。后世又有学者将东方朔称作"人隐者"。所谓"人隐者"，即"诡迹混俗，不自求别于众人，故曰人隐"。[3]本来个性鲜明的东方朔却被理解为"不自求别于众人"。

也有学者对东方朔避世金马门的做法持否定态度。宋晁补之《依韵和子充杂言》："君不见东方朔避世金马门，侏儒倡郭同陆沉。滑稽突梯意已深，不如孙登闭口逃苏门。"[4]以为东方朔避世金马门不如孙登隐居苏门山。明王恭《书郑克刚云泉清隐卷》："伯阳居柱下，曼倩金马门。大隐朝市间，玩世非避喧。何如小隐云泉里，黄裳竹杖青丝履。白云为伴去还来，石泉泠泠洗心耳。"[5]以为"大隐朝市间"反不如"小隐云泉里"逍遥自在。

不过，我们看到更多的是对"朝隐"的向往和仿效。北齐樊逊

[1]　[宋]张方平：《乐全集》卷二，文渊阁《四库全书》本。

[2]　[宋]陈渊：《与邹德久郎中》，收入其著《默堂集》卷一八，文渊阁《四库全书》本。

[3]　张沛：《中说校注》卷六《礼乐篇》，北京：中华书局，2013年，第172页。

[4]　[宋]晁补之：《鸡肋集》卷一一，文渊阁《四库全书》本。

[5]　[明]王恭：《白云樵唱集》卷二，文渊阁《四库全书》本。

"常服东方朔之言,陆沉世俗,避世金马,何必深山蒿庐之下,遂借陆沉公子为主人,拟《客难》,制《客诲》以自广"[1]。南朝宋江湛曾说:"王瓒之今便是朝隐。"[2]齐高帝谓王俭:"卿从(王僧祐)可谓朝隐。"[3]宋徐铉也曾以东方朔自比,他的《病题二首》其二说:"金马门前君识否,东方曼倩是前身。"[4]唐代甚至多有以朝隐为名者,如冯朝隐、李朝隐、阎朝隐等[5]。

在后世对东方朔的神化中[6],东方朔成为岁星下凡,隐居于金马门中。宋杨亿《金马》:"茂异纷纶集汉庭,求贤诏在竹书青。共趋金马门前路,谁识东方是岁星。"[7]元刘秉忠《闲中》:"平生游世

　　[1]　《北齐书》卷四五《文苑传·樊逊》,北京:中华书局,1972年,第608页。

　　[2]　《南齐书》卷四六《王秀之传》,北京:中华书局,1972年,第800页。

　　[3]　《南史》卷二一《王僧祐传》,北京:中华书局,1975年,第580页。

　　[4]　[宋]徐铉:《骑省集》卷二,文渊阁《四库全书》本。

　　[5]　分见《旧唐书》卷九七《陈希烈传》,北京:中华书局,1975年,第3059页;《旧唐书》卷一〇〇《李朝隐传》,第3125页;《旧唐书》卷一九〇中《文苑传中·阎朝隐》,第5026页。

　　[6]　关于东方朔形象的演变,参见王莉《汉魏小说中东方朔故事的演变轨迹》,《济宁师范专科学校学报》2006年第2期;李江峰《从滑稽之雄到偷桃大仙:古代小说戏曲中的东方朔》,《兰州交通大学学报》2009年第2期;杜文平《东方朔偷桃故事的演变及其文化阐释》,《天中学刊》2013年第2期;聂济冬《文人·名士·神仙——汉晋东方朔形象演变与定型》,《民俗研究》2014年第3期;林春香《东方朔及其文学形象研究》,福建师范大学博士学位论文,2012年;张蓓《论东方朔传说丛的建构、传承与呈现方式》,复旦大学硕士学位论文,2012年。

　　[7]　[宋]杨亿:《武夷新集》卷五,文渊阁《四库全书》本。

东方朔，金马门中是隐仙。"[1]明程嘉燧《孙汉阳屏风十二咏题寿》之"桃实"："朝餐绥山实，昼游金马门。西池阿母下，曾与汉皇言。"[2]唐徐夤作有《避世金马门赋》，姑迻录如下：

名利交奔，大隐之人兮心还混元，晦其迹而宁归碧洞，避其时而却入金门。亦何必野岸垂钓，荒村灌园，目其利而我性非利，耳其喧而吾心不喧。曼倩以骨本天仙，才唯墨客，佩紫禁之珪组，别丹丘之窟宅。三冬积学，明君之玉枣先知；千载为期，阿母之仙桃几摘。口诵诗书，身游紫微，滑稽而黄屋频谏，鸳鸯而青云共飞。雨露恩深，列朝廷之百辟；风尘不到，隔天子之双扉。不知我谓我沽宠荣，知我者谓我逃薄禄。吏漆园而无得无丧，官柱史兮何荣何辱。岂异严霜降处，难伤夫翠竹青松；烈火焚时，不损其良金璞玉。不在乎岩谷终身，揖飞泉而眠白云，昧其道则身山林而心垢氛。曷若干大国而谒明君，显其道则心无瑕而身荣勋。众炫耀兮我不见，众喧哗而我不闻。观启石渠，岂异青溪之景；宫开白虎，宁思玄豹之群。且避世者在乎远其祸，栖踪者在乎求其道，殊不知道也者，不在乎人而在乎我，祸

<hr>

[1] [元]刘秉忠：《藏春集》卷三，文渊阁《四库全书》本。又如明陈继儒《东潘星海》："昔东方以岁星隐金马门。"（[明]陈继儒：《陈眉公集》卷一二，明万历四十三年（1615）刻本）明程嘉燧《贺史按院生日》："昔老聃居柱下史，浮紫气于秦关；方朔侍金马门，隐岁星于汉殿。"（[明]程嘉燧：《松圆偈庵集》卷下，明崇祯刻本）

[2] [明]程嘉燧：《松圆浪淘集》卷一〇，明崇祯刻本。

也者,在乎贪其财而渎其货。我今以珠玉而为瓦砾,以希微而通寿考,簪裾照耀,谁思箕岭一瓢;闾阖优游,堪笑商山四皓。一旦武帝求玄,灵姝降天,指出三清之侣,言非下界之贤,自兹玉石分矣,公卿谔然。五利文成,谩说三山之药;金柜琐闼,常居六洞之仙。岂不以华夏无虞,君臣胥乐,负其才而皆取名位,背其理而乃居林壑。臣今歌紫宸,诵黄阁,庶金门之马有托。[1]

此赋中东方朔完全以仙人形象出现,下凡到人间,隐居于朝堂。诗人将东方朔比作"翠竹青松""良金璞玉",他心怀大道,"闾阖优游",笑看世间百态。

第四节　金马的命运结局

上引邹选《金马门赋》中想象金马最终"得不如晋宫之铜驼,流落荆棘之阿,如唐宫之石马,凄凉绝壁之下。又安得返吾丽水之渊,归吾月氏之野哉!"[2]那么,现实中的金马命运究竟如何呢?

汉明帝时,金马被迁移至洛阳平乐观。张衡《东京赋》:"其西

---

[1]　[唐]徐夤:《钓矶文集》卷二,《四部丛刊》三编影清述古堂钞本。
[2]　[元]佚名编:《元赋青云梯》卷上。

则有平乐都场,示远之观。龙雀蟠蜿,天马半汉,瑰异谲诡,灿烂炳焕。"李善注:"华峤《后汉书》曰:'明帝至长安,迎取飞廉并铜马,置上西门平乐观也。'"[1]东汉马援还曾依照西汉金马故事仿造另一匹金马。《后汉书·马援传》记载,马援"善别名马,于交阯得骆越铜鼓,乃铸为马式,还上之⋯⋯马高三尺五寸,围四尺五寸。有诏置于宣德殿下,以为名马式焉"[2]。

金马直至汉末犹存,最终毁于董卓之乱,化作铸钱铜水。《后汉书·董卓传》:"(董卓)又坏五铢钱,更铸小钱,悉取洛阳及长安铜人、钟虡、飞廉、铜马之属,以充铸焉。"[3]

东方朔的《答客难》,其实是无法得到重用的自我排解。这一感叹士之不遇的名作,曾引起后世许多文人墨客的共鸣。[4]《文心雕龙·杂文》载:

> 智术之子,博雅之人,藻溢于辞,辩盈乎气。苑囿文情,故日新殊致。宋玉含才,颇亦负俗,始造《对问》,以申其志,放怀寥廓,气实使之⋯⋯自《对问》以后,东方朔效而广之,名为《客难》,托古慰志,疏而有辨。扬雄《解嘲》,杂以谐谑,回环自释,颇亦为工。班固《宾戏》,含懿采之华;崔骃《达旨》,吐典言之

---

[1] [梁]萧统编,[唐]李善注:《文选》卷三《东京赋》,第56页。

[2] 《后汉书》卷二四《马援传》,第840—841页。

[3] 《后汉书》卷七二《董卓传》,第2325页。

[4] 参见胡春润、石观海《东方朔的〈答客难〉在文学史上的功创》,《求索》2008年第2期。

裁；张衡《应间》，密而兼雅；崔实《答讥》，整而微质；蔡邕《释诲》，体奥而文炳；景纯《客傲》，情见而采蔚：虽迭相祖述，然属篇之高者也。至于陈思《客问》，辞高而理疏；庾敳《客咨》，意荣而文悴。斯类甚众，无所取裁矣。原兹文之设，乃发愤以表志。身挫凭乎道胜，时屯寄于情泰，莫不渊岳其心，麟凤其采，此立本之大要也。[1]

有学者指出，从某种意义上说，东方朔的"朝隐"更多地反映了秦汉士人在仕不得用、隐无所之的现实面前进退两难的一种矛盾心态。他无奈地面对现实，将"朝隐"最终演化为一种处世哲学，以此来舒缓自身不得志的失落感、因强谏而带来的压力感以及面对强权威胁给其生命带来的恐惧感。[2] 依附于皇权的知识人，一生荣辱系于帝王的个人喜好，纵是一跃千里之材，也只能冀望于伯乐的慧眼，而现实中伯乐难觅，自己才能埋没，只能避世于朝堂之下。甚至有人终生难酬壮志，一如金马最终销熔，只能发出"望断金马门"之叹。[3]

---

[1] ［清］黄叔琳注，李详补注，杨明照校注拾遗：《增订文心雕龙校注》卷三《杂文》，北京：中华书局，2000 年，第 180—181 页。

[2] 谭慧存：《论东方朔的"朝隐"思想》，《史学月刊》2012 年第 6 期。

[3] 唐孟浩然《田园作》："弊庐隔尘喧，唯先养恬素。卜邻近三径，植果盈十树。粤余任推迁，三十犹未遇。书剑时将晚，丘园日已暮。晨兴日多怀，书坐常寡悟。冲天羡鸿鹄，争食羞鸡鹜。望断金马门，劳歌采樵路。乡曲无知己，朝端乏亲故。谁能为扬雄，一荐甘泉赋。"（［唐］孟浩然著，佟培基笺注：《孟浩然诗集笺注》卷下，上海：上海古籍出版社，2000 年，第 355 页）

第三章 都城格局与国土坐标

有学者在讨论唐长安城"北阙"与"南山"的文化意象时指出："这些环绕宫城或与之相对的庞大山系成为宫城的天设之阙。这既体现了古代都城依山面水的传统建造格局,也显示出大一统王朝包举宇内的雄伟气势。这一地理视界的空前展开,不仅使隋唐长安的城市概念突破了建筑构造的局限,扩展到长安城南部的连绵山系。从而使国都长安在自然地理的空间中获得'天人合一'的阐释依据,也使得长安城及其所代表的皇权意志从有限的人文建筑向无限的自然时空延伸,传达出'普天之下,莫非王土。率土之滨,莫非王臣'的至尊权威的建筑语言。"[1] 以这样的评语观察秦始皇的关中宫阙建筑规划同样是适宜的。

---

[1] 康震:《唐代诗歌与长安城建筑文化——以"北阙—南山"的意象解读为中心》,《陕西师范大学学报(哲学社会科学版)》2004 年第 6 期。

第一节　秦关中宫殿区的都门设计

《史记·秦始皇本纪》说秦的疆域"地东至海暨朝鲜,西至临洮、羌中,南至北向户,北据河为塞,并阴山至辽东"[1]。所谓"六合之内,皇帝之土"[2],与如此宏阔的国土相应,秦代的宫室建筑也远远超出国都咸阳的边界。《史记·秦始皇本纪》载:

> 秦每破诸侯,写放其宫室,作之咸阳北阪上,南临渭。自雍门以东至泾、渭,殿屋复道周阁相属。[3]

"写放"六国宫室于咸阳的目的,不仅仅是供秦始皇游乐,也包含有令诸侯臣服于己的意味。"作之咸阳北阪上"的六国宫殿区并不是秦帝国宫殿的全部。秦的"诸庙及章台、上林皆在渭南"[4]。秦始皇又新建信宫、甘泉前殿、阿房宫,再加上秦国历代国君在旧都修筑的宫殿,秦宫殿达到"东西八百里","离宫别馆相望属","穷年忘归,犹不能遍"的惊人规模。[5]

古人曾有意将天上星体与地上州县互相比附,以天上的星宿映

[1]　《史记》卷六《秦始皇本纪》,北京:中华书局,1959 年,第 239 页。

[2]　《史记》卷六《秦始皇本纪》,第 245 页。

[3]　《史记》卷六《秦始皇本纪》,第 239 页。

[4]　《史记》卷六《秦始皇本纪》,第 239 页。

[5]　《史记》卷六《秦始皇本纪》张守节《正义》引《庙记》,第 241 页。

照人间的地理分野。如《汉书·天文志》也说天上繁星"皆有州国官宫物类之象"[1]。《史记·天官书》张守节《正义》引张衡云："众星列布，体生于地，精成于天，列居错峙，各有所属，在野象物，在朝象官，在人象事。"[2] "取法于天"是秦始皇规划咸阳布局的重要思想依据。[3] 秦始皇营造的宫殿，有明显仿拟天象的痕迹。《史记·秦始皇本纪》：

> （秦始皇二十七年）作信宫渭南，已更命信宫为极庙，象天极。自极庙道通郦山。作甘泉前殿，筑甬道，自咸阳属之。
>
> （秦始皇三十五年）乃营作朝宫渭南上林苑中。先作前殿阿房，东西五百步，南北五十丈，上可以坐万人，下可以建五丈旗。周驰为阁道，自殿下直抵南山。表南山之颠以为阙。为复道，自阿房渡渭，属之咸阳，以象天极阁道绝汉抵营室也。[4]

---

[1] 《汉书》卷二六《天文志》，北京：中华书局，1962年，第1273页。

[2] 《史记》卷二七《天官书》，第1289页。

[3] 王子今：《史记的文化发掘——中国早期史学的人类学探索》，武汉：湖北人民出版社，1997年，第268—281页。王学理：《法天意识在秦都咸阳建设中的规划与实施》，秦始皇兵马俑博物馆编《秦俑秦文化研究——秦俑学第五届学术讨论会论文集》，西安：陕西人民出版社，2000年，第421—425页，收入其著《王学理秦汉考古文选》，西安：三秦出版社，2008年，第178—184页。

[4] 《史记》卷六《秦始皇本纪》，第241、256页。类似的记载又见于《三辅黄图》卷一："始皇穷极奢侈，筑咸阳宫，因北陵营殿，端门四达，以则紫宫，象帝居。引渭水贯都，以象天汉；横桥南渡，以法牵牛。""周驰为复道，度渭属之咸阳，以象太极阁道抵营室也。"（何清谷：《三辅黄图校释》卷一，北京：中华书局，2005年，第22、52页）

《史记·秦始皇本纪》说秦陵地宫"以水银为百川江河大海,机相灌输,上具天文,下具地理。"[1]可见,秦始皇陵地宫的构造,也与秦都城的规划思维相一致。汉长安城亦有"斗城"的说法,《三辅黄图》卷一载:"城南为南斗形,北为北斗形,至今人呼汉京城为斗城是也。"[2]《三辅旧事》也说:"城形似北斗也。"[3]班固《西都赋》说长安城宫室"体象乎天地,经纬乎阴阳,据坤灵之正位,放太、紫之圆方"[4]。亦认为长安城的规划与天象有关。[5]

　　有学者指出,秦始皇的宫殿规划每到十月恰好可以与天象映合,而秦以十月为岁首的历法现象也就成为这个王朝建设总体设想中的一个有机组成部分。[6]贾谊说秦始皇"斩华为城,因河为

---

　　[1]　《史记》卷六《秦始皇本纪》,第265页。类似记载又见于《水经注·渭水下》:"上画天文星宿之象,下以水银为四渎百川,五岳九州,具地理之势。"([北魏]郦道元注,杨守敬、熊会贞疏,段熙仲点校,陈桥驿复校:《水经注疏》卷一九《渭水下》,南京:江苏古籍出版社,1989年,第1631页)

　　[2]　何清谷:《三辅黄图校释》卷一,第64页。

　　[3]　《史记》卷九《吕太后本纪》司马贞《索隐》引,第399页。

　　[4]　《汉书》卷四〇上《班固传》,第1340页。

　　[5]　对长安城是否为"斗城",学界一直存在两种截然相反的意见。相关参见刘瑞《汉长安城的朝向、轴线与南郊礼制建筑》,北京:中国社会科学出版社,2011年,第49—53页;[日]黄晓芬《汉帝都长安的布局形制考》,中国社会科学院考古研究所、陕西省考古研究院、西安市文物保护考古所编《汉长安城考古与汉文化——纪念汉长安城考古五十周年国际学术研讨会论文集》,北京:科学出版社,2008年,第192—194页;徐斌《秦咸阳—汉长安象天法地规划思想与方法研究》,清华大学博士学位论文,2014年。

　　[6]　陈江风:《天文与人文——独异的华夏天文文化观念》,北京:国际文化出版公司,1988年,第133页。

津"，又说他"以六合为家，崤函为宫"[1]都展现了秦始皇非凡的地理意识。秦都咸阳的建筑规划，除了占据广阔的地域面积之外，还有闳大的天文背景，充斥着秦始皇包举宇内的梦想。

《史记·秦始皇本纪》张守节《正义》引《庙记》说秦宫殿区的范围是"北至九嵕、甘泉，南至长杨、五柞，东至河，西至汧渭之交，东西八百里，离宫别馆相望属也"[2]。类似的记录又见《三辅黄图》卷一："北至九嵕、甘泉，南至鄠、杜，东至河，西至汧渭之交，东西八百里，南北四百里，离宫别馆，相望联属。"[3]两种说法标示了秦宫殿区的四至，其范围大体一致，处在关中平原的中心地带。张守节《正义》又引《三辅旧事》说：

> 始皇表河以为秦东门，表汧以为秦西门，表中外殿观百四十五，后宫列女万余人，气上冲于天。[4]

《初学记》卷六所引《三辅旧事》又说"二门相去八百里"[5]。《类编长安志》卷八"八百里秦川"条引《三辅黄图》则作："始皇表河、华为

---

[1]　《史记》卷六《秦始皇本纪》，第281、282页。

[2]　《史记》卷六《秦始皇本纪》，第241页。

[3]　何清谷：《三辅黄图校释》卷一，第25页。

[4]　《史记》卷六《秦始皇本纪》，第241页。

[5]　[唐]徐坚：《初学记》卷六引《三辅旧事》，北京：中华书局，1962年，第135页。

秦东门,表汧、陇为秦之西门。中间八百里为秦川。"[1]均与《庙记》《三辅黄图》所说秦宫殿"东西八百里"相一致。

因材料有限,我们目前还无法确知《三辅旧事》所说秦东门、秦西门的具体位置。不过,从"表河"和"东至河"来看,秦东门的位置与黄河有关,应是在晋陕南部交界的黄河大拐弯处,附近即是函谷关。也许秦东门与函谷关有某种联系。[2] 史念海即认为,"如果说它(函谷关)是秦国的东门,应该是当之无愧的"[3]。

从"表汧"和"西至汧渭之交"来看,秦西门的位置与汧河有关。"汧渭之交",又作"汧渭之会",是汧河与渭河的汇合口。"汧渭之交"是重要的交通节点,秦国历史上几次重要历史事件也发生在这里。秦人先祖非子曾为周孝王"主马于汧渭之间",结果"马大蕃息"。非子以此得赐秦地封邑和"秦嬴"封号,为秦人发展打下基础。[4] 秦文公时,又曾在"汧渭之会"营造都邑。[5] 尽管学界目前对"汧渭之会"的地望仍有分歧,但"汧渭之会"在咸阳之西是没有

---

[1] [元]骆天骧撰,黄永年点校:《类编长安志》,北京:中华书局,1990年,第271—272页。

[2] 唐人独孤及《古函谷关铭(并序)》:"崛起重险,为秦东门。"将函谷关视作秦东门。([唐]独孤及撰,刘鹏、李桃校注:《毗陵集校注》卷七,沈阳:辽海出版社,2006年,第156页)清人梁机《陕州山中喜晴》说崤山关隘险峻,"沦为秦东门,险归虎狼力。"([清]曾燠编:《江西诗徵》卷七一,清嘉庆九年(1804)刻本)

[3] 史念海:《函谷关和新谷关》,《西北史地》1984年第3期,收入其著《河山集》四集,此据《史念海全集》第4卷,北京:人民出版社,2013年,第273页。

[4] 《史记》卷五《秦本纪》,第177页。

[5] 《史记》卷五《秦本纪》:"(秦文公)四年,至汧渭之会。曰:'昔周邑我先秦嬴于此,后卒获为诸侯。'乃卜居之,占曰吉,即营邑之。"(第179页)

疑问的。[1] 秦西门的位置也许与"汧渭之会"有关。

秦宫殿区的南至,无论是"长杨、五柞"还是"鄠、杜",都在秦岭(南山)之北。秦始皇曾"表南山之巅以为阙"。"阙",《说文》:"门观也。"[2] 阙的形制自然会让人联想到门。南山之巅的门阙一定程度上可以视作与秦东门和秦西门相并列的秦南门。

秦宫殿区的北至,大致在甘泉山以南。甘泉山下即是秦汉甘泉宫宫殿区。我们在秦汉文献中并没有找到秦北门的记载。不过,有学者指出,秦直道途经的石门关,可以视作甘泉宫的北阙。石门关在今陕西旬邑境内,地当甘泉宫遗址正北。石门山海拔 1855 米,南坡稍缓,临北则山势峻拔、崴嵬陡立。石门关又称作石关、石阙,在汉代文献中即多有记载。扬雄《甘泉赋》说:"封峦石关施靡乎延

[1] 蒋五宝:《"千渭之会"遗址具体地点再探》,《宝鸡文理学院学报(社会科学版)》1998 年第 2 期;高次若、刘明科:《关于千渭之会都邑及其相关问题》,《周秦文化研究》编委会编《周秦文化研究》,西安:陕西人民出版社,1998 年,第 582—590 页;刘明科、高次若:《再论千渭之会及其相关问题》,《宝鸡社会科学》2000 年第 4 期;王雷生:《秦文公建都"汧渭之会"及其意义——兼考非子秦邑所在》,《人文杂志》2001 年第 6 期;焦南峰、田亚岐:《寻找"汧渭之会"的新线索》,《中国文物报》2004 年 3 月 5 日,第 7 版;徐日辉:《秦文公兵进"汧渭之会"考》,秦始皇兵马俑博物馆《论丛》编委会编《秦文化论丛》第 12 辑(上),西安:三秦出版社,2005 年,第 202—216 页;刘明科、辛怡华:《渭河峡谷的秦文化遗存与秦文公东猎汧渭之会路线蠡测》,秦始皇兵马俑博物馆《论丛》编委会编《秦文化论丛》第 12 辑(上),第 217—230 页。
[2] [汉]许慎撰,[清]段玉裁注:《说文解字注》卷二三,上海:上海古籍出版社,1988 年,第 588 页。

属。"[1]刘歆《甘泉宫赋》说:"缘石阙之天梯。"[2]《铙歌十八曲·上之回》又载:"夏将至,行将北。以承甘泉宫,寒暑德,游石关。"[3]如果我们将视野扩大,将其与河东门、汧西门和南山阙相联系,可以发现,石门关除了可以作为甘泉宫的北阙外,亦可以视作秦宫殿区的北门。

由此不难发现,秦宫殿区的中心区域大致在四方门阙之内。我们可以把这四座门阙视作秦帝国中心宫殿区的界标。贾谊《过秦论》说:"关中之固,金城千里。"[4]张良劝刘邦建都关中也说关中"所谓金城千里,天府之国"[5],都将关中视为一座城池。四座门阙也可以视为关中金城的城门。进入四门,就进入了秦帝国的核心区域。[6]

---

［1］《汉书》卷八七上《扬雄传上》,第 3525 页。

［2］［唐］徐坚:《初学记》卷二四引,第 569 页。

［3］《宋书》卷二二《乐志》,北京:中华书局,1974 年,第 640 页。另参见王子今、焦南峰《秦直道石门琐议》,袁仲一主编《秦俑秦文化研究——秦俑学第五届学术讨论会论文集》,第 507—510 页。

［4］《史记》卷六《秦始皇本纪》,第 281 页。

［5］《史记》卷五五《留侯世家》,第 2044 页。

［6］曾磊:《秦代的国门规划》,王煜主编《文物、文献与文化:历史考古青年论集》第 1 辑,上海:上海古籍出版社,2017 年,第 304—311 页。

第二节　秦汉时期的超长建筑基线

有学者指出,西汉时期曾经存在一条超长距离的南北向建筑基线。这条基线通过西汉都城长安中轴线延伸,自北向南通过天井岸礼制建筑遗址(天齐祠,其侧有五方台基组成的五帝祠)、清河大回转段、汉长陵、汉长安城、子午谷,总长度达 74 千米,跨纬度 47′07″。从基线上分布的三组西汉初期建筑遗址及墓葬推断,该基线设立的时代为西汉初期。这条建筑基线具有极高的直度与精确的方向性,与真子午线的夹角仅为 0.33°,其南北延长线又直达汉代的汉中郡和朔方郡郡治。学者推测秦汉时代在掌握长距离方位测量技术的基础之上,可能已初步具备了建立大面积地理坐标的能力。这条建筑基线,将天、地、山川、陵墓、都城一以贯之,使之协调为一整体;自北而南,以天、先王、王、地为序的宗教意味排列;其间充满法天意识,使这一庞大的建筑体系,表现出天与地、阴与阳、死与生、尊与卑,以及南与北、子与午等多种对应关系,充分体现了古人的缜密构思。[1]

不过,此说受到一些学者质疑。如,刘瑞认为,西汉超长建筑基线说将安门大街一线作为汉长安城的南北中轴线,但长安城的南

---

[1]　秦建明、张在明、杨政:《陕西发现以汉长安城为中心的西汉南北向超长建筑基线》,《文物》1995 年第 3 期。

北中轴线并非安门大街。[1] 超长建筑基线南侧开端于子午谷,但子午谷在长安城市布局中重要性的出现明确是在王莽时代,这与超长建筑基线在汉初即已存在的说法相矛盾。天井岸礼制建筑遗址("天齐"和"五帝祠")的时代目前也尚不能明确,只有在最终确定"天齐"及其旁边"五帝祠"("五方台基")的建筑时间和确切性质、找到汉初子午谷和长安城建设之间存在肯定关系的文献考古证据后,这个有关超长基线是否存在的问题,也许才能开展相关分析。[2]

另一些学者则对西汉超长建筑基线说提出了修订。黄晓芬经过实地考古调查和测量认为,汉代长安城是在有周到的规划和高精度的方位测定技术下建造完成的。她认为,天井岸遗址并非天齐祠和五帝祠,而是代表东井和五星。通过观察五方台基遗址附近采集

---

[1]　对长安城的南北中轴线学界尚有不同的认识(相关研究参见许宏《大都无城:中国古代都城的动态解读》,北京:生活·读书·新知三联书店,2016 年,第53—60 页)。其中,刘庆柱认为,西安门—横门一线的南北道路才是汉长安城南北中轴线(刘庆柱:《汉长安城未央宫布局形制初论》,《考古》1995 年第 12 期)。王社教的观点与此类似,认为汉长安城的南北中轴线应是未央宫前殿东侧的南北大道和横门大街,而不是安门大街。王社教据此否认西汉超长建筑基线的存在(王社教:《论汉长安城形制布局中的几个问题》,《中国历史地理论丛》1999 年第 2 辑)。杨宽、刘瑞、段清波则认为,西汉长安城的中轴线曾发生过由东西向南北的转变(参见杨宽《中国古代都城制度史研究》,上海:上海人民出版社,2016 年,第 186—188 页;刘瑞《汉长安城的朝向、轴线与南郊礼制建筑》,第 1—69 页;段清波《汉长安城轴线变化与南向理念的确立——考古学上所见汉文化之一》,《中原文化研究》2017 年第 2 期)。

[2]　刘瑞:《汉长安城的朝向、轴线与南郊礼制建筑》,第 58—62 页。

物可知，五方台基的建筑格式高，建造时期与汉长安城建设时期同步或相去不远，至西汉中、晚期延续使用。西汉超长建筑基线不是以长安城为中心，而是以渭河（天汉、天河）为中点，渭水南岸的汉长安城（斗城）与渭水北岸的高祖长陵为中心，沿南北正方位直线展开的。其南端到南山子午谷口（天阙），北端抵达嵯峨山麓天井岸村的巨大竖穴圆坑（东井）/五方台基（五星），南北间距长达74.5千米。自然山川/人工建造物各地点基本依照中心对称原理进行正方位配列，构成天地间虚、实浑然一体的理想空间，显示自然天地与人间秩序的对称和均衡，以弘扬汉帝国的正统与神圣。[1]

　　段清波通过实地考古调查，对天井岸遗址的性质和时代作出新的判断。他认为，天井岸遗址是目前发现规模较大、分布最为集中、保存状况基本完好的古代祭祀遗址群。从该遗址中五座夯土建筑台体附近调查采集到的筒瓦、板瓦以及"长乐未央""千秋万岁"瓦当、铺地砖等基本特点观察，未见属于西汉前期带有麻点纹的筒瓦，其他特征属性显示它们的时代属于西汉晚期。因此，天井岸村五座夯土建筑台体以及"天井"遗址的时代均属西汉晚期，可能是

---

　　[1]　[日]黄晓芬：《汉帝都长安的布局形制考》，中国社会科学院考古研究所、陕西省考古研究院、西安市文物保护考古所编《汉长安城考古与汉文化——纪念汉长安城考古五十周年国际学术研讨会论文集》，北京：科学出版社，2008年，第190—205页。[日]黄晓芬：《论西汉帝都长安的形制规划与都城理念》，中国地理学会历史地理专业委员会《历史地理》编辑委员会编《历史地理》第25辑，上海：上海人民出版社，2011年，第189—208页。

王莽执政前后所存留至今的礼制建筑。[1] 在此基础上，段清波又联系王莽因"皇后有子孙瑞"[2]将蚀中道改称为子午道的史实，认为西汉超长建筑基线形成于王莽时期而非汉初。[3]

赵静从科技史角度进一步论证了汉代具备大范围地理坐标测绘能力的可能。她通过地形图和遥感影像确认长安城安门中心线与秦陵子午峪口的经度相同，皆为东经 108°52′42″，从数据上表明了子午道的名称含义与汉都城城市布局的中心线存在着一种对应关系，并认为汉长安城借鉴了秦都城规划的某些思想。[4] 上引黄晓芬文亦指出，根据 GPS 计测数值表明，从南山子午谷口向北直线延至汉长安城安门之间距为 28.2 千米。尽管两地相隔遥远，但方位与真子午线夹角为偏东 0°0′56.2″，其偏角极小竟然不足 1′。[5]

[1]　西北大学文化遗产学院、咸阳文物考古研究所：《陕西三原县天井岸村汉代礼制建筑遗址调查简报》，《考古与文物》2017 年第 1 期。段清波等还认为，天井岸村礼制建筑遗址遗址可能还是西汉长安地区一座观象授时的地平式日晷。遗址内部结构的勘探证明了秦汉时期"三方三圆"宇宙模型的存在，并反映了"天圆地方"是当时社会尊崇的宇宙观。其功能或许并非是为了实际观测，而是作为一种具有象征意义的礼制建筑。参见西北大学文化遗产学院、陕西省考古研究院、咸阳市文物考古研究所、三原县文化和旅游局《陕西三原天井岸汉代礼制建筑遗址（天井坑遗址）勘探简报》，《文物》2019 年第 12 期；曲安京、段清波、陈镱文《陕西三原天井坑遗址坑底结构的天文意义初探》，《文物》2019 年第 12 期。

[2]　《汉书》卷九九上《王莽传上》，第 4076 页。

[3]　段清波：《汉长安城轴线变化与南向理念的确立——考古学上所见汉文化之一》。

[4]　赵静：《子午道名称的科技认识探讨》，《文博》2016 年第 1 期。

[5]　[日]黄晓芬：《论西汉帝都长安的形制规划与都城理念》，中国地理学会历史地理专业委员会《历史地理》编辑委员会编《历史地理》第 25 辑，第 195 页。

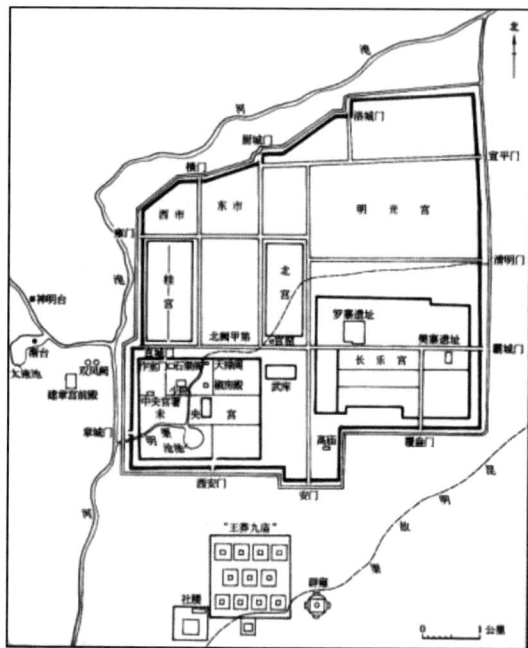

图 3-1　汉长安城遗址平面图[1]

　　对于西汉超长建筑基线说，虽然目前学界仍存在分歧，甚至支持西汉超长建筑基线说的学者之间观点亦有一些不同。但一些考古调查和测量获得的信息不能轻易忽视，一些文献记载亦值得重视，西汉超长建筑基线说仍需要进一步完善。而一些线索似乎显示，秦代即有超长建筑基线规划的迹象。

　　辛德勇认为，秦始皇有"贯通天地古今的宏大宇宙观念"，以为

────────────

[1]　中国社会科学院考古研究所编著，刘庆柱、白云翔主编：《中国考古学·秦汉卷》，北京：中国社会科学出版社，2010 年，第 177 页。

"北修直道直通九原与南建阁道直抵南山,可以看作是以都城宫室为核心做出的南北轴线性标志"[1]。王子今认为,西汉长安的经营,在某种意义上体现了对秦帝国缔造者有关思想的继承。在西汉超长建筑基线沿线的一些地名、道路和建筑也体现出这种继承关系。王子今指出,咸阳、长安以北是子午岭,又有秦始皇时修筑的直道直通九原;以南则是子午谷,沿线又有子午道、直河。"表南山之巅以为阙",说明秦都咸阳有南行的重要通路,也说明当时的建筑蓝图包含有贯通南北(子午)的意识。这条道路王莽时又加以整修,称作"子午道"。子午岭—直道,子午道—直河,在咸阳—长安正北正南形成了纵贯千里的轴线。这一现象,应当看作秦汉都城规划的基本构成内容之一。[2]

　　近年一些学者对秦人的都城规划也有惊人的发现,可以作为对王说与辛说的有力补充。刘瑞认为:

　　　　从《史记·秦始皇本纪》的记载看,在"营作朝宫渭南上林苑中"的具体描述外,有关阿房宫的择址主要应考虑两方面内容:1."周文王都丰,武王都镐,丰镐之间,帝王之都也"的记述表明,秦始皇在现遗址所在地的上林苑中建设朝宫,似乎是在延续周王朝的"文脉""王脉"或"国脉";2."周驰为阁道,自殿

[1]　辛德勇:《越王勾践徙都琅邪事析义》,《文史》2010 年第 1 辑。
[2]　王子今:《秦直道的历史文化观照》,《人文杂志》2005 年第 5 期。

下直抵南山。表南山之颠以为阙"的记述表明，阿房宫与南山之间有着天然的对应关系。在秦汉社会中，阙是天子正门外的必然标志。秦以南山之巅为朝宫阙的描述，显示的是秦始皇在朝宫的设计上应存在一条南北向轴线。过去因阿房宫未成，使得包括我们在内的研究者，一直对这条文献记述的秦朝的朝宫轴线没有给予应有的重视。

从 2015 年以来阿房宫考古勘探的发现看，朝宫建于池沼上位置显示的明确而强烈的、非此不可的地址选择——迫使我们必须探讨秦始皇建朝宫的选址问题。在这样的考虑下，我们以阿房宫北墙中部宽厚墙体的东西向中心为基点，向南进行了长距离的轴线探寻，发现阿房宫向南正对沣河的秦岭出山口——沣峪口，"表南山之巅以为阙"的记述应信而有征。[1]

此后，我们将这条轴线继续向北延伸，发现其恰好正对关中平原北部前沿的最高峰嵯峨山。进一步的测量显示，这条南北长 79.3 公里的嵯峨山—阿房宫—沣峪口秦朝宫轴线，西距汧河入渭的秦西门 137 公里，东距渭河入黄的秦东门 135.6 公里（《史记正义》引《三辅旧事》云："始皇表河以为秦东门，

---

[1] 郭璐亦有类似发现，她指出，"将考古发现与地形图进行对照，阿房宫前殿遗址正与秦岭沣峪口相对。而沣峪的东西两侧，一侧为这一段秦岭的最高峰麦秸磊（海拔 2886m），另一侧为海拔 2671m 的高峰，可谓是南山之巅夹峙，呈现出'门阙'的形式"。参见郭璐《基于辨方正位规划传统的秦咸阳轴线体系初探》，《城市规划》2017 年第 10 期。

表汧以为秦西门"），近乎将关中平原一分为二——阿房宫建设在关中平原最宽阔的地方——在"汧河口—渭河口"轴线上向东、向西都不可取。在南北轴线上，阿房宫北距嵯峨山51.5公里、南距沣峪口27.8公里，阿房宫—沣峪口的长度相当于全轴线的0.35（阿房宫遗址东西1270米、南北426米，宽长比1：0.335），接近于南北轴线的黄金分割点。据《史记·秦始皇本纪》，二十六年在秦统一之始，"始皇推终始五德之传，以为周得火德，秦代周德，从所不胜。方今水德之始……数以六为纪，符、法冠皆六寸，而舆六尺，六尺为步，乘六马。更名河口德水，以为水德之始"。这样看来，当三十五年始皇决定营朝宫于渭南时，居然在所择定的位置恰有一池沼的情况就实乃"天意"——向北、向南都不可取。至此我们可基本确定，秦始皇首先应是在对关中平原进行大范围地址审择后才定朝宫于此。

据《史记·秦始皇本纪》，就在三十五年营建阿房宫时，秦始皇又"立石东海上朐界中，以为秦东门"。据此，我们将前述"汧河口—渭河口"东西轴线向东延伸至东海上朐（今连云港）一带，并向西穿过秦人老家西县到达秦的西境。而另据始皇三十三年"使蒙恬渡河取高阙"的文献，我们将"嵯峨山—阿房宫—沣峪口"轴线向北延伸至传高阙所在的包头一带，向南则一直延伸至南海之滨的钦州湾口。在看似随意的轴线绘制后，我们非常惊讶地发现，不仅在东西轴线的东端和南北轴线的南端均是一个几乎相近的喇叭口地貌，而且阿房宫又恰好处在贯穿秦朝的东西、南北向轴线的近乎三分之一的位置——与前述阿房宫在关中南北轴上的比例几乎完全一致。[1]

刘瑞虽认为在目前证据尚不完全充足的情况下，不能贸然承认西汉超长建筑基线的存在，但却提出秦代超长南北轴线的假说。笔者认为，对于秦代是否确实已经存在南北轴线，还需要更多的证据加以论证，但秦代的南北轴线与西汉超长建筑基线其实并不矛盾。正如西汉超长建筑基线说所指出的，"汉长安城正对南山子午谷口与秦人'自殿下直抵南山，表南山之巅以为阙'很是相象"[2]。对这些地理空间设计，不能仅用巧合加以解释。秦代的南北轴线与西汉超长建筑基线虽并不重合，但应基本平行。西汉超长建筑基线不排除是对秦人规划的继承。由此，我们不妨做这样的假设：秦人已有在帝国疆域内设立南北基线的初步构想，这一构想在汉代得以继续执行，并被进一步细化，因此才有了西汉超长建筑基线的诞生。

西汉超长建筑基线说提出的另一个观点也值得注意。论者指出：

---

［1］ 刘瑞：《阿房宫：从考古学开展秦统一研究的核心遗存》，《光明日报》2017年7月17日，第14版。
［2］ 秦建明、张在明、杨政：《陕西发现以汉长安城为中心的西汉南北向超长建筑基线》。

我们以《中国历史地图集》所定咸阳与上朐[1]位置量测，上朐位于咸阳东约 900 公里，其纬度约为北纬 34°32′，咸阳城位于北纬 34°25′，两地东西基本成一直线。与纬度相较，两地连线东端微向北侧偏 1°左右。[2]

朐县所属的纬线，竟然与西汉超长建筑基线大体垂直，而秦代朐县恰恰还有另一座秦东门（详下章）。上引刘瑞的观点也与此说类似，朐县秦东门正在"汧河口—渭河口"东西轴线的东向延长线之上。

朐县秦东门的设置，很容易让人联想到秦帝国的朝向问题。杨宽认为，原来（按，指秦统一前）秦都咸阳坐西朝东，秦始皇扩建的咸阳仍然坐西朝东。[3]对于秦始皇陵的朝向，杨宽亦认为是朝向东方。[4]他指出：

秦始皇陵园的布局，把陵墓安置在整个陵园的西南角，是

[1]　该文据"立石东海上朐界中"一句，误将朐县理解为上朐县，但此处笔误并不影响朐县与秦都咸阳东西相直的结论。

[2]　秦建明、张在明、杨政：《陕西发现以汉长安城为中心的西汉南北向超长建筑基线》。

[3]　杨宽：《中国古代都城制度史研究》，第 106 页。

[4]　目前来看，认可秦始皇陵东向说的学者占相对多数，相关研究情况参见高凤、徐卫民《秦汉帝陵制度研究综述（1949—2012）》，中国秦汉史研究会、咸阳师范学院编，梁安和、徐卫民主编《秦汉研究》第 7 辑，西安：西北大学出版社，2018 年，第 285—322 页。

按照古礼以西南隅作为尊长之处的；把建置陵寝的长方形小城筑在陵园的西部，是按照礼制以西方为尊的；把陪葬墓区放在陵园的中部南方，正当陵墓的东方，因为按照礼制是"尊长在西，卑幼在东"的。陵园整个朝向东方，在东方正中设有大道和东门阙，因为按照礼制以东向为尊的。陵园的东门大道，相当于后世陵园的"神道"，是整个陵园的主要通道。在东门大道以北布置有三个兵马俑坑，排列成面向东方的庞大军阵，是有其用意的：一方面用来表现东向为尊的礼制，一方面又是用来表现秦朝威镇东方的形势。

杨宽还注意到，秦始皇在完成全国统一以后，把注意力集中于东方地区。他五次大规模地出巡，三次到了东方的海滨；七次刻石歌功颂德，都安置在东方。杨宽还特别指出了秦东门设置的重要意义：

> 按地球的经纬度来看，这个"秦东门阙"的位置，正好对准国都咸阳和秦始皇陵园的东门大道。秦始皇这样重视东方，并且针对国都咸阳和自己陵园东门大道，在东方海滨建造石刻的"秦东门阙"，无非用来表示自己是坐镇西方、面向东方的最高尊长，也就是中央集权的统一王朝的最高统治者。值得我们特别重视的是秦始皇陵园的位置，正居于国都咸阳以东的正东方向，而朐县的"秦东门阙"又正居于咸阳和丽山园以东的正东方向，说明丽山园位置的设计是有用意的，用来表示

墓主坐镇西方、面向东方的最高尊长的地位的。[1]

杨宽此说非常重要。如果我们以咸阳作为秦帝国地理坐标系的原点，秦东门则可以视作坐标系横轴上的端点。这个端点就在东方大地的尽头，与西方的咸阳城遥遥相应。咸阳原点与秦东门端点之间的连线，正是秦帝国的东西轴线。这条千里轴线的设置，更加明确了秦帝国面向东方的朝向。咸阳城、秦始皇陵、朐县秦东门，对秦帝国来说无疑都是最为重要的建筑群落，而恰恰它们大致都在秦帝国的东西轴线之上，这很难说只是一种巧合。另外，上文已提及，除了东海之滨的朐县秦东门，关中的黄河之畔还有一座秦东门。如果黄河秦东门确与函谷关有关，则其亦恰处于秦帝国的东西轴线上。

第三节 高阙与"秦北门"设想

王北辰在《古桥门与秦直道考》一文说，在秦昭王修筑的长城上开有一个门阙，门阙正南方就是秦都城咸阳，它至晚到汉代已称作"桥门"，按照方位，它正是秦之北门。[2]

---

[1] 杨宽:《中国古代陵寝制度史研究》，上海:上海人民出版社，2016 年，第190—191 页。

[2] 王北辰:《古桥门与秦直道考》，《北京大学学报 (哲学社会科学版)》1988年第 1 期。

　　"桥门"一名出自《后汉书·段颎传》："颎复追羌出桥门，至走马水上。寻闻虏在奢延泽，乃将轻兵兼行，一日一夜二百余里，晨及贼，击破之。"李贤注引《东观记·段颎传》补充说："'出桥门谷'也。"[1]王北辰认为，今红柳河支流芦河即是古之走马水，今白于山即是古之桥山，桥门就在红柳河支流芦河流出白于山的河谷。[2]不过，王北辰的观点受到史念海、吕卓民的质疑。他们认为，芦河并不是古之走马水，桥门的位置也不应在芦河流出白于山的河谷。并且，芦河流经的地区只有明长城遗迹，并无证据表明秦昭王长城也经过此地。[3]王北辰以明长城遗迹考论秦之北门，确实不当。

　　离秦直道终点不远的阴山山脉上，有一道重要的关口——高阙。关于高阙，《水经注·河水三》说：

　　　　《史记》赵武灵王既袭胡服，自代并阴山下，至高阙为塞。山下有长城。长城之际，连山刺天，其山中断，两岸双阙，峨然云举，望若阙焉。即状表目，故有高阙之名也。自阙北出荒中，阙口有城，跨山结局，谓之高阙戍。自古迄今，常置重捍以

　　［１］　《后汉书》卷六五《段颎传》，北京：中华书局，1965 年，第 2149 页。

　　［２］　王北辰：《古桥门与秦直道考》。

　　［３］　史念海：《与王北辰论古桥门与秦直道书》《再与王北辰先生论古桥门与秦直道书》，《中国历史地理论丛》1989 年第 4 期，收入其著《河山集》四集，此据《史念海全集》第 4 卷（改题为《与友人论古桥门与秦直道书》，《再与友人论古桥门与秦直道书》），第 344—353、354—357 页。吕卓民：《秦直道歧义辨析》，《中国历史地理论丛》1990 年第 1 期。

防塞道。[1]

《史记·秦始皇本纪》张守节《正义》说：

> 高阙，山名，在五原北。两山相对若阙，甚高，故言
> 高阙。[2]

《史记·匈奴列传》张守节《正义》引《地理志》说：

> 朔方临戎县北有连山，险于长城，其山中断，两峰俱峻，土
> 俗名为高阙也。[3]

看来，高阙的得名是因其山中断相对，高耸似阙。高阙因其险要的
地理位置成为历代塞防重地。不过对于高阙的地望，却众说纷纭，
至今尚无定论。第一种观点认为高阙在今狼山（古阳山）某山口。
关于这个山口的位置，王北辰以为是狼山达拉盖山口，[4]张海斌以

———————

　[1]　[北魏]郦道元注，杨守敬、熊会贞疏，段熙仲点校，陈桥驿复校：《水经注
疏》卷三《河水注》，第214页。
　[2]　《史记》卷六《秦始皇本纪》，第253页。
　[3]　《史记》卷一一〇《匈奴列传》，第2885页。
　[4]　王北辰：《内蒙古后套平原的几个历史地理问题——兼考唐西受降城》，
《内蒙古社会科学》1989年第5期。

为是狼山哈隆格乃沟，[1]王治国、魏坚、舒振邦以为是狼山达巴图沟，[2]更多的学者则认为是狼山石兰计山口，张维华、侯仁之、谭其骧、赵占魁、唐晓峰皆持此观点。[3] 第二种观点认为高阙在今乌拉山（古阴山）某山口。关于这个山口的位置，严宾、何清谷以为在乌拉山西段，[4]李逸友以为在乌拉山西段大坝沟口。[5] 第三种观点认为在乌拉山高阙是赵国高阙，狼山高阙是秦汉高阙，二者有相互承继关系。沈长云以为赵国高阙在大青山、乌拉山一带，汉代高阙则在狼山石兰计山口。[6] 鲍桐则确认赵国高阙在乌拉山昆都仑

[1] 张海斌：《高阙、鸡鹿塞及相关问题的再考察》，《内蒙古考古文物》2000年第1期。

[2] 王治国：《高阙塞考辨》，《河套大学学报》2006年第4期；魏坚：《河套历史文化的考古学探索》，王建平主编《河套文化论文集》，呼和浩特：内蒙古人民出版社，2006年，第325—352页；舒振邦：《赵长城终点高阙地望考》，《河套文化》2007年第3期。

[3] 张维华：《中国长城建置考（上编）》，北京：中华书局，1979年，第106页；侯仁之、俞伟超、李宝田：《乌兰布和沙漠北部的汉代垦区》，中国科学院治沙队编《治沙研究》第7号，北京：科学出版社，1965年，第15—34页；谭其骧主编《中国历史地图集》，北京：地图出版社，1982年，第1册《战国赵、中山图》，第37—38页，第2册《秦关中诸郡图》，第5—6页，《西汉并州朔方刺史部图》，第17—18页；赵占魁：《内蒙古后套平原古城考——兼与王北辰先生商榷》，《内蒙古社会科学》1993年第4期；唐晓峰：《内蒙古西北部秦汉长城调查记》，《文物》1997年第5期。

[4] 严宾：《高阙考辨》，中国地理学会历史地理专业委员会《历史地理》编辑委员会编《历史地理》第2辑，上海：上海人民出版社，1982年，第82—84页；何清谷：《高阙地望考》，《陕西师大学报（哲学社会科学版）》1986年第3期。

[5] 李逸友：《高阙考辨》，《内蒙古文物考古》1996年第1、2期。

[6] 沈长云：《赵北长城西段与秦始皇长城》，中国地理学会历史地理专业委员会《历史地理》编辑委员会编《历史地理》第7辑，上海：上海人民出版社，1990年，第126—133页。

沟,秦汉高阙在狼山石兰计山口。[1] 辛德勇进一步充实了鲍桐的论证,他肯定赵国高阙在乌拉山西段某山口,但其具体位置需要进一步考古工作的确认。秦统一后沿用了赵国高阙,后蒙恬出兵占据今河套地区,又在河套北侧的狼山沿线修筑了新的长城,高阙也随之北移至狼山石兰计山口(图3-2)。[2]

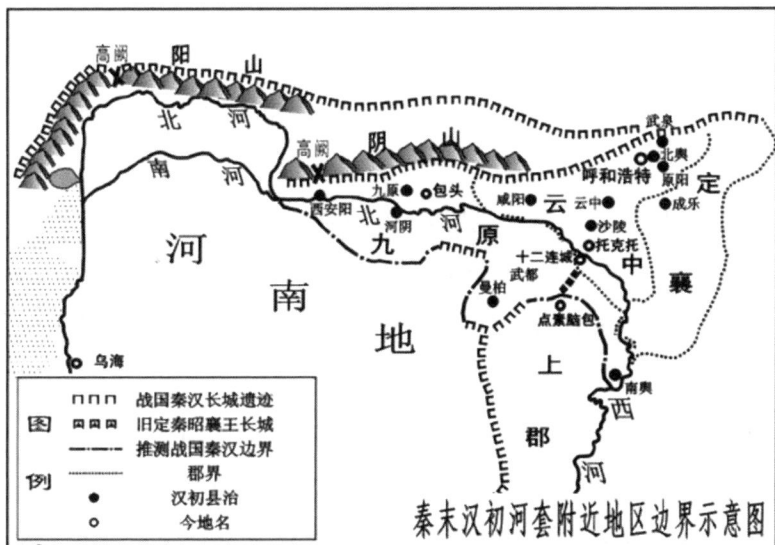

图3-2　秦末汉初河套附近地区边界示意图[3]

---

[1] 鲍桐:《高阙地望新探》,《中国历史地理论丛》1993 年第 2 辑。

[2] 辛德勇:《阴山高阙与阳山高阙辨析——并论秦始皇万里长城西段走向以及长城之起源诸问题》,《文史》2005 年第 3 辑,收入其著《秦汉政区与边界地理研究》,北京:中华书局,2009 年,第 181—255 页。

[3] 辛德勇:《阴山高阙与阳山高阙辨析——并论秦始皇万里长城西段走向以及长城之起源诸问题》。

狼山、乌拉山、大青山皆属阴山山脉，黄河河道沿阴山山脉自南向北又折向东流。从卫星地图上看，这些山体靠近黄河的一侧有多道山谷，因此，类似于"连山刺天，其山中断，两岸双阙，峨然云举"的山口不止一处。这就容易造成学者之间的不同的意见。比较来看，辛德勇的观点更具有说服力。对于高阙的具体位置，还需要学者做进一步工作。无论如何，高阙因其险要的地理形势而成为重要的军事塞防，却是没有疑问的。

应当注意的是，秦汉超长建筑基线的南端可能与南山阙有关，以咸阳为基点，与之垂直的纬线又直指秦东门。而阴山高阙基本处于咸阳正北，超长建筑基线所属的经线又恰好经过乌拉山之西，与阴山高阙所在的乌拉山西段的经度相距并不遥远。这不能不让人有所联想。我们或许可以将高阙视作秦帝国设在北方的国门。

门阙常常是国土界线的标志。进入此门，即是入我国土。高阙所在的长城沿线，正是秦帝国领土的边界，而阴山高耸，北面即是匈奴领地，在这里树立一座国门，也有某种象征意义。《华阳国志·蜀志》说杜宇称帝后，"乃以褒斜为前门，熊耳、灵关为后户，玉垒、峨眉为城郭，江、潜、绵、洛为池泽；以汶山为畜牧，南中为园苑"[1]。这一疆域规划同样宏阔。褒斜是秦岭中的山谷，熊耳、灵关是今横断山脉中的山谷。以对峙的高山形成的"前门""后户"，矗立在王

---

[1] ［晋］常璩撰，任乃强校注：《华阳国志校补图注》，上海：上海古籍出版社，1987 年，第 118 页。

国的边界。《淮南子·墬形》的内容是"纪东西南北山川薮泽"[1]。其中说,大地的边界是八极,而八极所在,就是八座大门,"自东北方曰方土之山,曰苍门;东方曰东极之山,曰开明之门;东南方曰波母之山,曰阳门;南方曰南极之山,曰暑门;西南方曰编驹之山,曰白门;西方曰西极之山,曰闾阖之门;西北方曰不周之山,曰幽都之门;北方曰北极之山,曰寒门"[2]。大地边界的八座大门,其组成皆与山有关。其下又说"八门之风,是节寒暑"[3],可见八方之风是由八门控制。这应是由对山间谷口常有大风的自然现象观察基础上推演而出的。因山为门,更能体现建筑的雄大,展示帝国的威仪。矗立在阴山之巅的高阙,与秦刻石一样,是对新占据土地的人民宣示所有权的表达形式,是疆域一统的象征。

---

[1] 何宁:《淮南子集释》卷四《墬形》高诱注,北京:中华书局,1998 年,第 311 页。

[2] 何宁:《淮南子集释》卷四《墬形》,第 335—336 页。

[3] 何宁:《淮南子集释》卷四《墬形》,第 336 页。

第四章 东方国门与始皇功业

　　秦始皇在修长城、通直道、筑阿房宫、建骊山陵墓之后,又于秦始皇三十五年(前212)在东海之滨的朐县修造秦东门。《史记·秦始皇本纪》载:"立石东海上朐界中,以为秦东门。"[1]秦东门修筑之后,秦帝国再无重大建筑工程开工。秦东门的落成,似乎宣告着秦帝国地标建筑蓝图的基本完成。然而长久以来,这座地目标具体位置却众说纷纭。作为秦政的象征,秦东门也留下了久远的文化影响。

---

　　[1] 《史记》卷六《秦始皇本纪》,北京:中华书局,1959年,第256页。类似记载又见《汉书》卷二八上《地理志上》:"朐,秦始皇立石海上以为东门阙。"(北京:中华书局,1962年,第1588页)又《博物记》:"(朐)县东北海边植石,秦所立之东门。"(《续汉书·郡国志三》刘昭注补引,北京:中华书局,1965年,第3458页)《水经注·淮水》:"(游水)又径朐山西。山侧有朐县故城。秦始皇三十五年,于朐县立石海上,以为秦之东门。"清人赵一清以为《汉书》"阙"字为后人妄加。对此,杨守敬以为:"《隶释》二汉《东海庙碑》阴云:'阙者,秦始皇所立,名之秦东门阙,事在《史记》。'则《史记》本有'阙'字,故《汉志》因之,亦作'东门阙'[《寰宇记》同]。今本《史记》但作'东门',乃传抄脱'阙'字……又《后汉书·刘永传》注、《通典》作'东阙门',虽误倒,然亦本有'阙'字之证,赵氏失考。"([北魏]郦道元注,杨守敬、熊会贞疏,段熙仲点校,陈桥驿复校:《水经注疏》卷三〇《淮水》,南京:江苏古籍出版社,1989年,第2563—2564页)今按,《说苑》卷二〇《反质》:"立石阙东海上朐山界中,以为秦东门。"([汉]刘向撰,向宗鲁校证:《说苑校证》,北京:中华书局,1987年,第517页)将秦东门称作"石阙",看来,秦东门当是石质门阙的形制。

第一节　暴虐秦政的耻辱柱

崔琰《述初赋》说："倚高舻以周盼兮,观秦门之将将。"[1]秦东门高耸在东海之滨,展示了秦始皇并吞四海的雄心壮魄。有学者认为,朐县秦东门的设置对于我们考察秦政治格局中海洋的地位有重要意义。秦执政集团的管理重心地域向东扩展至于"东海"的行政趋向,也因此显现。[2] 然而,作为秦始皇功业象征的秦东门,却遭到了后代文人的批评。

宋人夏竦有《秦东门铭》一文,批评秦始皇"取之不以道,守之不以德信,任胸臆慕于权势,峻文酷法乐于夸大"。树立秦东门的目的无非是"表其功业"。他说:"秦无东门,秦不为小。兵革既丧,礼乐既坏。秦有东门,秦不为大。天厌秦荒,祸起萧墙。"民心的得失,不在于门阙的大小,而在于统治者的执政方针。秦始皇暴崩之后,"匹夫大呼,社稷线绝",夏竦由此发出"为国之弊,一至于此"的感叹。[3] 与此相类,明人谢肃的《过秦门》诗也对秦始皇的暴政提出

---

[1]　[北魏]郦道元注,杨守敬、熊会贞疏,段熙仲点校,陈桥驿复校:《水经注疏》卷三〇《淮水》引崔琰《述初赋》,第 2564 页。

[2]　王子今:《"秦东门"与秦汉东海郡形势》,《史林挥麈——纪念方诗铭先生学术论文集》编辑组编《史林挥麈——纪念方诗铭先生学术论文集》,上海:上海古籍出版社,2015 年,第 116—124 页。

[3]　[宋]夏竦:《文庄集》卷二五,文渊阁《四库全书》本。

了严苛的批评：

> 秦帝何多欲，劳民不暂闲。开关吞六国，临海望三山。仙舸将风解，延舆载鲍还。空令胸石阙，相对愧苍颜。[1]

诗人批评秦始皇"何多欲"，使人民"不暂闲"，并吞六国之后又妄想求仙长生，最终落得"延舆载鲍还"的悲惨下场，而立于东海之滨的"石阙"，只能无言愧对"苍颜"。

清人凌廷堪也作有《秦东门铭》一文，其中说秦东门"俯蟠地轴，仰极天根"，有"回天倒日之概，拔山超海之势"。凌廷堪对秦始皇的霸业发出"盛矣哉"的感叹，但也有"其志可谓荒矣，其心可谓侈矣"的批评。他以为秦始皇"不师往古"，"奈何恃力"，使得"遗黎凋敝，疲氓孱弱"，最终霸业凋零。所谓"刚极则折，坚极则缺"，只剩"双石之峙，东门之名，阅千年而不改。"[2]

看来，在后人眼中，"峩峩"卓立的秦东门竟成为标识暴虐秦政的耻辱柱。

上引几文虽然都以秦东门为主题，但对于秦东门的确切位置却并未加以考证。那么，秦东门的具体位置到底在哪里呢？

---

[1] [明]谢肃：《密庵稿》丙卷，张元济辑《四部丛刊》三编影明洪武刻本，上海：商务印书馆，1936年。

[2] [清]凌廷堪著，王文锦点校：《校礼堂文集》卷一三《秦东门铭（并序）》，北京：中华书局，1998年，第105—106页。

第二节 秦东门的地理位置

胸县,属今江苏连云港。连云港境内山峰自西南向东北依次为锦屏山、南云台山(又称前云台山)、中云台山、北云台山(又称后云台山)和东西连岛。锦屏山在清康熙十三年(1674)前称胸山。云台山古称郁州、郁州山、苍梧山,明嘉靖以后始称云台山。此外,锦屏山东北部还有一座孤立小山——孔望山。孔望山唐宋时期名龙兴山,南宋以后名古城山,又名巡望山,明代始称孔望山(图4-1)。[1]

图 4-1 江苏连云港地形示意图[2]

  [1] 中国国家博物馆田野考古研究中心、南京博物院考古研究所、连云港市文物管理委员会办公室、连云港博物馆编著:《连云港孔望山》,北京:文物出版社,2010年,第6—8页。
  [2] 据谷歌地图改绘,http://www.google.cn/maps/@ 34. 6497704, 119. 2671612,11z/data=! 5m1! 1e4? hl=zh-Hans-CN。

一种观点认为，秦东门在朐山马耳峰。隆庆《海州志》载：

> 去州城南四里，二峰如削，俗呼为马耳峰……始皇曾立石其上，以为秦东门。[1]

顾炎武《天下郡国利病书》也有相同记载。[2] 凌廷堪《秦东门铭》又载："海州南四里朐山上，有双峰如削，俗呼马耳峰。志地者咸以是为秦东门之遗址。"凌廷堪曾到此游玩，《秦东门铭》载："乾隆戊戌岁，余游其地，凭眺遗址，徘徊故墟。"又说秦东门"历千百载，厥迹尚存"[3]。

支持这一观点的较早文献又有上引《说苑·反质》："（秦始皇）立石阙东海上朐山界中，以为秦东门。"但此条引文存在值得商讨之

————————

[1] ［明］张峰纂修，陈复亨补辑：隆庆《海州志》卷二《山川志》，上海书店辑《天一阁藏明代方志选刊》，上海：上海古籍书店，1981年，第14册，第51页。类似记载又见［清］唐仲冕修，汪梅鼎等纂嘉庆《海州直隶州志》卷二八《金石》，《中国地方志集成·江苏府县志辑》，南京：江苏古籍出版社，上海：上海书店，成都：巴蜀书社，1991年，第64册，第462页。

[2] ［清］顾炎武：《天下郡国利病书》，第2778册，张元济辑《四部丛刊》三编影昆山图书馆藏稿本。类似记载又见顾炎武《肇域志》"淮南府海州"："朐山在州南四里，二峰如削，俗呼为马耳峰。秦始皇东巡至此，立石其上，以为秦东门。"（上海：上海古籍出版社，2004年，第58页）清张穆《殷斋诗文集》卷一《淮有三洲考》："（秦东门）在今海州南二里，俗名马耳峰。"（清咸丰八年（1858）祁寯藻刻本）清杨宾《铁函斋书跋》卷二："往岁家弟萍客海州，亲见李斯'秦东门'三字，在马耳山石壁间。次日同客再往，遍寻不得。"（丛书集成初编本，北京：中华书局，1985年，第20页）杨宾此说来自其弟转告，且无确证，可信度并不高。

[3] ［清］凌廷堪著，王文锦点校：《校礼堂文集》卷一三《秦东门铭（并序）》，第105、106页。

处。若秦东门立在朐山上，则此句当作"立石阙东海上朐山中"，不
加"界"字。可见，《说苑》的"朐山"当指朐山县。但据《汉书·地理
志上》和《续汉书·郡国志三》，秦汉时代连云港地区称朐县，不称
朐山县。《隋书·地理志下》载："朐山旧曰朐，置琅邪郡。后周改
县曰朐山，郡曰朐山。"[1]可见朐山县之称始自北周，《说苑》称"朐
山"，疑误。

另一种观点认为，秦东门应当在海岸线近旁的云台山，不在朐
山马耳峰。乾隆《江南通志》说："或谓秦立石朐山之上，误。"[2]道
光《云台新志》的说法更为详细：

> 《史记》言"立石东海上朐界中"，明非立石朐山也。班固
> 亦只言立石海上。刘昭注《郡国志》"朐"下，一引《山海经》，
> 明指为郁州；一引《博物记》，以为县东北海边。考郁州本在汉
> 朐县东北，则始皇立石东海上，当为今之云台无疑。[3]

然而，持这一观点的学者忽视了一个重要问题。清代海州地区的海
岸线是明代以来才形成的。明代黄河改由淮河入海，导致海州湾迅
速淤积，海岸线也随之东移。至清代时，云台山系才与大陆相连为

---

[1] 《隋书》卷三一《地理志下》，北京：中华书局，1973 年，第 871 页。

[2] ［清］赵宏恩：乾隆《江南通志》卷一四《舆地志》，文渊阁《四库全书》本。

[3] ［清］谢元淮总修，许乔林纂辑：道光《云台新志》卷一四《金石》，《中国地
方志集成·江苏府县志辑》，第 64 册，第 701 页。

一体。秦汉时代的云台山系（郁州）还是海中群岛。[1] 上引《博物记》载，秦始皇在"（朐）县东北海边植石"，可见秦东门当在大陆的海岸线上，不在海岛中。另外，《太平寰宇记》载，秦东门附近的东海庙"在（朐山）县北四里"[2]。据现探查宋代朐山县故城位置，秦东门不可能远至云台山（见下文）。

还有一种观点认为，秦东门在汉代东海庙附近。汉代曾在秦东门附近修建东海庙，并立碑记颂。《隶释》卷二有《东海庙碑》残文，中有"□阙倚倾，于铄桓君，是缮是修"之句。其后又载：

> 阙者，秦始皇所立，名之秦东门阙，事在《史记》。

洪适据碑文考论说：

> 右《东海庙碑》，灵帝熹平元年立。在海州。永寿元年东海相南阳（桓）君，崇饰殿宇，起三楼作两传。其掾属何俊、左荣欲为镌石，而南阳（桓）君止之。厥后山阳满君踵其武，嘉叹勋绩，为作碑颂，而二君名皆沦灭矣。别有数句载秦东门事，乃颂所谓倚倾之阙者。《碑录》："朐山有秦始皇碑，云汉东海

---

[1] 中国国家博物馆田野考古研究中心、南京博物院考古研究所、连云港市文物管理委员会办公室、连云港市博物馆编著：《连云港孔望山》，第6—8页。

[2] [宋]乐史撰，王文楚等点校：《太平寰宇记》卷二二《海州》，北京：中华书局，2007年，第459页。

相任恭修祠,刻于碑阴",似是此也。任君当又在满君之后。南阳之役更十八年后,人犹颂其美,则规模决非苟然者。[1]

洪适所考大致可信,南阳桓君、山阳满君、任恭三任东海相曾先后修葺东海庙和秦东门。《碑录》即《天下碑录》,著者已不可考,洪适曾引其汉碑目录于《隶释》卷二七:

> 《汉秦始皇碑》东海相任恭修理祠,于碑背刻,在朐山。
> 《汉东海祠碑》永寿元年东海相桓君。[2]

从这一记载看,所谓的《汉秦始皇碑》刻于某碑之碑阴,但是否是《汉东海祠碑》的碑阴却不能肯定,洪适"似是此也"的用语,也表现出他的谨慎态度。[3]

乐史《太平寰宇记》将东海庙称作"植石庙":

---

[1] [宋]洪适:《隶释》卷二,北京:中华书局,1985 年,第 30—31 页。"规模",原作"模樵",黄丕烈《汪本隶释刊误》指出,"'规'作'模'。"(新文丰出版公司编辑部辑:《石刻史料新编》第 1 辑,台北:新文丰出版公司,1977 年,第 9 册,第 7050 页)

[2] [宋]洪适:《隶释》卷二七,第 288 页。

[3] 《隶辨》卷七《碑考上》"东海庙碑阴"条:"一行十七字。其文曰:'阙者,秦始皇所立,名之秦东门阙。事在《史记》。'按碑有云'□阙倚倾',即此阙也。《天下碑录》云:'《秦皇碑》,东海相任恭修理祠,于碑背刻,在朐山。'此阴是也。碑缺任君之名,赵氏、洪氏皆以为惜,乃于此得之。"([清]顾蔼吉编撰:《隶辨》,北京:中华书局,1986 年,第 260 页)也认为所谓《秦始皇碑》在《东海庙碑》碑阴。

> 植石庙，在（朐山）县北四里。《史记》曰："始皇三十五年，
> 立石东海上朐界中，以为秦东门。"今门石犹存，顷倒为数段，
> 在庙北百步许，今尚可识，其文曰："汉桓帝永寿元年，东海相
> 任恭修理此庙。"[1]

"植石庙"的得名，应本自上引《博物志》"县东北海边植石"的说法。辛德勇和胡海帆指出，永寿元年（155）修整东海庙的是东海相桓君而非任恭。任恭修整东海庙的时间还要在熹平元年（172）的山阳满君之后。因此，"汉桓帝永寿元年，东海相任恭修理此庙"的刻辞是存在问题的。[2] 此外，刻辞出现"汉桓帝"谥号，说明刻辞绝不可能是在桓帝时所刻。如果刻辞是任恭修祠时刊刻，任恭不会将时间错记为"永寿元年"，并且也不可能采用"某帝+年号+某年"的格式，而是与《东海庙碑》的"熹平元年"一样，径刻为"年号+某年"。因此，此段刻辞只能是后人追述前事时补刻于秦东门残石之上的，并将任恭修祠的时间误记为"永寿元年"。乐史在撰写《太平寰宇记》时并未觉察，将秦东门状况与其上刻辞一并录之。而"阙者，秦始皇所立，名之秦东门阙，事在《史记》"十七字当为《天下碑录》所载任恭所立《汉秦始皇碑》中的内容，刻于《东海庙碑》碑阴。

----

[1] ［宋］乐史撰，王文楚等点校：《太平寰宇记》卷二二《海州》，第 459 页。
[2] 参见辛德勇《越王勾践徙都琅邪事析义》，《文史》2010 年第 1 辑；胡海帆《汉〈东海庙碑〉及存世摹本考》，镇江焦山碑刻博物馆、文物出版社编《全国第二届碑帖学术研讨会论文集》，北京：文物出版社，2012 年，第 55—79 页。

　　《太平寰宇记》所载虽有疏误，但其中明确说秦东门"门石犹存"，"在庙北百许步"，为我们提供了秦东门具体位置的宝贵信息。看来，只要明确了东海庙的方位，就可以大致推测秦东门的位置。遗憾的是，《隶释》说："予官京口日，将士往来朐山者，云海庙一橡不存。"[1]

　　《水经注·淮水》载："（游水）又径朐山西。山侧有朐县故城。"[2]《后汉书·桓帝纪》李贤注："朐，山名也，在今海州朐山县南。"[3]又《太平寰宇记》载："朐山在（朐山）县南二里。"[4]今锦屏山（朐山）正在连云港海州区的海州故城之南 1 千米左右，以此推知，唐宋朐山县故城当在今海州故城附近。

　　《中国文物地图集·江苏分册》认为，海州城始筑于秦，名"朐"

　　[1]　[宋]洪适：《隶释》卷二，第 31 页。所幸《东海庙碑》拓本及摹本残片仍有留存。叶昌炽《语石》卷二载："海州古朐山县地。明以前尚有汉刻《东海庙碑》，吾乡顾氏艺海楼尚藏孤本，而原石之亡久矣。"（北京：中华书局，1994 年，第 107 页）赵之谦《补寰宇访碑录》卷一载："《东海庙残碑》，八分书，熹平元年。石在海州久佚。江苏长洲顾氏藏本。《东海庙残碑阴》，八分书。江苏长洲顾氏藏本。"（新文丰出版公司编辑部辑：《石刻史料新编》第 1 辑，第 27 册，第 20197 页）长洲顾氏，即清代藏书家顾沅（号湘舟）。顾氏藏本后由归安吴云所得，今藏国家图书馆，有学者以为此本亦非原拓。吴云又据此有双钩刻本，见[清]吴云藏集《汉东海庙碑残字》，新文丰出版公司编辑部辑《石刻史料新编》第 2 辑，台北：新文丰出版公司，1979 年，第 9 册，第 7061—7065。相关研究参见胡海帆《汉〈东海庙碑〉及存世摹本考》，镇江焦山碑刻博物馆、文物出版社编《全国第二届碑帖学术研讨会论文集》，第 55—79 页。
　　[2]　[北魏]郦道元注，杨守敬、熊会贞疏，段熙仲点校，陈桥驿复校：《水经注疏》卷三〇《淮水》，第 2563 页。
　　[3]　《后汉书》卷七《桓帝纪》，第 299 页。
　　[4]　[宋]乐史撰，王文楚等点校：《太平寰宇记》卷二二《海州》，第 460 页。

城，汉沿用。以后历代相继修葺并不断扩大。南宋宝祐三年（1255）又加筑，分东西二城。现存海州城遗址，即明初所建之砖城。今海州鼓楼以东台地为秦、汉朐县故城。[1] 然这一说法尚需进一步讨论。《后汉书·庞萌传》李贤注说："今海州朐山县西有故朐城。"[2]《通典》也说："汉朐县故城在今县西南。"[3] 可见秦汉时期的朐县故城应当在今海州故城的西南方向上（图 4-2）。[4] 对于《中国文物地图集·江苏分册》所说今海州鼓楼以东台地遗址的性质，当需要做进一步的考古工作。

结合《博物记》所载汉东海庙在"（朐）县东北海边"和《太平寰宇记》中"（朐山）县北四里"的记载可知，汉东海庙当在秦汉朐县故城的东北方向上。

目前多数学者认为东海庙在连云港孔望山南麓的摩崖造像群之前的台地上，并将孔望山摩崖造像群和附近石碑座、象石、蟾蜍石

---

[1]　王慧芬主编：《中国文物地图集·江苏分册》，北京：中国地图出版社，2008 年，第 660 页。类似观点又见丁义珍《汉东海庙今地考》，《文博通讯》1983 年第 4 期。

[2]　《后汉书》卷一二《庞萌传》，第 497 页。类似记载又见《后汉书》卷一上《光武帝纪上》李贤注："县名，属东海郡，故城在今海州朐山县西。"（第 40 页）

[3]　[唐]杜佑撰，王文锦、王永兴、刘俊文、徐庭云、谢方点校：《通典》卷一八〇《州郡十》，北京：中华书局，1988 年，第 4783 页。

[4]　参见王庭槐、张传藻《连云港历史地理概述》，《南京师院学报（社会科学版）》1981 年第 2 期；信立祥、王睿《连云港孔望山遗址群的调查与发掘》，国家文物局主编《2001 中国重要考古发现》，北京：文物出版社，2002 年；佚名《关于朐山县与朐山戍及海州古朐县》，《连云港人文》2009 年第 1 期，转引自 http://www.lygwh.gov.cn/item/Print.asp？m=1&ID=15668。

等遗物都认定为东海庙遗物。《孔望山摩崖造像的年代考察》一文说：

> 连云港市博物馆的丁义珍同志已考出山脚下的石碣形碑座原来是《金石录》和《隶释》卷二著录的东汉熹平元年（172）《东海庙碑》之座。碑座周围正有汉代绳纹瓦片和云纹瓦当出土，可知孔望山摩崖造像和山脚下的大象、蟾蜍，原是桓灵时期的东海庙内之物。

该文又引相关文献考论东海庙当即"东海君"之庙，是一处道教庙宇。[1] 但现在所见的《东海庙碑》碑文中并未提到"东海君"，该庙是否与道教有关也并不明确。赵明诚《金石录》说《东海庙碑》"大略记修饬祠宇事，而其铭诗有云：'浩浩仓海，百川之宗。'知其为海庙碑也"[2]。从残存的"经落八极，潢（缺二字）洪波，润（下缺）物，云雨出焉"，以及"凡尊灵祇，敬鬼神，寔为黔黎祈福"，"齐肃致力，四时奉祠"，"敬恭明神"等词句来看，赵明诚的推断大致无误，东海

[1]　俞伟超、信立祥：《孔望山摩崖造像的年代考察》，《文物》1981 年第 7 期。类似观点又见丁义珍《汉东海庙今地考》；信立祥《汉代画像石综合研究》，北京：文物出版社，2000 年，第 351—353 页；王慧芬主编《中国文物地图集·江苏分册》，第 660—661 页。
[2]　[宋]赵明诚撰，金文明校证：《金石录校证》卷一五《汉东海相桓君海庙碑》，桂林：广西师范大学出版社，2005 年，第 259 页。

庙当为祭祀东海神的祠庙，与道教神仙"东海君"无关。[1]

所谓"石碣形碑座"，位于孔望山南麓，当地俗称"馒头石"，丁义珍的考证见于《汉东海庙今地考》：

> 巨石顶部有一隶刻"光"字，东西长 28、上下宽 15 厘米……据"光"字的写法，巨石应是汉碑之座。碑座周围有汉代绳纹瓦片和云纹瓦当出土，也为认识碑座时代提供了旁证。据历代金石书籍所录海州汉碑，只有熹平元年的东海庙碑，所以，它只能是《东海庙碑》之座。[2]

可以看出，此说并没有确切证据证明该石就是《东海庙碑》的碑座。该石顶部确有一长方形凹槽，可能是碑座的榫槽，但在 2008 年出版的《中国文物地图集·江苏分册》和 2010 年出版的《连云港孔望山》考古报告中，都没有提及巨石顶部有"光"字，从《连云港孔望山》所录巨石照片看，其顶部也未见有文字痕迹。[3] 退一步讲，即使该字是整理者疏误漏收，也不能仅据此字就判定此石碑座为《东

---

[1] 参见胡海帆《汉〈东海庙碑〉及存世摹本考》，镇江焦山碑刻博物馆、文物出版社编《全国第二届碑帖学术研讨会论文集》，第 55—79 页。

[2] 丁义珍：《汉东海庙今地考》。

[3] 王慧芬主编：《中国文物地图集·江苏分册》，第 661 页；中国国家博物馆田野考古研究中心、南京博物院考古研究所、连云港市文物管理委员会办公室、连云港市博物馆编著：《连云港孔望山》，第 103—104 页。

海庙碑》之座。[1]

　　丁义珍又说，石碑座所在的孔望山南麓附近台地上，曾发现一些汉代绳纹瓦片和云纹瓦当碎块，足证其附近有汉代建筑遗迹，该建筑就是汉东海庙，但该建筑基址可能在唐代被破坏。[2] 据2000—2003年的考古发掘可知，该台地的地层堆积主要属于近现代和隋唐两个时期，其中出土的古代遗物绝大多数属于隋唐时期，少量属于汉魏时期，也有零星宋代遗物。出土的少量汉魏时期遗物主要为残瓦，夹杂在隋唐时期地层之中。而本次发掘的1号台基属于隋唐时期，2、3号台基叠压于1号台基之下，年代上限不明。1号台基之上的房址，极可能是隋唐时期的寺院类宗教建筑基址。据2号台基叠压的基岩石缝中出土的一枚东汉铜钱推断，2号台基的年代可能为东汉时期。比较来看，《连云港孔望山》一书的结论更为严谨：

　　　　本次发掘未发现早于隋唐时期的文化层，但出土的大量建筑材料中，有少量属于汉代的云纹瓦当和绳纹筒瓦以及汉

　　[1]　2005年，有学者在孔望山石象腿部又发现有"永平四年四月"的题记。《连云港孔望山》报告整理者认为，"经仔细辨认，所谓字体应是制作时施凿痕迹疏密不均造成的视觉误差所致"（中国国家博物馆田野考古研究中心、南京博物院考古研究所、连云港市文物管理委员会办公室、连云港市博物馆编著：《连云港孔望山》，第260页）。石碑座风化严重，丁义珍所说的"光"字，可能也是类似误判，但也不排除因巨石风化原字磨灭的可能。
　　[2]　丁义珍：《汉东海庙今地考》。

代的石研和五铢钱等，隋唐建筑基址中的部分石材也发现有早期使用的痕迹，推测此地或附近应该有早于隋唐时期的建筑。未见早期建筑遗迹的原因，一方面由于此区域是附近唯一的平坦开阔地带，不同时期的建筑在此反复修建导致早期建筑基址被破坏；另一个方面，也是为保护最上层基址的完整，未做进一步揭露清理。[1]

孔望山的地望与文献记载的东海庙位置基本相符。不过，从目前考古发掘的情况来看，并没有切实证据证明汉东海庙就在孔望山南麓的台地。关于东海庙的位置，还需要进一步的考古调查和发掘。

比较以上三种观点，秦东门在汉东海庙附近说最为可靠，但东海庙的具体位置尚需更加明确的证据予以确认。[2]

---

[1]　中国国家博物馆田野考古研究中心、南京博物院考古研究所、连云港市文物管理委员会办公室、连云港市博物馆编著：《连云港孔望山》，第 151、172—173、257 页。

[2]　除了以上几种观点外，还有学者认为史籍中记载的朐县石碑和其北面百里之外的赣榆秦始皇碑以及它们所在的高山，共同组成了秦帝国的东门（辛德勇：《越王勾践徙都琅邪事析义》，《文史》2010 年第 1 辑）。不过《史记》及后世文献中，都明确记载秦东门的位置在"朐界中"，而赣榆属琅邪郡，朐县属东海郡，二者并非一地。赣榆秦始皇碑并不能作为秦东门的组成，秦东门应该在朐县境内。还有人将秦琅邪台、连云港苏马湾汉代界石与秦东门混为一谈。如唐熊曜《琅邪台观日赋（并序）》："秦筑东门于海岸，曰琅邪台。"（［宋］李昉等编：《文苑英华》卷四，北京：中华书局，1966 年，第 24 页）寇彬堂：《寻找秦东门》，http://www.lygtour.com/lyg_content/lywh/llcx/2009/03—08/content_200903081142.shtml；寇彬堂：《重测始皇碑，再论秦东门》，http://www.lygtour.com/lyg_content/lywh/llcx/2009/03—08/content_200903081143.shtml。

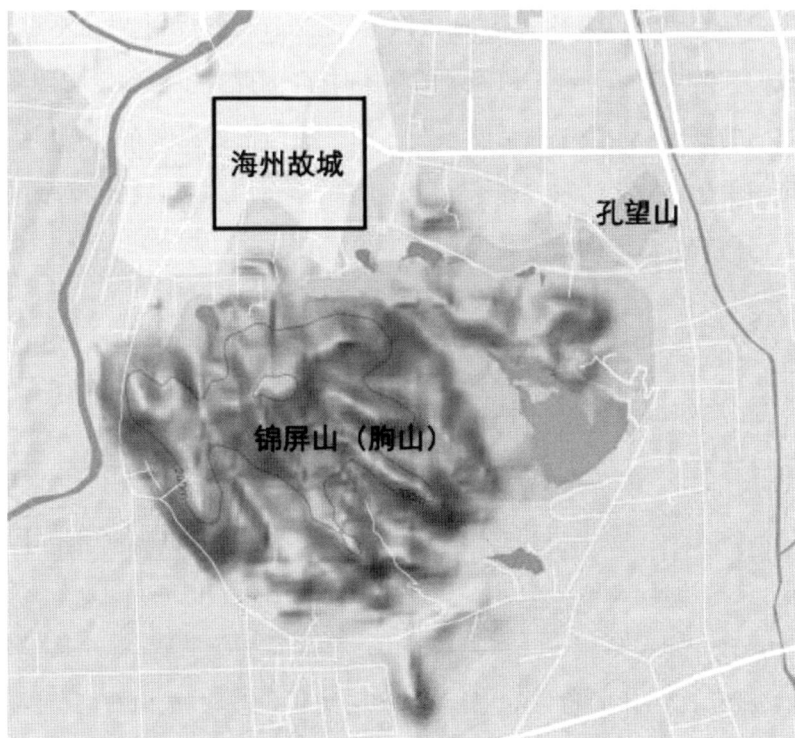

图 4-2 孔望山、锦屏山、海州故城位置关系示意图[1]

第二章中笔者曾讨论过《三辅旧事》与《三辅黄图》中提及的黄河秦东门。那么该如何解释为何会存在两座秦东门呢？有学者以

---

[1] 据谷歌地图改绘，http://www.google.cn/maps/@ 34. 5543948，119. 1415909，13z/data＝! 5m1! 1e4? hl＝zh-Hans-CN。

为，"始皇表河以为秦东门"的说法，可能是起初的规划。[1] 不过，我们并不知道黄河秦东门修筑的具体时间，因此并不能确定朐县秦东门的修建一定晚于黄河秦东门。如果我们把黄河秦东门视作秦帝国中心宫殿区的东方界标，那么朐县的秦东门则可以视作秦帝国的面向东方海洋的国门。[2]

第三节　成山角的"秦东门"

除了黄河秦东门和朐县秦东门外，今天山东荣成境内的成山角，竟然还有一座"秦东门"。乾隆《山东通志》卷九《古迹志》载，荣成县有"秦东门"刻石，"在县东成山巅。秦丞相李斯所书，并有'讼狱公所'四字。"同卷"成山秦篆"条引《文登县志》："成山石刻，有秦

---

[1]　王子今：《史记的文化发掘——中国早期史学的人类学探索》，武汉：湖北人民出版社，1997年，第272页。王子今：《"秦东门"与秦汉东海郡形势》，《史林挥麈——纪念方诗铭先生学术论文集》编辑组编《史林挥麈——纪念方诗铭先生学术论文集》，第117页。

[2]　《史记》卷六《秦始皇本纪》："三十二年，始皇之碣石，使燕人卢生求羡门、高誓。刻碣石门。"（第251页）碣石门在辽宁绥中碣石宫遗址对面的海水中。杨鸿勋将碣石门比作秦代的国门。但从碣石宫与碣石门的关系来看，碣石宫的中轴线正对碣石门，碣石门应是碣石宫的门阙，与国门无关。参见杨鸿勋《宫殿考古通论》，北京：紫禁城出版社，2009年，第217—227页。

李斯篆书,曰'天尽头',曰'秦东门',曰'诏狱公所',今山入荣成县。"[1]光绪《增修登州府志》也说"(秦东门)在成山上。旧有秦丞相李斯书,并有'讼狱公所'四字,今亡"[2]。这座"秦东门"不仅位置确定,还有李斯刻石为证,言之确凿,似毫无疑问。

乾隆《山东通志》有清人王苹的《秦桥行》诗,其中有"观碑风雨碎文字,殿壁龙蛇昏蟒蛸。秦东门刻相斯篆,磨厓漫灭成山椒"之句。[3] 该遗迹在清人王培荀的《乡园忆旧录》中也有记载:

> 秦桥在大海中,从日主祠。望之怪石嵯峨,忽断忽联,相去丈许,如人力为之纷列者。苍茫莫极,不知所届。日主祠在海东岸尽处。王秋史《秦桥行》有云:"秦东门刻相斯篆,磨崖漫灭成山椒。"似李斯篆在成山卫。诸城臧中州云:"秦修长城入海,砌石甚长,几二百里,有李斯篆。"[4]

---

[1] [清]岳浚等监修,杜诏等编纂:乾隆《山东通志》卷九《古迹志》,文渊阁《四库全书》本。相同记载又见于[清]和珅等纂修乾隆《大清一统志》卷一三七《登州府》,文渊阁《四库全书》本。

[2] [清]方汝翼、贾瑚修,周悦让、慕容韡纂:光绪《增修登州府志》卷四《古迹》,《中国地方志集成·山东府县志辑》,南京:江苏古籍出版社,上海:上海书店,成都:巴蜀书社,2004年,第48册,第63页。

[3] [清]岳浚等监修,杜诏等编纂:乾隆《山东通志》卷三五之一上《艺文志》,文渊阁《四库全书》本。

[4] [清]王培荀著,蒲泽校点,严薇青审定:《乡园忆旧录》卷一,济南:齐鲁书社,1993年,第58页。

秦始皇曾两次巡行成山，其中秦始皇二十八年（前219），"并勃海以东，过黄、腄，穷成山，登之罘，立石颂秦德焉而去"[1]。秦始皇三十七年（前210），"自琅邪北至荣成山"，未见有刻石的记载。[2] 后人又有秦始皇在此"鞭石成桥"的故事流传。[3] 从《史记》文意来看，秦始皇二十八年巡行所立之石，更可能在之罘，而不是成山。王苹所观之碑是否确为秦始皇所立尚存疑问，并且，从王苹诗句来看，该碑已成"风雨碎文字"，而所谓"秦东门刻相斯篆"也早已"漫灭"，不复可观。也就是说，王苹并未见到"秦东门"刻石。

道光《荣成县志》录李天鹭《偕冯芝圃成山观日出》诗，其中说："嗟乎祖龙勤远巡，不守中原守海滨。蓬岛神仙无药饵，东门严峻亡齿唇。焚书煨烬灰犹热，斯相篆刻墨痕新。至今日主祠边望，只有荒桥属嬴秦。"[4] 其中提到"东门严峻"和"斯相篆刻"，但只是出于诗人的想象，他所见到的其实只有"日主祠"旁的所谓"秦桥"遗迹。那么成山到底有没有李斯"秦东门"刻石呢？

其实，这座"秦东门"完全是后人附会而成的。

需要注意的是，前引几部提及"秦东门"刻石的方志所载石刻

---

[1] 《史记》卷六《秦始皇本纪》，第244页。

[2] 《史记》卷六《秦始皇本纪》，第263页。

[3] 任昉《述异记》卷上："秦始皇作石横桥于海上，欲过海观日出处。有神人驱石去，不速，神人鞭之，皆流血。今石桥其色犹赤。"（丛书集成初编本，北京：中华书局，1985年，第9页）

[4] [清]李天鹭修，岳赓廷纂：道光《荣成县志》卷九《艺文》，《中国地方志集成·山东府县志辑》，第56册，第565页。

文字并不一致。"诏狱公所",有作"讼狱公所"者。明嘉靖《宁海州志》载:"相传山顶旧有李斯篆'狱讼所公'四字,今亡。"[1]此处又作"狱讼所公",并且没有提及"天尽头""秦东门"六字。更重要的是,这些刻辞的由来只是传言,并且在明代嘉靖年间就已无迹可寻。看来,乾隆《山东通志》和光绪《增修登州府志》所记成山李斯石刻也只是道听途说。

据笔者目力所及,最早称成山角有"秦东门"的是唐人独孤及。他的《观海》诗起首便是"北登渤澥岛,回首秦东门"[2]。该诗虽言及"秦东门",但并未提到"秦东门"刻石。

陈文述《颐道堂集》有《答王仲瞿见赠之作》诗,中有"曾摹秦相余三字,未坐张宽第七车"句。其下注曰:"君补李斯书'秦东门'三字于成山。"[3]王仲瞿即清代诗人王昙。陈诗明确说"秦东门"三字是王昙所补,并非李斯原作。舒位《瓶水斋诗集》卷一〇《答示仲瞿话旧之作十首》,其一"径从花外扬鞭走,排出金银太半台"句下自注:"仲瞿自吴门至登州,登蓬莱阁,观海市。又浮海,至大小钦

---

[1] [明]李光先修,焦希程纂:嘉靖《宁海州志》卷之上《地里一》,上海书店辑《天一阁藏明代方志选刊续编》,上海:上海书店,1990年,第57册,第694页。嘉靖《山东通志》与此同,见[明]陆钺等纂修嘉靖《山东通志》卷六《山川下》,上海书店辑《天一阁藏明代方志选刊续编》,第51册,第444页。

[2] [唐]独孤及撰,刘鹏、李桃校注:《毗陵集校注》卷一,沈阳:辽海出版社,2006年,第13页。全诗如下:"北登渤澥岛,回首秦东门。谁尸造物功,凿此天地源。溟洞吞百谷,周流无四垠。廓然混茫际,望见天地根。白日自中吐,扶桑如可扪。迢遥蓬莱峰,想象金台存。秦帝昔经此,登临冀飞翻。扬旌百神会,望日群山奔。徐福竟何成,羡门徒空言。惟见石桥足,千年潮水痕。"

[3] [清]陈文述:《颐道堂集》"诗选"卷九,清嘉庆十二年(1807)刻道光增修本。

山、沙门岛。所撰七言律诗若《秦东门》《望仙门》及《海市》诸作,皆奇伟可喜。"[1]可见,王昙确曾有以《秦东门》为题的诗作。清咸丰本《仲瞿诗录》中有《海上杂诗》数首,其中确有《秦东门李斯刻石》一诗:

> 长城一面饮朝暾,又啖沧瀛辟一阛。
>
> 中国果然秦万世,相公能免蔡东门。
>
> 祖龙文字真奇僻,牵犬功名太老昏。
>
> 欲取蒙恬新不律,重书三字与招魂。[2]

可见,王昙自己在诗中也提到"重书三字",这三字应该就是"秦东门"。[3]

与前代方志不加考证地承袭前说相比,对于成山所谓的"秦东门"刻石,道光《荣成县志》的作者保持了难得的清醒,该书卷一《疆域》载:

> 始皇东游立石成山,又有"狱讼公所"四字,皆李斯传。相传明季以上官拓索,不胜其扰,因沉于海。旧志又云有"秦东

---

[1]　[清]舒位著,曹光甫点校:《瓶水斋诗集》卷一〇,上海:上海古籍出版社,2009年,第400页。

[2]　[清]徐渭仁辑:《仲瞿诗录》,清咸丰元年(1851)徐渭仁刻本。

[3]　《颐道堂集》卷一四又有《和王仲瞿海上杂诗》,其一为《秦东门李斯刻石》,其后亦录王昙原诗。

门”三字,误。《史记》明云在“东海上朐界中”。[1]

综上来看,荣成成山角的“秦东门”源自唐人独孤及的《观海》诗,此诗所论“秦东门”事,可能取自当地传说,也可能是独孤及自创。这一说法在后世继续流传,又产生了李斯手书“秦东门”的说法。也许后人曾仿刻“秦东门”三字于成山,但从史籍记载来看,并没有人一睹刻石真容。后来,清人王昙又在成山补写了“秦东门”三字,但王昙补写今亦无存。直至今日,成山“秦东门”的说法仍在当地流传。成山头风景区内尚有残石一块,据说是秦代刻石,但已磨灭无字。[2]

---

[1] ［清］李天瑞修,岳廞廷纂:道光《荣成县志》卷一《疆域》,《中国地方志集成·山东府县志辑》,第 56 册,第 445—446 页。

[2] 《中国文物地图集·山东分册》有“成山残石碣”:“位于成山南峰顶。青石质。残高 0.40 米,宽 1 米,厚 0.20 米。阳面略为剥蚀。当地群众俗呼为‘发碑石’(法碑石)。《太平寰宇记》引伏琛《齐记》曰:‘始皇欲渡海,立石标之为记。’清道光年间《荣成县志·古迹》有‘天尽头碑’一目载:‘始皇东游,立石成山’,此残石碣的质地为石灰岩,非当地所产,疑秦始皇东巡至成山时所立。”(国家文物局主编,山东省文物局编制:《中国文物地图集·山东分册》,北京:中国地图出版社,2007 年,第 602 页)

第五章　道路规划与军事交通

以咸阳、长安为中心，东西方向有两都交通线及其延长线，南北方向则有子午道—直道。这两条线路可以视作秦汉东西、南北两条轴线的物化。两都交通线上的函谷关作为重要的交通节点，也是不同文化区域上的分界点和关联点。

第一节　两都交通线与函谷关

一　两都交通线的历史地位

班固在《两都赋》中对长安附近的地理形势有如下的叙述："汉之西都，在于雍州，寔曰长安。左据函谷、二崤之阻，表以太华、终南之山。右界褒斜、陇首之险，带以洪河、泾渭之川。华实之毛，则九州之上腴焉；防御之阻，则天地之奥区焉。"[1]

---

[1]　《后汉书》卷四〇上《班固传》，北京：中华书局，1965 年，第 1335—1336 页。

汉初在定都问题的争议上，出身关东的功臣多主张定都洛阳，"雒阳东有成皋，西有殽黾，倍河，向伊洛，其固亦足恃"。娄敬、张良则坚持定都关中："雒阳虽有此固，其中小，不过数百里，田地薄，四面受敌，此非用武之国也。夫关中左殽函，右陇蜀，沃野千里，南有巴蜀之饶，北有胡苑之利，阻三面而守，独以一面东制诸侯。诸侯安定，河渭漕輓天下，西给京师；诸侯有变，顺流而下，足以委输。此所谓金城千里，天府之国也。"[1]

刘邦选择定都关中除了关中的地理优势之外还和当时的政治局势有关，我们不能因此忽视洛阳所处的重要地理位置。关东功臣对洛阳的地理形势的描述是毫不夸张的。《两都赋》中对洛阳也有"处乎土中，平夷洞达，万方辐凑"[2]的评价。《史记·三王世家》记载了王夫人为其子刘闳求封洛阳的故事：

> 王夫人者，赵人也，与卫夫人并幸武帝，而生子闳。闳且立为王时，其母病，武帝自临问之。曰："子当为王，欲安所置之？"王夫人曰："陛下在，妾又何等可言者。"帝曰："虽然，意所欲，欲于何所王之？"王夫人曰："愿置之雒阳。"武帝曰："雒阳有武库敖仓，天下冲阨，汉国之大都也。先帝以来，无子王于雒阳者。去雒阳，余尽可。"[3]

[1]　《史记》卷五五《留侯世家》，北京：中华书局，1959年，第2043—2044页。
[2]　《后汉书》卷四〇下《班固传》，第1369页。
[3]　《史记》卷六〇《三王世家》，第2115页。

由此可见在汉代人意识中洛阳所处的重要战略地位。《史记·滑稽列传》载:洛阳"当关口,天下咽喉"[1]。《史记·货殖列传》又有"洛阳街居在齐秦楚赵之中"[2]的说法,足以说明洛阳"天下之中"的地理地位。[3]

汉代长安、洛阳间的交通有陆路和水路两条路线。关于长安、洛阳间交通路线的命名,历来不一。史书中对部分路段有"华阴平舒道"[4]"新丰道"[5]和"崤黾驿道"[6]等称谓,研究者也有如"函谷道""长安—新丰—潼关道""函谷崤黾道""三川道""崤函古道"的命名。这些命名大多仅指两都交通沿线某段陆路交通路线,不太

---

[1]《史记》卷一二六《滑稽列传》,第3209页。

[2]《史记》卷一二九《货殖列传》,第3279页。

[3]《史记》卷四《周本纪》:"成王在丰,使召公复营洛邑,如武王之意。周公复卜申视,卒营筑,居九鼎焉。曰:'此天下之中,四方入贡道里均。'"(第133页)又,《汉书》卷二八下《地理志下》:"昔周公营洛邑,以为在于土中,诸侯蕃屏四方。"(北京:中华书局,1962年,第1650页)参见史念海《中国古代都城建立的地理因素》,中国古都学会编《中国古都研究》第2辑,杭州:浙江人民出版社,1986年,第7—36页,收入其著《中国古都和文化》,此据《史念海全集》第1卷,北京:人民出版社,2013年,第655—673页;王克陵《西周时期"天下之中"的择定与"王土"勘测》,《湖北大学学报(哲学社会科学版)》1990年第2期;龚胜生《试论我国"天下之中"的历史源流》,《华中师范大学学报(哲学社会科学版)》1994年第1期;王晖《周武王东都选址考辨》,《中国史研究》1998年第1期;李久昌《"天下之中"与列朝都洛》,《河南社会科学》2007年第4期;李久昌《周公"天下之中"建都理论研究》,《史学月刊》2007年第9期。

[4]《史记》卷六《秦始皇本纪》,第259页。

[5]《史记》卷一〇二《张释之冯唐列传》,第2753页。

[6]《后汉书》卷九九上《儒林传上·刘昆》,第2550页。

全面。笔者在这里借用班固《两都赋》的说法，称之为"两都交通线"。

两都交通线自古以来就发挥着重要作用。史念海通过对渭河沿岸新石器时代遗址的分析指出，在石器时代沿渭河河谷和黄河河谷就存在一条交通要道。[1]　随着周族的兴起，周人的活动地域逐渐东移，这条道路的作用日益显著。武王伐纣，很可能就是沿着这条道路到达洛阳地区，然后由洛阳东北的盟津渡河北伐的。武王灭商后，在雒邑营建成周，"纵马于华山之阳，放牛于桃林之虚"[2]，华山、桃林均在这条交通干线之上。武王在这里"偃干戈，振兵释旅"[3]，向天下传达和平的信号，也可能考虑到了这条交通线在信息传播和交流上的重要作用。西周两京制度的运作，亦离不开这条东西动脉的支持。[4]　周王东迁之后，秦国因周之故，成为西方霸主。随着势力的膨胀，秦国不断利用这条道路向东扩张。著名的"泛舟之役"即是利用了渭河、黄河的部分河段，秦国船队"自雍及绛相继"[5]，解救了晋国的饥荒。秦晋之间的殽之战，也发生在这

[1]　史念海：《石器时代人们的居地及其聚落分布》，《人文杂志》1959 年第 3 期，收入其著《河山集》初集，此据《史念海全集》第 3 卷，第 9—10 页。另参李久昌《崤函古道的起源与早期形态研究》，《三门峡职业技术学院学报》2012 年第 1 期。

[2]　《史记》卷四《周本纪》，第 129 页。

[3]　《史记》卷四《周本纪》，第 129 页。

[4]　参见李久昌《西周两京制与崤函古道》，中国古都学会编《中国古都研究》第 28 辑，西安：三秦出版社，2015 年，第 16—26 页。

[5]　[晋]杜预注，[唐]孔颖达等正义：《春秋左传正义》卷一三《僖公十三年》，[清]阮元校刻《十三经注疏》，北京：中华书局，1980 年，第 1803 页。

条道路之上。楚国曾围韩雍氏,秦"乃下师于殽以救韩"[1],也是利用这条道路出兵。魏文侯时,秦国东进侵占阴晋,后来魏国只得"以阴晋为和,命曰宁秦"[2]。宁秦就是今天的华阴地区。战国时,东方诸国还曾多次利用这条陆路联合攻秦。[3] 秦末,周文、项羽均通过这条陆路,过函谷关进入关中地区。楚汉战争期间,关中地区成为刘邦集团重要的粮食、物资和兵员补给地,史载:"上与楚相距五岁,常失军亡众,逃身遁者数矣。然萧何常从关中遣军补其处,非上所诏令召,而数万众会上之乏绝者数矣。夫汉与楚相守荥阳数年,军无见粮,萧何转漕关中,给食不乏。"[4]萧何多次为刘邦军队运输粮食、物资和兵员,利用的就是两都交通线。刘邦的最后胜利,与此不无关系。

在整个汉帝国的庞大的交通网络中,两都交通线西连关中,东接关东,处于绝对中心地位。西汉建立以后,随着人口的增长,关中对关东地区的粮食需求日益增大,每年经漕运向关中运送的粮食从

---

[1]　《史记》卷七一《樗里子甘茂列传》,第 2313 页。

[2]　《史记》卷一五《六国年表》,第 728 页。

[3]　参见宋杰《秦对六国战争中的函谷关和豫西通道》,《首都师范大学学报(社会科学版)》1997 年第 3 期;李久昌《春秋秦晋河西之争中的崤函古道战事》,《三门峡职业技术学院学报》2014 年第 4 期;李久昌《战国时期秦国的崤函古道攻略》,《三门峡职业技术学院学报》2016 年第 1 期。

[4]　《史记》卷五三《萧相国世家》,第 2016 页。

汉初的几十万石[1]，逐渐增加到四百万石[2]，武帝时甚至达到了六百万石[3]。东汉以洛阳为都，长安的地理地位有所下降，但长安作为东汉在关中地区的重要据点，两都之间的交通活动仍然十分频繁。在东汉和羌人的战争中，长安发挥了重要的军事据点作用。作战所需物资，也必然需要利用两都交通线输运。东汉末年董卓之乱，长安还曾成为暂时的政治中心。汉献帝往来于洛阳、长安之间，也是经行的这条道路。杜笃的《论都赋》载：光武帝"造舟于渭，北航泾流，千乘方毂，万骑骈罗，衍陈于岐、梁，东横乎大河"[4]。由此可见，东汉时渭河至黄河一线的部分河段还可以通航。

在频繁的交通往来活动中，文化的交流与传播随之展开。汉代的帝王常常有巡行四方的文化表演，汉武帝、光武帝均曾经行两都间陆路交通线。"秦汉帝王的文化行迹，决定了他们的文化视野。他们的文化视野，又对区域文化政策的制定和施行，有着重要的意义。"[5]两都交通沿线区域还是游侠的活跃之地。这一地区的游侠

---

[1] 《汉书》卷二四上《食货志上》："汉兴……漕转关东粟以给中都官，岁不过数十万石。"（第 1127 页）

[2] 《汉书》卷二四上《食货志上》："故事，岁漕关东谷四百万斛以给京师，用卒六万人。"（第 1141 页）《汉书》卷二四下《食货志下》："官益杂置多，徒奴婢众，而下河漕度四百万石，及官自籴乃足。"（第 1171 页）

[3] 《汉书》卷二四下《食货志下》："诸农各致粟，山东漕益岁六百万石。"（第 1175 页）

[4] 《后汉书》卷八〇上《文苑传上·杜笃》，第 2597 页。

[5] 王子今：《秦汉区域文化研究》，成都：四川人民出版社，1998 年，第 391 页。

见于《史记·游侠列传》的有洛阳剧孟，陕之韩孺，轵之郭解，长安樊仲子、赵他、羽公子，长陵高公子。《汉书·游侠传》又有长安楼护、杜陵陈遵、茂陵陈涉、霸陵杜君敖、池阳韩幼孺。"布衣游侠剧孟、郭解之徒驰骛于闾阎，权行州域，力折诸侯。"[1]游侠的势力成为当时不容忽视的社会力量，他们的行为也会对当地的文化风貌产生影响。西汉自元帝始，严重的自然灾害使人民背井离乡，出现了多次大规模流民入关事件。《汉书·于定国传》："关东连年被灾害，民流入关。"[2]《汉书·成帝纪》记载，阳朔二年(前23)秋，关东大水，汉成帝下诏："流民欲入函谷、天井、壶口、五阮关者，勿苛留。遣谏大夫博士分行视。"[3]《汉书·王莽传下》载，地皇三年(22)，"流民入关者数十万人"[4]。汉哀帝建平四年(前3)，民间还发生了以西王母崇拜为主题的大规模流民入关运动。[5] 东汉末年的政治动乱也人为造成了流民西入长安的事件。《后汉书·董卓传》载，董卓"尽徙洛阳人数百万口于长安，步骑驱蹙，更相蹈藉，饥饿寇

---

[1]《汉书》卷九二《游侠传》，第3698页。

[2]《汉书》卷七一《于定国传》，第3043页。

[3]《汉书》卷一〇《成帝纪》，第313页。

[4]《汉书》卷九九下《王莽传下》，第4177页。

[5]《汉书》卷二七下之上《五行志下之上》："哀帝建平四年正月，民惊走，持藁或梈一枚，传相付与，曰行诏筹。道中相过逢多至千数，或被发徒践，或夜折关，或踰墙入，或乘车骑奔驰，以置驿传行，经历郡国二十六，至京师。其夏，京师郡国民聚会里巷仟佰，设张博具，歌舞祠西王母，又传书曰：'母告百姓，佩此书者不死。不信我言，视门枢下，当有白发。'至秋止。"(第1476页)参见王子今、周苏平《汉代民间的西王母崇拜》，《世界宗教研究》1999年第2期。

掠,积尸盈路。"[1]这种大规模的流民,对两都交通沿线区域的文化面貌也会产生相当的冲击。

由此可见,两都交通线对汉代乃至中国古代社会的经济发展、文化区域的整合具有显著而深远的历史影响。

二　函谷关:文化的界隔与关联

作为交通路线的控制节点,关塞不仅仅是地理的界隔,它在维护国家安全和社会稳定,进行人口和经济调控等方面都起到重要作用。汉帝国外部的关塞是当时与周边民族军事冲突、经济互动和文化交流的控制阀钮。帝国内部的关隘在战争时期是防御要塞和军事争夺的焦点,在和平时期则对人员流动、物资运输、关税征收、信息传递等起到调节作用。[2]

---

[1]《后汉书》卷七二《董卓传》,第 2327 页。

[2]　前代学者对汉代关制的研究已经取得十分丰厚的成果。相关研究大体可分为四个方面:第一,关塞地理沿革的研究。学界已对玉门关、阳关、悬索关、肩水金关、萧关、散关、函谷关、潼关、武关、崤关、孟津关、虎牢关、箕关、扞关、斜谷关、骆谷关、子午关、横浦关、灵关等秦汉时代的关塞具体位置加以探讨。还有学者从历史政区地理和历史文化地理角度对秦汉时代相关地理概念加以分析,并探讨了关塞对于国家政治形势控制、地域政策制定的重要影响。如王子今、刘华祝《张家山汉简〈二年律令·津关令〉所见五关》,《中国历史文物》2003 年第 1 期;辛德勇《汉武帝"广关"与西汉前期地域控制的变迁》,《中国历史地理论丛》2008 年第 2 辑;臧知非《论汉文帝"除关无用传"——西汉前期中央与诸侯王国关系的演变》,《史学月刊》2010 年第 7 期;邢义田《试释汉代的关东、关西与山东、山西》,收入其著《治国安邦:法制、行政与军事》,北京:中华书局,2011 年,第 180—210 页;王子今《秦汉区域地

关塞的设置关系到国家的安危。史书中在描述关中的地理形

（接上注释）理学的"大关中"概念》，《人文论丛》2003 年第 1 期。第二，关塞制度的研究。如彭年《汉代的关、关市和关禁制度》，《四川师范大学学报（社会科学版）》1987 年第 4 期；李均明《汉简所反映的津关制度》，《历史研究》2002 年第 3 期。第三，津关律令的研究。张家山汉简《二年律令·津关令》的出土，让我们对汉初关禁制度和规定有了更加全面、深入的了解，学界的研究也基本围绕张家山汉简《二年律令·津关令》展开。除杨建《西汉初期津关制度研究》（上海：上海古籍出版社，2010 年）一书外，重要研究成果还有彭浩《〈津关令〉的颁行年代与文书格式》，《郑州大学学报（哲学社会科学版）》2002 年第 3 期；[日]大庭脩《張家山二年律令簡の津関令について》，《史料》第 179 號，2002；董平均《〈津关令〉与汉初关禁制度论考》，《中华文化论坛》2007 年第 3 期；陈伟《张家山汉简〈津关令〉"越塞阑关"诸令考释》，卜宪群、杨振红主编《简帛研究二〇〇六》，桂林：广西师范大学出版社，2008 年，第 147—154 页；李方《张家山汉简〈二年律令〉有关汉代边防的法律》，《中国边疆史地研究》2009 年第 2 期；朱恩荣《西汉初期出入境管理立法研究——以〈津关令〉为分析对象》，西南政法大学硕士学位论文，2010 年；胡建涛《论汉初"津关令"的立法目的》，《法制与社会》2015 年第 35 期。第四，符传制度的研究。汉代的符传制度研究是学界关注的热点。2009 年之前的研究情况可参看朱翠翠《秦汉符信制度研究》（上海师范大学硕士学位论文，2009 年）一文，而一些最新的研究已经结合近年公布的肩水金关汉简展开讨论，除郭伟涛《肩水金关汉简研究》（上海：上海古籍出版社，2019 年）丁义娟《肩水金关汉简初探》（北京：中国农业科学技术出版社，2019 年）两本专著外，重要论文还有安忠义《秦汉简牍中的"致书"与"致籍"考辨》，《江汉考古》2012 年第 1 期；[日]藤田胜久《金关汉简的传与汉代交通》，武汉大学简帛研究中心主办《简帛》第 7 辑，上海：上海古籍出版社，2012 年，第 194—210 页；田家溧《汉简所见"致籍"与"出入名籍"考辨——以肩水金关简为中心》，《史学集刊》2014 年第 6 期；黄艳萍《汉代边境的家属出入符研究——以西北汉简为例》，《理论月刊》2015 年第 1 期；刘欣宁《汉代"传"中的父老与里正》，《早期中国史研究》第 8 卷第 2 期，2016 年 12 月；李银良《汉代"过所"考辨》，邬文玲主编《简帛研究二〇一七（春夏卷）》，桂林：广西师范大学出版社，2017 年，第 227—236 页；[韩]宋真《前漢時期 帝國의 内部境界와 그 出入管理》，《동양사학연구》，2012，121：1—44；[韩]宋真《戰國時代 邊境의 출입자 관리와 符節》，《중국고중세사연구》，2012，27：1—62；[日]藤田勝久《秦漢時代の交通と情報伝達》，收入其著《中国古代国家と情報伝達——秦漢簡牘の研究》，東京：汲古書院，2016；[日]鷹取祐司《肩水金関遺址出土の通行証》，收入其主編《古代中世東アジアの関所と交通制度》，東京：汲古書院，2017 年。

势时，常以"四塞以为固"之语来强调关中的地理优势。如《史记·范雎蔡泽列传》载范雎之言："大王之国，四塞以为固，北有甘泉、谷口，南带泾、渭，右陇、蜀，左关、阪，奋击百万，战车千乘，利则出攻，不利则入守，此王者之地也。"[1] 这使得秦国在统一六国的军事斗争中常常处于有利地位。汉初娄敬、张良劝汉高祖定都关中时说："夫关中左殽函，右陇蜀，沃野千里，南有巴蜀之饶，北有胡苑之利，阻三面而守，独以一面东制诸侯。诸侯安定，河渭漕輓天下，西给京师；诸侯有变，顺流而下，足以委输。此所谓金城千里，天府之国也。"[2] "殽函"天险，可以使刘邦集团"独以一面东制诸侯"。有学者指出，如果说边关保护国家之"体肤"，那么内关所捍卫的则是国家的"心脏"。[3] 贾谊说汉代"所为建武关、函谷、临晋关者，大抵为备山东诸侯也。天子之制在陛下，今大诸侯多其力，因建关而备之，若秦时之备六国也"[4]。在冷兵器时代，军事要塞往往成为左

---

[1]　《史记》卷七九《范雎蔡泽列传》，第 2408 页。类似语句又如《史记》卷七〇《张仪列传》载张仪说楚王曰："秦地半天下，兵敌四国，被险带河，四塞以为固。"（第 2289 页）《史记》卷九九《刘敬叔孙通列传》："秦地被山带河，四塞以为固，卒然有急，百万之众可具也。"（第 2716 页）按："范雎"，《史记》中华书局 1959 年版作"范睢"，中华书局 2014 年修订版校勘记："原作'范睢'，据景祐本、耿本、彭本、柯本、《索隐》本、凌本、殿本、《会注》本改。按：钱大昕《武梁石室画像跋尾》云'战国、秦、汉人多以"且"为名，读子余切。如穰且、豫且、夏无且、龙且皆是。"且"旁或加"佳"，如范雎、唐雎，文殊而音不殊也'。"（《史记》卷七九《范雎蔡泽列传》，北京：中华书局，2014 年，第 2941 页）当是。

[2]　《史记》卷五五《留侯世家》，第 2044 页。

[3]　张玲：《秦汉关隘制度研究》，河南大学博士学位论文，2009 年，第 201 页。

[4]　[汉]贾谊撰，阎振益、钟夏校注：《新书校注》卷三《壹通》，北京：中华书局，2000 年，第 113 页。

右战争结果的关键。

关塞亦是物资流通、商业贸易的控制节点。关塞附近一般设有仓储设施，可以对物资的储运进行有效调节。汉代对一些重要物资的管控十分严格，关塞对这些物资运输的管理和稽查是进行物资管控的有效手段。关塞对往来物资的关税征收，是国家财政收入的重要补充。汉代关市贸易亦有利于民族交往、经济往来和文化传播。关塞还是国家邮驿系统的重要组成，在控制信息传递方面具有举足轻重的地位。

关塞对人口流动的调节也有重要作用。符传制度是实现人口流动控制的制度保障，关塞则是具体制度的执行单位。从传世文献和出土简牍来看，汉代在大部分时间内利用相对完备的符传制度和关塞设施对人员流动进行了有效控制。而在饥荒时期，大规模的流民运动会对社会稳定造成严重影响。对关塞的有效控制，可以有效疏导流民，有利于尽快平息动乱，维护社会安定。

关塞的设置还会对区域文化风貌产生影响。《汉书·赵充国辛庆忌传》载："山东出相，山西出将。"[1] 这一说法，《后汉书·虞诩传》作"关东出相，关西出将"。李贤注曰："秦时郿白起，频阳王翦。汉兴，义渠公孙贺、傅介子，成纪李广、李蔡，上邽赵充国，狄道辛武贤，皆名将也。丞相则萧、曹、魏、丙、韦、平、孔、翟之类也。"[2]

---

[1] 《汉书》卷六九《赵充国辛庆忌传》，第 2998 页。
[2] 《后汉书》卷五八《虞诩传》，第 1866 页。

由此可见山东、山西两种文化风格的迥异。《汉书·地理志下》载：
"汉兴以来,鲁东海多至卿相。"[1]说的也是位于山东的鲁、东海地
区文化发达的情况。

可见关塞对于军事的防御、物资的流通、人员的流动、信息的
传递、文化的传播均有十分重要的作用。

对关中一词所指代的地理范围,学者多有论及,但说法不
一。[2] 无论哪种说法,关中地区都包括现在以渭河平原为中心的
地带。与关中相对应,汉代文献中又有关外的说法。《史记·秦始
皇本纪》记载秦始皇的宫殿"关中计宫三百,关外四百余"[3]。《汉
书·高帝纪上》载:"汉王如陕,镇抚关外父老。"[4]此事在刘邦定
三秦之后。陕,在今河南三门峡西,是函谷关之东的战略要地。所
谓"关外",当指函谷关以东地区。与"关中与关外"的说法类似,汉
代还有"关西与关东""山西与山东"的说法。它们所指代的地理位
置,也与关中、关外大体接近。

所谓"关",无疑是指函谷关。旧函谷关位于今河南灵宝境内。
史念海《函谷关与新函谷关》对函谷关周边的地理形势进行了详尽

---

[1] 《汉书》卷二八下《地理志下》,第 1663 页。
[2] 详见史念海《古代的关中》,收入其著《河山集》初集,此据《史念海全集》
第 3 卷,第 19—47 页。参见王子今《秦汉区域地理学的"大关中"概念》;辛德勇《汉
武帝"广关"与西汉前期地域控制的变迁》;胡方《汉武帝"广关"措置与西汉地缘政
策的变化——以长安、洛阳之间地域结构为视角》,《中国历史地理论丛》2015 年第
3 辑。
[3] 《史记》卷六《秦始皇本纪》,第 256 页。
[4] 《汉书》卷一上《高帝纪上》,第 33 页。

分析,特别是灵宝的旧函谷关着墨甚多。[1]《汉书·武帝纪》:
"(元鼎)三年冬,徙函谷关于新安。以故关为弘农县。"颜师古注引
应劭的说法,指出了徙关原因:

> 时楼船将军杨仆数有大功,耻为关外民,上书乞徙东关,
> 以家财给其用度。武帝意亦好广阔,于是徙关于新安,去弘农
> 三百里。[2]

值得我们注意的是楼船将军杨仆的态度。他是"宜阳人"[3],家在
旧函谷关以东,属于"关外民",他竟然以自己是"关外民"为耻。这
似乎暗示当时关中人对关外人的地域歧视。这种歧视自然与不同

---

[1]　史念海:《函谷关和新谷关》,《西北史地》1984 年第 3 期,收入其著《河山集》四集,此据《史念海全集》第 4 卷,第 269—282 页。另参见宋杰《秦对六国战争中的函谷关和豫西通道》;关治中《函谷关考证——关中要塞研究之二》,《渭南师专学报(社会科学版)》1998 年第 6 期;辛德勇《汉武帝"广关"与西汉前期地域控制的变迁》。近年对河南新安汉函谷关遗址的发掘也取得了重要收获。参见严辉、王咸秋《洛阳新安汉函谷关遗址考古工作综述》,《洛阳考古》2014 年第 2 期;洛阳市文物考古研究院、新安县文物管理局《河南新安县汉函谷关遗址 2012~2013 年考古调查与发掘》,《考古》2014 年第 11 期;王咸秋《汉函谷关遗址相关问题的初步研究》,《洛阳考古》2016 年第 3 期;李久昌《桃林之野·桃林塞·秦函谷关:秦函谷关创建年代与背景考》,《中国历史地理论丛》2019 年第 1 辑。

[2]　《汉书》卷六《武帝纪》,第 183 页。不过,汉武帝的"广关"并非仅为杨仆,而是有更深层的考虑。参见辛德勇《汉武帝"广关"与西汉前期地域控制的变迁》。

[3]　《汉书》卷九〇《酷吏传》,第 3659 页。

地域的文化风格不同有关。[1] 而这也间接说明了函谷关在文化地域上的间隔作用。

事实上,汉代对函谷关的控制是相当严格的。汉代酷吏宁成任关都尉一职时,时人有"宁见乳虎,无值宁成之怒"[2]的说法,足见当时关禁之严。《汉书·终军传》记载的"终军弃繻"故事,也反映了当时函谷关对人才流动造成的影响。

军从济南当诣博士,步入关,关吏予军繻。军问:"以此何为?"吏曰:"为复传,还当以合符。"军曰:"大丈夫西游,终不复传还。"弃而去。军为谒者,使行郡国,建节东出关,关吏识之,曰:"此使者乃前弃繻生也。"[3]

---

[1] 汉代人往往会表现出某种地域歧视。刘邦曾经骂娄敬为"齐虏"(《史记》卷九九《刘敬叔孙通列传》,第 2718 页)。公孙弘早年牧豕海上,后至丞相。吾丘寿王上书说汉武"昭明德,建太平,举俊材,兴学官,三公有司或由穷巷,起白屋,裂地而封",颜师古注曰:"白屋,以白茅覆屋也。寿王言此者,并以讥公孙弘。"(《汉书》卷六四上《吾丘寿王传》,第 2796—2797 页)《汉书》卷一八《外戚恩泽侯表》说汉武帝"兴文学,进拔幽隐,公孙弘自海濒而登宰相"(第 677 页)。这都表现了时人对来自东方边区的公孙弘的歧视。相关研究又可参张文《地域偏见和族群歧视:中国古代瘴气与瘴病的文化学解读》,《民族研究》2005 年第 3 期;张崇琛《"宋人"现象与中国传统文化中的地域偏见》,《科学·经济·社会》2008 年第 3 期;于赓哲《疾病、卑湿与中古族群边界》,《民族研究》2010 年第 1 期;李荣华《秦汉时期南土卑湿环境恶劣观念考述》,《云南社会科学》2014 年第 3 期;李荣华《汉魏六朝南方环境的改造与华夏社会的地域认同》,《陕西社会科学》2016 年第 7 期;王学泰《先秦笑话中的地域歧视》,收入其著《采菊东篱下》,西安:陕西人民出版社,2009 年,第 162—173 页。

[2] 《史记》卷一二二《酷吏列传》,第 3145 页。

[3] 《汉书》卷六四下《终军传》,第 2819—2820 页。

对函谷关的这种严格控制，在一定程度上阻碍了关东、关西地区的文化交流，使函谷关成为当时两大文化区域的分界点。但如果反过来考虑，函谷关又是联系关东、关西的一个重要的关联点。汉代关东和关西的交通，有三条道路：一条沿渭河北岸而行，出临晋关至太行山。一条东南出武关，至南阳。另一条就是两都交通线。在三条道路中，两都交通线的使用是最为频繁的，它成为沟通关东、关西两大文化区的主要路径，而函谷关就位于两都交通线之上。西汉初儒学的西进和东汉时文化重心向东方的转移都是经过函谷关完成的。

三　两都交通线的走向

两都交通线有陆路和水路两条。关于两都交通路线的考订，前人的研究成果可谓十分丰富。对于两条路线的走向，学者的意见比较一致，但有个别地点还存在争议。下面以综述形式对两条线路的走向略作介绍。

陆路交通：

谭宗义的《汉代国内陆路交通考》将长安、洛阳间的交通路线命名为函谷崤黾道，具体路线如下：长安—轵道—霸上—新丰—鸿门—戏—郑—华阴—潼关—黄巷亭—湖—阌乡—桃林塞—函谷关—曹阳—陕—黾池—新安—洛阳。自黾池至洛阳又有南路支线：

黾池—崤底—回溪—宜阳—伊阙—洛阳。[1]

卢云在《战国时期主要陆路交通初探》一文中,认为战国时期渭水、黄河两岸形成了两条交通干线。其中一条道路以秦都咸阳为起点,经郑、宁秦、湖、函谷关、至崤关为第一段,此段又称为"华阴平舒道"。自崤关至成皋、荥阳的"成皋之道"为第二段。[2]

王文楚《唐代两京驿路考》一文的部分内容对崤山古道进行了考证[3]。他的《西安洛阳间陆路交通的历史发展》一文,进一步考证了历史上西安洛阳间的陆路交通。其路线为:咸阳(或长安)—霸上—灞桥—霸陵县—新丰县—戏—郑县—华阴县—湖县—弘农县—曹阳—陕县,自陕县向东南分为南北二路,北路经渑池县、新安县、河南县至洛阳;南路经宜阳县至洛阳。作者认为"崤山北路险隘,但是直接联系长安和洛阳,近捷是交通发展的重要条件,所以一般就容易采取北路。秦汉时崤山交通主道在北路,史载战事及交通往返多在北路一线"[4]。

胡德经《两京古道考辨》利用实地考察的成果主要对潼关—洛阳段两京古道进行了考证。其所论路线与上述学者大体一致。[5]

---

[1] 谭宗义:《汉代国内陆路交通考》,香港:香港新亚研究所,1967年,第127—144页。

[2] 卢云:《战国时期主要陆路交通初探》,复旦大学中国历史地理研究所编《历史地理研究》第1辑,上海:复旦大学出版社,1986年,第33—47页。

[3] 王文楚:《唐代两京驿路考》,《历史研究》1983年第6期。

[4] 王文楚:《西安洛阳间陆路交通的历史发展》,收入其著《古代交通地理丛考》,北京:中华书局,1996年,第82—103页。

[5] 胡德经:《两京古道考辨》,《史学月刊》1986年第2期。

　　在王文和胡文中，均认为东西二崤为南北二崤。辛德勇在《崤山古道琐证》一文中，对胡文和王文的考证提出了不同意见。辛文认为王文和胡文中将东西二崤与南北二陵混为一谈，二者应该区别开来。此外，辛文还对"崤底""回溪"二地名的地理位置提出了自己的见解。[1] 此后，王文楚在其论文集《古代交通地理丛考》中，对辛德勇提出的东西二崤等意见进行了肯定。

　　辛德勇的论文集《古代交通与地理文献研究》，除了收入《崤山古道琐证》一文外，还收录了作者关于汉唐长安交通地理研究的一系列论文，对汉唐时期长安及其附近地区的交通地理形势进行了系统的论述。在《西汉至北周时期长安附近的陆路交通——汉唐长安交通地理研究之一》一文中，作者将长安至函谷关一段道路命名为函谷道，并考证了函谷道的走向：长安宣平门—饮马桥—轵道亭—霸城观—灞桥—霸陵亭—曲邮—新丰—鸿门亭—戏亭—阴盘驿（北魏时设置）—函谷关。[2]

　　《西安古代交通志》有专门章节论述历史上西安通往函谷关的交通路线。作者将这条道路命名为"长安—新丰—潼关道"。其中汉代路线为：长安—轵道亭—霸上—新丰—郑县—武城—华阴—船

---

　　[1] 辛德勇：《崤山古道琐证》，收入其著《古代交通与地理文献研究》，北京：中华书局，1996 年，第 17—45 页。
　　[2] 辛德勇：《西汉至北周时期长安附近的陆路交通——汉唐长安交通地理研究之一》，收入其著《古代交通与地理文献研究》，第 117—141 页。

司空—函谷关。[1] 考古工作者曾对河南三门峡境内的崤函古道进行过考古调查和试掘,取得初步收获。[2]《三门峡职业技术学院学报》自 2006 年以来,设置"古都名城研究"栏目,发表了一批与崤函古道有关的学术成果。[3] 此外,李久昌主编的《崤函古道研究》汇集了相关研究论文,为学界研究提供了便利。[4]

关于"霸上"的地理位置,学界也曾有过集中的讨论。有学者认为,"从历史上发生在霸上的重要战争和重大事件来看,霸上指霸桥一带,霸水东西通得霸上之名,而不是指白鹿原"[5]。有学者认为霸上在灞水西岸。[6] 有学者认为霸上在灞水东岸的霸桥东

---

[1]　西安市交通局史志编纂委员会编:《西安古代交通志》,西安:陕西人民出版社,1997 年,第 30—33 页。

[2]　三门峡市文物考古研究所:《崤函古道石壕段遗址考古调查述略》,《洛阳考古》2014 年第 2 期;洛阳市文物考古研究院、陕县崤函古道文物保护管理所:《陕县崤函古道遗址考古调查与试掘的初步收获》,《洛阳考古》2016 年第 1 期。

[3]　如李久昌《崤函古道历史地理与文化内涵》,《三门峡职业技术学院学报》2008 年第 1 期;李久昌《崤函古道研究的回顾与展望》,《三门峡职业技术学院学报》2008 年第 4 期;郭胜强《商周之际东西方商贸和交往的重要通道——崤函古道》,《三门峡职业技术学院学报》2017 年第 2 期;李久昌《"崤函古道"释名》,《三门峡职业技术学院学报》2018 年第 1 期;李久昌《虢国的崤函古道经营》,《三门峡职业技术学院学报》2019 年第 2 期。

[4]　李久昌主编:《崤函古道研究》,西安:三秦出版社,2009 年。

[5]　李健超:《霸上与长安》,《西北大学学报(哲学社会科学版)》1984 年第 1 期。

[6]　王文楚:《西安洛阳间陆路交通的历史发展》,收入其著《古代交通地理丛考》,第 86—87 页。

端。[1] 有学者认为霸上位于灞水西岸的白鹿原北端。[2] 还有学者则处于两可之间，因史料缺乏无法定夺。[3] 这些讨论中，以辛德勇、马正林的讨论最为代表。其实，两位学者的分歧主要在对于传统文献资料的解读上，由于史料记载的语焉不详，二人对此进行了不同的解读，由此也造成了结论的分歧。

另外，王子今的《秦汉交通史稿》[4]、中国公路交通史编审委员会编著的《中国古代道路交通史》[5]，严耕望的《唐代交通图考》[6]中"长安洛阳驿道"一章对秦汉时期长安洛阳间交通路线也有论述。

在此，我们可以初步总结出两都陆路交通线的大致走向：长

[1]　详见辛德勇《论霸上的位置及其交通地位》，《陕西师大学报（哲学社会科学版）》1985 年第 1 期；辛德勇《再论霸上的位置》，《陕西师大学报（哲学社会科学版）》1986 年第 3 期；辛德勇《三论霸上的位置》，《中国历史地理论丛》1989 年第 1 辑，均收入其著《古代交通与地理文献研究》，第 46—80 页。

[2]　详见马正林《也论霸上的位置》，《陕西师大学报（哲学社会科学版）》1985 年第 3 期；马正林《〈水经注〉所记霸上辨析》，《陕西师大学报（哲学社会科学版）》1988 年第 4 期。谭其骧主编《中国历史地图集》，亦从此说。

[3]　谭宗义将轵道、霸上放在一起论述，认为"轵道霸上，实乃极为接近霸桥，同在长安东或东南，为自长安东出或转南向必经之地。然历代水道，变动既大，长安位置，代有迁移，县之所治，时有不同，故轵道、霸上与汉长安城之距离或方位如何？殊难考也。"（谭宗义：《汉代国内陆路交通考》，第 23 页）

[4]　王子今：《秦汉交通史稿（增订版）》，北京：中国人民大学出版社，2013年，第 24—25 页。

[5]　中国公路交通史编审委员会编著：《中国古代道路交通史》，北京：人民交通出版社，1994 年，第 80 页。

[6]　严耕望：《唐代交通图考》第 1 卷《京都关内区》第 2 篇《长安洛阳驿道》，上海：上海古籍出版社，2007 年，第 17—89 页。

安—霸陵—新丰—郑—华阴—湖—弘农—陕—黾池—新安—洛阳（南线为陕—宜阳—洛阳）。

水路交通：

关于此条路线上的水路交通尤其是渭河水运在学界引起了广泛的关注。

史念海《三门峡与古代漕运》一文论述了三门峡在汉唐时期的漕运枢纽地位，并对关中的粮食需求和关东的粮食供给与漕运的关系进行了论述，阐明了漕运对汉唐政府的重要性。[1]

黄盛璋通过实地调查对渭河及其附近水系进行了卓有成效的研究。相关研究成果有《西安城市发展中的给水问题以及今后水源的利用与开发》《关于〈水经注〉长安城附近复原的若干问题——兼论〈水经注〉的研究方法》《历史上的渭河水运》诸论文以及侯仁之主编的《中国古代地理名著选读》中《水经注·渭水注》部分。[2]

王开主编的《陕西航运史》对陕西境内秦汉时期的水路交通有较为详尽的论述。[3] 同为王开主编的《陕西省志·航运志》内容与《陕西航运史》大抵相同，但论述较为简略。[4]

关于漕渠的研究，是两都水路交通线研究的另一个热点。学

[1]　史念海：《三门峡与古代漕运》，《人文杂志》1960 年第 4 期，收入《河山集》初集，此据《史念海全集》第 3 卷，第 170—185 页。

[2]　以上均收入黄盛璋《历史地理论集》，北京：人民出版社，1982 年。侯仁之主编：《中国古代地理名著选读》第 1 辑，北京：学苑出版社，2005 年，第 111—122 页。

[3]　王开主编：《陕西航运史》，北京：人民交通出版社，1997 年，第 47—95 页。

[4]　王开主编：《陕西省志·航运志》，西安：陕西人民出版社，1996 年。

界对漕渠渠首、渠尾位置尚没有统一的认识。关于渠首位置有唐咸阳城西 18 里和汉长安城西北两说，关于渠尾有入黄、入渭两说。[1] 1986 年发掘的沙河古桥也引起了学界的关注。李之勤的《"沙河古桥"为汉、唐西渭桥说质疑》认为沙河古桥可能为沣河桥，或者为汉唐漕渠上的桥梁或与漕渠有关的水利设施。[2]

此外，辛德勇有多篇文章对两都水路交通线进行了详细研究。[3] 杨思植、杜甫亭、周昆叔、段清波和马正林也有关于两都水路交通线研究的文章问世。[4]

总体来说，汉代两都间水路交通是利用渭河河道和黄河河道进行的。西汉时，曾经沿渭河河道开凿漕渠，以增加漕运能力。漕渠在历史上起过一定作用，但由于水量不足和淤塞严重，开凿后不久就遭废弃。

---

[1]　王开主编：《陕西航运史》，第 58—64 页。

[2]　李之勤：《"沙河古桥"为汉、唐西渭桥说质疑》，西安市交通局史志编纂委员会编《西安古代交通志》，第 476—488 页。

[3]　辛德勇：《汉唐间长安附近的水路交通——汉唐长安交通地理研究之三》，辛德勇：《河洛渭汇流关系变迁概述》，辛德勇：《〈水经·渭水注〉若干问题疏证》，均收入其著《古代交通与地理文献研究》，第 166—176、223—229、252—271 页。辛德勇又发表了《西汉时期陕西航运之地理研究》一文，可以看作是对以往研究的总结（中国地理学会历史地理专业委员会《历史地理》编辑委员会编：《历史地理》第 21 辑，上海：上海人民出版社，2006 年，234—248 页）。

[4]　详见杨思植、杜甫亭《西安地区河流及水系的历史变迁》，《陕西师大学报（哲学社会科学版）》1985 年第 3 期；杨思植、杜甫亭《西安附近渭河河道演变》，《史前研究》1985 年第 1 期；段清波、周昆叔《长安附近河道变迁与古文化分布》，周昆叔主编《环境考古研究》第 1 辑，北京：科学出版社，1991 年，第 47—55 页；马正林《渭河水运和关中漕渠》，《陕西师大学报（哲学社会科学版）》1983 年第 4 期。

关于两都交通线的路线图示,详见图5-1。

图5-1　汉代两都交通线示意图[1]

第二节　秦直道的线路争议及始修年代

秦直道工程与长城、阿房宫、郦山陵墓、驰道工程并列史籍,都因耗费巨大民力而成为秦代"暴政"的象征。秦直道在历史上留下的回响远不如后四者,就连载有秦直道直接记录的《史记》,对其描述也仅有寥寥数笔,但秦直道对秦代以至后代的军事交通、经济交流和文化往来却具有重大意义。由于原始材料的缺乏,千百年来,史籍中的秦直道与现实中的秦直道一并,逐渐埋没于子午岭的荒草乱树之中。对秦直道的科学研究,直至20世纪70年代才正式开始。1975年,著名历史地理学家史念海的《秦始皇直道遗迹的探索》一文在《陕西师大学报》1975年第3期刊载,后又转载于《文物》

---

[1]　据谭其骧主编《中国历史地图集》改绘,谭其骧主编《中国历史地图集》第2册《秦、西汉、东汉时期》,北京:中国地图出版社,1982年,第15—16页。

1975 年第 10 期。此文的发表引发了学界对秦直道的关注，标志着秦直道研究的正式起步。四十余年来，秦直道研究方兴未艾，学者、画家、民间爱好者等对秦直道进行过多次实地探查和考古发掘，产生了一大批学术成果。人们对秦直道的了解逐渐深入，认识逐渐明朗，一些疑团得以开解，一些迷雾得以澄清。

对四十年来的秦直道研究综述，可以参看孙闻博《秦直道研究四十年（1975—2015）——以走向、修筑与沿线遗存为中心》，此文分为秦直道的考古学探索、秦直道的历史学研究、存在的问题及展望三个部分，对秦直道的研究成果进行了系统梳理。此文以"代前言"的形式，刊载于孙闻博编《秦直道研究论集》。《秦直道研究论集》是王子今主编《秦直道》丛书的一种，该丛书共有 8 种，另外 7 种是王子今著《秦始皇直道考察与研究》，徐卫民、喻鹏涛著《直道与长城——秦的两大军事工程》，徐君峰著《秦直道道路走向与文化影响》，徐君峰著《秦直道考察行纪》，张在明、王有为、陈兰、喻鹏涛著《岭壑无语——秦直道考古纪实》，宋超、孙家洲著《秦直道与汉匈战争》，马啸、雷兴鹤、吴宏岐编著《秦直道线路与沿线遗存》。[1]

---

[1] 王子今：《秦始皇直道考察与研究》，西安：陕西师范大学出版社，2018 年；徐卫民、喻鹏涛：《直道与长城——秦的两大军事工程》，西安：陕西师范大学出版社，2018 年；徐君峰：《秦直道道路走向与文化影响》，西安：陕西师范大学出版社，2018 年；徐君峰：《秦直道考察行纪》，西安：陕西师范大学出版社，2018 年；张在明、王有为、陈兰、喻鹏涛：《岭壑无语——秦直道考古纪实》，西安：陕西师范大学出版社，2018 年；宋超、孙家洲：《秦直道与汉匈战争》，西安：陕西师范大学出版社，2018 年；马啸、雷兴鹤、吴宏岐编著：《秦直道线路与沿线遗存》，西安：陕西师范大学出版社，2018 年；孙闻博编：《秦直道研究论集》，西安：陕西师范大学出版社，2018 年。

丛书收集了 40 年来所有以秦直道为对象的研究文章和调查发掘报告,内容不仅涵盖以往的考古调查与发掘、实地勘察、研究成果、保护展示等方面的内容,还有一些与秦直道关系紧密的文化遗产、历史传说等,展示了有关秦直道最前沿的研究新成果。[1]

一 直道的长度及路线争议

《史记·蒙恬列传》说直道"自九原抵甘泉,堑山堙谷,千八百里"[2]。直道"千八百里"的里程或非虚数。出土简牍中有一类记录道路里程的简,有学者称之为"传置道里簿"[3]。如居延汉简:

长安至茂陵七十里　　　　月氏至乌氏五十里

茂陵至茨置卅五里　　　　乌氏至泾阳五十里

茨置至好止七十五里　　　泾阳至平林置六十里

好止至义置七十五里　　　平林置至高平八十里

　　　　　　　　　　　　高平至□□□□□里

（以上第一、二栏）

媪围至居延置九十里　　　删丹至日勒八十七里

---

[1] 于春雷:《评〈秦直道〉丛书》,《中国史研究动态》2019 年第 1 期。

[2] 《史记》卷八八《蒙恬列传》,第 2566—2567 页。

[3] 李均明:《秦汉简牍文书分类辑解》,北京:文物出版社,2009 年,第 341 页。

居延置至䍃里九十里　　　　　日勒至钩耆置五十里

䍃里至觻次九十里　　　　　　钩耆置至屋兰五十里

觻次至小张掖六十里　　　　　屋兰至池至垦十里

（以上第三、四栏）

EPT59：582[1]

敦煌悬泉置遗址亦出土一枚类似简牍，有学者认为两简恰可衔接，构成一幅较为完整的从长安出发西到敦煌的里程表。[2] 里耶秦简、北京大学藏秦简中也发现有类似简牍[3]，以里耶秦简为例：

▨【里】　　　　　鄢到销百八十四里

▨【里】　　　　　销到江陵二百册六里

▨里　　　　　　江陵到孱陵百一十里

▨六十四里　　　孱陵到索（索）二百九十五里

▨▨　　　　　　索（索）到临沅六十里

---

[1]　张德芳主编，肖从礼著：《居延新简集释（五）》，兰州：甘肃文化出版社，2016 年，彩色图版见第 80 页，红外线图版见第 192 页，释文见第 395 页。

[2]　此简编号为 II90DXT0214①：130，释文及相关研究参见郝树声、张德芳《悬泉汉简研究》，兰州：甘肃文化出版社，2009 年，第 106—133 页。

[3]　北大秦简水陆里程简册的释文参见辛德勇《北京大学藏秦水陆里程简册的性质和拟名问题》，武汉大学简帛研究中心主办《简帛》第 8 辑，上海：上海古籍出版社，2013 年，第 17—27 页；辛德勇《北京大学藏秦水陆里程简册初步研究》，李学勤主编《出土文献》第 4 辑，上海：中西书局，2013 年，第 177—279 页。两文皆收入辛德勇《石室賸言》，北京：中华书局，2014 年，第 66—80、81—214 页。

臨沅到遷陵九百一十里

　　□□千四百卌四里　　　　　　　16-52

　□陽到頓丘百八十四里　☒　　□☒

　頓丘到虛百卌六里　　　☒

　虛到衍氏百九十五里　　☒

　衍氏到啟封三百五里　　☒

　啟封到長武九十三里　　☒

　長武到焉陵八十□【里】☒

　焉陵到許九十八里☒　　　　　　　17-14A

　·泰凡七千七百廿三里　　　　　　　17-14B[1]

里耶秦简整理者将此类简称为"里程木牍"[2]，实际当与居延汉简、悬泉汉简所见簿籍为同类。类似的簿籍在直道沿线的传置中应该也会有留存。司马迁在"适北边，自直道归"[3]的旅途中，或许看到过类似的簿籍，所以才记录下了直道的准确里程。如果此说无误，那"千八百里"应该是司马迁时代直道（以九原为起点，以云阳、

[1]　里耶秦简博物馆、出土文献与中国古代文明研究协同创新中心中国人民大学中心编著：《里耶秦简博物馆藏秦简》，上海：中西书局，2016年，红外线图版第144、147页，释文第208、211页。

[2]　张春龙、龙京沙：《里耶秦简三枚地名里程木牍略析》，武汉大学简帛研究中心主办《简帛》第1辑，上海：上海古籍出版社，2006年，第265—274页。

[3]　《史记》卷八八《蒙恬列传》，第2570页。

甘泉为终点[1]）的里程。

直道的长度虽然确定，但其具体线路至今尚未明晰。据徐君峰统计，目前至少存在史念海路线、王开路线、靳之林路线、孙相武路线、王北辰路线、姬乃军路线、贺清海王开路线、张在明路线、《中国历史地图集》路线、《中国文物地图册》路线、《中国史稿地图集》路线、甘肃省文物局路线等12种。[2] 其中以史念海主张的西线说和王开主张的东线说为代表。这两种线路有很大的分歧。史念海认定的直道线路为："由陕西淳化县北梁武帝村秦林光宫遗址北行，至子午岭上，循主脉北行，直到定边县南，再由此东北行，进入鄂尔多斯草原，过乌审旗北，经东胜县西南，在昭君坟附近渡过黄河，到达包头市西南秦九原郡治所。"[3] 王开认定的路线为："直道经过陕西淳化、旬邑、黄陵、富县、甘泉、志丹、安塞、子洲、榆林等县境至内蒙古包头市，大体南北相直。"[4]（图5-2）

对于秦直道是否是秦统一后全新开辟的交通大道，学界也有不同观点。

---

[1] 参见王子今《秦直道起点辨正》，《人文杂志》2017年第1期，后改题为《关于秦始皇直道的起点》，收入其著《秦始皇直道考察与研究》，第146—165页。

[2] 徐君峰：《秦直道道路走向与文化影响》，插图1。

[3] 史念海：《秦始皇直道遗迹的探索》，《陕西师大学报（哲学社会科学版）》1975年第3期，收入其著《河山集》四集，此据《史念海全集》第4卷，第302—315页。

[4] 王开：《"秦直道"新探》，《陕西交通史志通讯》1986年第5期，又见《西北史地》1987年第2期，修改后发表于《成都大学学报（社会科学版）》1989年第1期。

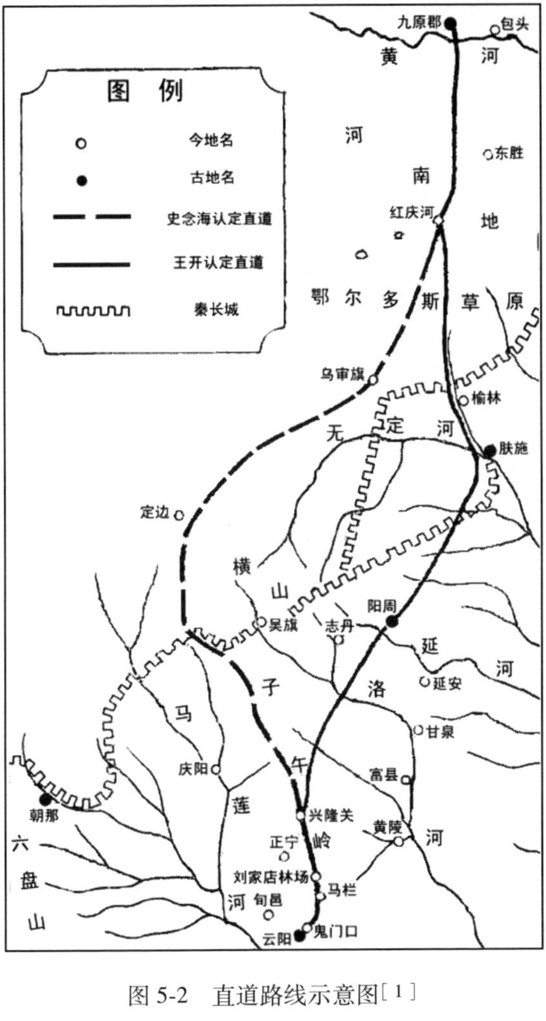

图 5-2 直道路线示意图[1]

---

[1] 据史念海《直道和甘泉宫遗迹质疑》附图改绘。

二　直道的始修年代

有的学者认为"千八百里"的直道是秦统一后全新开辟的交通大道。[1] 在不到三年时间里[2]，秦王朝就能完成一条全新的高质量道路的修筑，这种速度不得不让人产生怀疑。也有学者认为秦直道并不是秦王朝全新修筑的道路，而是对原有道路进行修整而成。王开指出："战国中后期，九原、上郡（今榆林县南鱼河堡）、云阳（今淳化县北）、咸阳间，即有一条南北大通道，大将蒙恬是在旧道的基础上加以改建、扩充，而成为一条沿子午岭山脊而行的，宽达 30 米以上的，大体是直南直北方向的'直道'，并非是蒙恬新勘测的路线。"[3]王北辰也认为"早在秦统一六国前，在秦取得'新秦中'前，咸阳—九原间已有直通的古路了"[4]。姚生民更是将这条道路的

---

[1]　参见王子今《秦汉交通史稿（增订版）》，第 27—28 页；吴宏岐《秦直道修筑的起讫时间与工程分期》，《中国历史地理论丛》1996 年第 3 辑。

[2]　关于秦直道开始修筑的时间，《史记》卷六《秦始皇本纪》载："（秦始皇）三十五年，除道，道九原抵云阳，堑山堙谷，直通之。"（第 256 页）《史记》卷一五《六国年表》作："（秦始皇）三十五年，为直道，道九原，通甘泉。"（第 758 页）另据《史记》卷六《秦始皇本纪》，秦始皇三十七年（前 210）七月丙寅，秦始皇病逝沙丘。随后，巡行车队"行从直道至咸阳，发丧……九月，葬始皇郦山。"（第 265 页）说明秦始皇三十七年（前 210）九月之前直道即可通行。史念海即认为直道的修筑时间始于秦始皇三十五年（前 212），完成于三十七年九月以前。参见史念海《秦始皇直道遗迹的探索》。

[3]　王开：《"秦直道"新探》。

[4]　王北辰：《古桥门与秦直道考》，《北京大学学报（哲学社会科学版）》1988 年第 1 期。

开拓时间上溯到西周时期。[1]

据《史记·秦本纪》载：惠文王曾"游至北河"[2]。昭襄王也曾"之上郡、北河"[3]。谭其骧认为，古人所谓"北河"，有广狭两种含义。广义为黄河自宁夏北流至磴口后，折而东流的一段东西向河道。狭义约为今内蒙古乌加河一带。[4] 无论惠文君和昭襄王所至是广义还是狭义上的北河，他们都须自咸阳北上，这无疑都需要有畅通的道路连接。

《史记·赵世家》载："主父欲令子主治国，而身胡服将士大夫西北略胡地，而欲从云中、九原直南袭秦，于是诈自为使者入秦。"[5]《史记·苏秦列传》苏秦说燕文侯："且夫秦之攻燕也，逾云中、九原，过代、上谷，弥地数千里。"[6]张仪说燕昭王也说："大王不事秦，秦下甲云中、九原，驱赵而攻燕，则易水、长城非大王之有也。"[7]姚生民根据这三条史料认为："在战国时代，咸阳至云中、九原间有可供进军的道路。"[8]秦始皇三十二年（前215），"始皇巡

---

[1]　姚生民：《秦直道起点及相关问题》，《咸阳师范学院学报》2002年第1期。

[2]　《史记》卷五《秦本纪》，第207页。

[3]　《史记》卷五《秦本纪》，第212页。

[4]　谭其骧：《北河》，《中华文史论丛》第6辑，北京：中华书局，1965年，第180、214页，收入其著《长水集（下）》，此据《谭其骧全集》第1卷，北京：人民出版社，2015年，第637—638页。

[5]　《史记》卷四三《赵世家》，第1812—1813页。

[6]　《史记》卷六九《苏秦列传》，第2244页。

[7]　《史记》卷七○《张仪列传》，第2298页。

[8]　姚生民：《秦直道起点及相关问题》。

北边，从上郡入"[1]。姚生民又指出，"'从上郡入'，表明上郡与咸阳间有规模较大的道路。秦始皇从上郡入和秦攻燕、赵袭秦，实走了同一大道，是当时咸阳北去的唯一大道。这条道路，沿用了猃狁与周对抗中踏勘的旧道，为'道九原，通甘泉'的基础。蒙恬扩充、改进旧有道路，成为沿子午岭山脊而行的大体南北相直的'直道'"[2]。

除了文献记载，有学者还通过实地考察发现了直道有在前代道路基础上修整理拓宽的迹象。1994 年 9 月下旬，陕西榆林《直道图志》课题组对秦直道进行了全程考察。在直道沿线的陕西淳化北部，考察队"详细考察了鬼门口一带砾岩风蚀层面上的古道，认为鬼门口有原来拓宽的痕迹。在甘肃正宁刘家店林场，注意到位于子午岭主脉上古道外侧存在有水平位置较低，路面较窄，纵向连续的槽道，认为它是秦直道修筑前原有的道路，其路面由于两千余年来车轮畜蹄的挤动、刨松，又经雨水冲刷而不断加深。内侧较高、较宽、纵向不连续的部分是在原道保持畅通使用的同时向里拓宽，实际未曾当作路面使用。原道与新拓修的部分未来得及整合为一"[3]。

---

[1] 《史记》卷六《秦始皇本纪》，第 252 页。

[2] 姚生民：《秦直道起点及相关问题》。持类似观点的还有廖文俊和香港学者谭宗义等。参见廖文俊《秦直道与九原地望》，张光耀主编《秦直道探索与研究》，呼和浩特：内蒙古人民出版社，2006 年，第 198—217 页；谭宗义《汉代国内陆路交通考》，第 84 页。

[3] 榆林市古道研究会：《〈直道图志〉课题组得出阶段性研究结果》，《榆林报》1994 年 10 月 25 日，第 2 版。

上文已指出，对于直道的具体走向，目前学界还没有定论。陕西榆林《直道图志》课题组认定的两个有道路拓宽痕迹的地点，均在史念海路线与王开路线的重合之处。那么，我们是否可以认为史念海路线中与王开路线有分歧的路段是秦代全新开辟的呢？

对于王开路线所主经过上郡治所肤施的大道，史念海认为"是秦始皇以前的旧道，也是秦始皇全国驰道的组成部分，与直道无关"[1]。虽然史念海认为王开认定的线路不是直道，但是也承认经过上郡治所肤施的大道是秦始皇以前的旧道[2]。

此外，李仲立和刘得祯在《甘肃庆阳地区秦直道考察报告》一文中举出三点证据，认为史念海认定的庆阳地区子午岭一线的直道，在秦代修筑前就原有道路可行。现迻录于下：

（第一），直道所经子午岭山区是沿子午岭主峰由南向北行进的，应该说主峰上早就存在着一条小道，直道是在原有道路基础上修建的，否则这条道路的测量问题在短时期内也难以顺利进行，如果稍有一个山峁的差错，今人也很难出山。第

[1] 史念海：《直道和甘泉宫遗迹质疑》，《中国历史地理论丛》1988年第3辑，收入其著《河山集》四集，此据《史念海全集》第4卷，第316—343页。

[2] 对史念海的这一观点，辛德勇指出"秦始皇所建驰道网络，是否包含咸阳—甘泉—肤施—九原间道路在内，现在还不能完全肯定，因而，也不宜依据这一点，来绝对排除直道经行肤施的可能。"参见辛德勇《秦汉直道研究与直道遗迹的历史价值》，《中国历史地理论丛》2006年第1辑，收入其著《秦汉政区与边界地理研究》，北京：中华书局，2009年，第285—306页。

二，在庆阳地区内直道附近曾发现一些新石器时代遗址和先周、西周、战国时期的遗址，墓葬等。如在这次考察中，在宁县罗山府林场所辖地，在岭西侧沟底，距直道约 5 公里的介家川和冯西沟川小河交汇的台地内发现的新石器时代遗址，面积约 15000 平方米，文化层厚 1 至 2 米。地表散布大量的彩陶盆、尖底瓶、细泥红陶钵、罐等陶片，并出土了黑色陶环、残石奔等器物，属仰韶文化类型。又如宁县湘乐宇村谢家庄发现的西周遗址，距直道虽 40 余公里，但可直通五里墩。在遗址内的墓葬里出土了一批西周重要的礼器，兵器及车马饰（许俊臣、刘得祯：《甘肃宁县宇村出土的西周青铜器》，《考古》1985 年第 4 期——原注）。在正宁县月明柴桥等地发现了一批战国墓葬，位距直道有的仅几公里。出土了一批兵器，车马饰及服饰等器物（刘得祯、许俊臣：《甘肃庆阳春秋战国墓葬的清理》，《考古》1988 年第 5 期——原注）。这些遗址表明在直道修筑以前就有我们的先民们在这一带生活，自然就有一定的道路。第三，从现存直道路面路基的考察情况而言，直道修筑是在原路面基础上进行的，在修筑中也是就地取材进行加固的。对一些比较平缓的山脊稍加修整、铲平作为路基，垫土厚一般为 10—20 厘米，而在一些嵝岘之处，做过特殊加固处理。如调令关南约 5 华里的一个嵝岘，长约百米，宽 30 米，东南边坡度平缓，为原生土层，西北边谷深坡陡，为挠乱土层，先用木材垫上，然后用土加筑厚约 4 米。艾蒿向南不到半里处有一嵝岘，长 40 米，宽约 6 米，两侧均用红砂岩石（当地就有这种岩石）镶砌，内垫红粘土，厚约 50 厘米至 1 米。又如在芦邑庄向北转弯直道通过之处，曾挖土方高约 3 米，宽 6 米，长 10 米。总之，蒙恬主持直道的修筑，最多只用了二年半的时间，又要经过子午岭山区，工程艰巨，时间短，不是在原有道路基础上进行，在当时生产力条件下也是不可能的。[1]

可见，两种路线上都有疑似秦代修整前代道路的迹象。除此之外，我们或可以通过对直道修筑人员的活动考察，进行一点推论。

秦始皇三十二年，秦始皇派蒙恬率军略取河南地。三十三年（前 214），"西北斥逐匈奴。自榆中并河以东，属之阴山，以为四十四县，城河上以为塞。又使蒙恬渡河取高阙、阳山、北假中，筑亭障以逐戎人。徙谪，实之初县"[2]。三十四年（前 213），又"適治狱吏不直者，筑长城及南越地。"[3] 三十五年，筑直道，"使扶苏北监蒙

　　[1]　李仲立、刘得祯：《甘肃庆阳地区秦直道考察报告》，《甘肃社会科学》1991年第 3 期，又载《社科纵横》1991 年第 2 期。相关内容还可参看李仲立、刘得祯《甘肃庆阳地区秦直道调查记》，《考古与文物》1991 年第 5 期；李仲立《西周、战国时期秦直道子午岭路段已成型》，罗世杰、林向、彭邦本、彭裕商主编《先秦史与巴蜀文化论集》，天津：历史教学社，1995 年，第 101—107 页，收入李仲立《先秦历史文化探微》，兰州：甘肃人民出版社，2006 年，第 184—191 页；李仲立《秦直道新论》，《西北史地》1997 年第 4 期。
　　[2]　《史记》卷六《秦始皇本纪》，第 253 页。
　　[3]　《史记》卷六《秦始皇本纪》，第 253 页。

恬于上郡"[1]。三十六年(前211)，"迁北河榆中三万家"。[2] 自秦始皇三十二年直至秦末，秦王朝在北边边境进行了有计划的大规模拓边活动。

秦人历来重视交通道路对军事活动的战略作用。秦统一后的拓边活动，自然也会重视交通对军事活动的影响。蒙恬带兵北击匈奴、修筑长城[3]等一系列事件所需要的人员、物资等必定需要一条道路进行运送。而这些拓边活动均在直道修筑之前，可见当时在关中和北边边境间很可能存在一条规模可观的交通道路。

蒙恬所修长城"起临洮至辽东万余里"[4]。虽然有些路段是利用燕、赵和秦国故长城，但再加上长"千八百里"的直道，工程依旧十分浩大。司马迁在途经直道时就曾感叹直道工程的规模："吾适北边，自直道归，行观蒙恬所为秦筑长城亭障，堑山堙谷，通直道，固轻百姓力矣。"[5]"堑山堙谷"的现象，在历次直道考察中都得到考察者的认同。作为壮观的人力工程，"堑山堙谷"的工程量必然十分巨大。

---

[1] 《史记》卷六《秦始皇本纪》，第258页。
[2] 《史记》卷六《秦始皇本纪》，第259页。
[3] 有学者认为，蒙恬所筑长城是指河套—阴山山脉地区所筑亭障和河上塞。长城起今河套东北大青山脉迤南地带，抵阴山山脉西段和乌兰布和沙漠一带。并不在传统意见认为的由今甘肃榆中西(或兰州)沿黄河北上，至内蒙古包头以西。也就是说，蒙恬所筑长城在秦北而不在秦西。参见贾衣肯《蒙恬所筑长城位置考》，《中国史研究》2006年第1期。
[4] 《史记》卷一一〇《匈奴列传》，第2886页。
[5] 《史记》卷八八《蒙恬列传》，第2570页。

以陕西富县兴隆关以南南桂花秦直道遗址为例,考古工作者曾在此发掘 4 条探沟。其中,2 号探沟位于子午岭主脉山脊断缺处的大型人工堙谷填方路段上,所在地势平坦。北距兴隆关约 3 千米。发掘者说:

> 经 2008 年考古钻探、试掘,证实该段秦直道的路基为南北方向,略呈梯形堤坝,南北长 214 米,底宽 50—60 米,顶宽 10—16 米,高约 30—35 米。其东侧坡度较陡,约 50°,西侧较缓,约 30°。钻探和探沟试掘显示:整个路基的上部、中部和东部均为夯土构筑,色呈褐黄,质地坚硬。上部夯层厚 8—10 厘米,下部厚 12—16 厘米。不少路基的夯土中还夹有直径 20—30 厘米的礓石,以加强路基的强度。
>
> 经初步测算,该段填方路基的土方量约为 17 万立方米,是秦直道上迄今发现工程量最大的堙谷填方路段。[1]

史籍中还有直道工程没有完工的记载:"始皇欲游天下,道九原,直抵甘泉,乃使蒙恬通道,自九原抵甘泉,堑山堙谷,千八百里。道未就。"[2]王子今认为直道工程在秦二世时还在继续。[3] 辛德勇对

---

[1]　张在明、王有为、陈兰、喻鹏涛:《岭壑无语——秦直道考古纪实》,第 65—66 页。

[2]　《史记》卷八八《蒙恬列传》,第 2566—2567 页。

[3]　王子今:《秦直道的历史文化观照》,《人文杂志》2005 年第 5 期。

此进行了补充："直道虽然在秦始皇身后，即已全线贯通行用，但工程并没有全部结束，而剩下的应当只是一些非常次要的辅助工程。这或许就是《史记·蒙恬列传》谓蒙恬时尚且'道未就'的缘由。"[1]

"道未就"也从侧面反映出直道工程量的巨大。王子今曾作过这样的估算："以最保守的数字大略长度 600 公里，平均宽度 50 米，夯土路基厚 50 厘米计，秦直道的夯土土方量大约 1500 万立方米，按照汉代算术书《九章算术》中的比率[2]，取土工程量大约 2000 万立方米。就是说，秦直道工程取用和移动的土方，如果堆筑成高 1 米、宽 1 米的土墙，可以绕地球半圈。"[3]

直道沿途复杂的地形和恶劣的地理环境也给施工造成了困难。史念海指出，"秦朝统一这一地区之后一年内外光景，就要辨明地形，选定线路，也确是劳动人民的巨大贡献。选线不易，施工更难。以当时的技术条件，单说在遍地森林的子午岭端剪除丛生在路基上的树木，也非易事！"[4]

而劳役人员不足，工期过于紧张也是修筑长城和直道面临的难题。

---

[1]　辛德勇：《秦汉直道研究与直道遗迹的历史价值》。
[2]　原注：《九章算术·商功》："穿地四，为壤五，为坚三，为墟四。""以坚求穿，四之。"
[3]　王子今：《秦直道的历史文化观照》。
[4]　史念海：《秦始皇直道遗迹的探索》。

秦始皇三十三年，曾"徙谪，实之初县"[1]。三十六年，"迁北河榆中三万家"[2]。但是史籍中并没有这些移民修筑长城和直道的记载，并且三十六年的移民距秦灭亡的时间很短，蒙恬死后，"诸侯畔秦，中国扰乱，诸秦所徙适戍边者皆复去"[3]。即使这些移民参加了长城和直道的修筑工程，作用可能也是有限的。秦始皇三十四年，曾"适治狱吏不直者，筑长城及南越地"[4]。这些人数无从考证，但其中一部分还要到南越服役，真正参加修筑长城的人数可能并不多。此外，我们还应该考虑劳役人员的逃亡、伤病和物故以及降水日、土忌日等因素对工程进度造成的影响。[5]

除了征发劳役人员，修筑长城和直道的人员很大程度上依赖蒙恬的军队。至于蒙恬军队的数量，《史记·匈奴列传》说是"十万"[6]，《秦始皇本纪》说是"三十万"[7]。《史记·平津侯主父列传》也有"秦时常发三十万众筑北河"[8]的说法，这"三十万众"应该就是指蒙恬的军队。即使以三十万人计，相比修筑郦山陵墓的七

---

[1]《史记》卷六《秦始皇本纪》，第 253 页。

[2]《史记》卷六《秦始皇本纪》，第 259 页。

[3]《史记》卷一一〇《匈奴列传》，第 2887 页。

[4]《史记》卷六《秦始皇本纪》，第 253 页。

[5]《史记》卷一一〇《匈奴列传》司马贞《索隐》引应奉云："秦筑长城，徒役之士亡出塞外。"（第 2883 页）另可参看王子今《秦始皇陵复土工程用工人数论证》，《文博》1987 年第 1 期。

[6]《史记》卷一一〇《匈奴列传》，第 2886 页。

[7]《史记》卷六《秦始皇本纪》，第 252 页。

[8]《史记》卷一一二《平津侯主父列传》，第 2961 页。

十余万刑徒也是少数[1]，而这两项工程的工程量可能并不小于郦山陵墓。以三十万人修筑这两项工程，劳动力是否充足也是值得怀疑的，并且三十万军队中还要抽调部分兵力负责边塞防务。

　　这三十万人，在蒙恬被囚之后归于王离指挥。[2] 公子扶苏死后，胡亥又"以李斯舍人为护军"[3]。在东方发生农民起义之后，三十万边防军即被调往东方镇压起义。[4] 这一时间，大致在秦二世元年（前209）七月以后，上距开始筑长城的秦始皇三十三年大约有6年时间，距开始筑直道的秦始皇三十五年大约有4年时间。在短时间内以三十万人同时修筑两项浩大的工程，如果没有前人的基

---

　　[1]《史记》卷六《秦始皇本纪》："始皇初即位，穿治郦山，及并天下，天下徒送诣七十余万人。"（第265页）"隐宫徒刑者七十余万人，乃分作阿房宫，或作丽山。"（第256页）关于秦始皇陵用工人数的记载，还有《史记》卷九一《黥布列传》："丽山之徒数十万人。"（第2597页）《汉书》卷五一《贾山传》："（秦始皇）死葬乎骊山，吏徒数十万人。"（第2328页）《文献通考·王礼考》引《汉旧仪》："使丞相李斯将天下刑人徒隶七十二万人作陵。"（[元]马端临：《文献通考》卷一二四《王礼考》，北京：中华书局，1986年，第1115页）《水经注·渭水下》："作者七十万人"（[北魏]郦道元注，杨守敬、熊会贞疏，段熙仲点校，陈桥驿复校：《水经注疏》卷一九《渭水下》，南京：江苏古籍出版社，1989年，第1632页）。据王子今考证，仅秦始皇陵复土工程的人数就超过七十万。参见王子今《秦始皇陵复土工程用工人数论证》。

　　[2]《史记》卷八七《李斯列传》："更为书赐长子扶苏曰：'朕巡天下，祷祠名山诸神以延寿命。今扶苏与将军蒙恬将师数十万以屯边，十有余年矣，不能进而前，士卒多耗，无尺寸之功，乃反数上书直言诽谤我所为，以不得罢归为太子，日夜怨望。扶苏为人子不孝，其赐剑以自裁。将军恬与扶苏居外，不匡正，宜知其谋。为人臣不忠，其赐死，以兵属裨将王离。'"（第2551页）

　　[3]《史记》卷八八《蒙恬列传》，第2567页。

　　[4] 参见朱绍侯《关于秦末三十万戍守北边国防军的下落问题》，《史学月刊》1958年第4期；张传玺《关于"章邯军"与"王离军"的关系问题》，《史学月刊》1958年第11期；施丁《谈谈"章邯军"与"王离军"》，《史学月刊》2000年第3期。

础,能否完成也是值得怀疑的。

三　直道考古的重要意义

不过,综合来看,秦直道是修整前代道路而成的观点,并没有太多坚实的直接证据支持。上文所举早期的考古调查获得的初步资料,并未完整、全面地公布,考察队对道路遗迹、地层分期的判断也未必完全准确。因此,我们目前只能说秦直道的修筑不排除在部分路段利用了原有的道路,而在其他路段则可能为全新修筑的。在文献记载缺乏的情况下,要想获得研究的突破,只能寄希望于更全面、更细致的考古调查和发掘。然而,目前对秦直道的正式考古发掘其实并不充分。

规模较大的考古发掘工作基本在陕西省境内展开。以陕西省考古研究院张在明为首的考古队分别于 2006 年在陕西富县车路梁、2009 年在陕西富县桦沟口、2010 年在陕西黄陵兴隆关、2012 年在陕西黄陵五里墩南等地的秦直道遗址展开考古发掘。还于 2007 年对陕西富县大麦秸沟梁、2012 年对陕西旬邑县境内的秦直道遗址进行了考古调查和钻探。[1] 其中，2009 年和 2010 年的发掘工作取得了重大进展。

2009 年的陕西富县桦沟口秦直道遗址（对应东线说）的发掘表明：桦沟口段秦直道及其附属建筑，始建于秦代，沿用至西汉晚期或两汉之间，废弃。其中，直道下层路面的时间约为秦代和西汉早期，上层路面的时代约为西汉中期和晚期。[2]

2010 年的发掘选在兴隆关三岔口的三个方向，分别对兴隆关以南秦直道（对应东西线说）、兴隆关以东的秦直道（对应东线说）、兴隆关以北的古道路（对应西线说）进行解剖，以解决争论已久的东西线之争。此次发掘的结论如下：

> 围绕兴隆关周边的秦直道考古发掘，是第一次。其收获可以概括为 2+2=4。
>
> 兴隆关以南的秦直道，最典型和最具代表性的是道路四叠层，它代表了秦直道自修筑、历代沿用（自秦至清，局部路段甚至沿用至今）至废弃的全过程。形象化表述，就是"4"。

---

　[1]　分见王有为、张在明《富县车路梁秦直道发掘简报》，张在明《陕西富县秦直道考古取得突破性成果》，张在明《2+2＝4：秦直道发现道路四叠层与东西线之争——2010 年秦直道考古收获之一》，张在明、喻鹏涛《黄陵秦直道五里墩南探沟发掘简报》，王有为、张在明《富县大麦秸沟梁秦直道调查简报》，喻鹏涛、张在明《旬邑县秦直道调查钻探简报》，收入张在明、王有为、陈兰、喻鹏涛著《岭壑无语——秦直道考古纪实》，第 3—35、43—63、64—76、79—89、36—42、90—112 页。

　[2]　张在明：《陕西富县秦直道考古取得突破性成果》，收入张在明、王有为、陈兰、喻鹏涛著《岭壑无语——秦直道考古纪实》，第 62 页。

　　兴隆关以东的秦直道,具有代表性是两层路面,它始建于秦代,沿用至两汉之间或东汉早期,然后废弃。其中,下层路面的时代约为秦代和西汉早期,上层路面的时代约为西汉中期和晚期(最晚至东汉早期)。表述为"2"。

　　值得一提的是,这两层路面不仅在修筑方法、路面和车辙的质地、结构及遗物方面与富县桦沟口、甘泉方家河揭示的秦直道有惊人相似性,而且在路面相距约 170 公里的三个发掘地点(黄陵南桂花、富县桦沟口、甘泉方家河)都发现了人为破坏直道的现象(本文的部分内容发表后的 2012 年 7 月,作者等人又在黄陵五里墩南的探沟里发现了人为破坏秦直道的现象。至此,人为破坏秦直道的地点已达四个,最远距离近 200 公里——原注)。说明这一破坏行动不是孤立和个别的,而是两汉之间或东汉早期某一时刻的自上而下的国家行为。经典意义的秦直道从此废弃。

　　兴隆关以北的古道路,代表性也是两层路面,下层路面的时代约为东汉(最晚在东汉中期)至南北朝,上层路面的时代约在隋唐至宋明之间。表述为"2"。

　　至此,兴隆关周边三个方向的考古发掘结论是:修筑于秦代的直道,自起点向北,经兴隆关向东,再向北,直至终点。使用两百多年后,即在两汉之间或东汉早期,兴隆关以东的秦直道经人为破坏后废弃。数十年后,改走兴隆关以北并转西北的子午岭主脉,向西转了一个大弯后回归旧有的秦直道,直至终点包头。

　　归纳为一句，四叠层的秦直道，早期 2 层走东线，晚期 2 层走西线，即 2+2＝4。

　　如果说，2009 年陕西富县秦直道考古的成果，是确定了东线而没有否定西线的话，那么，2010 年黄陵的发掘，则是在进一步确认东线的同时，彻底否定了西线。至于西线这条古道路的命名，则是历史学家和考古学家应进一步探讨的问题了。

从目前已获得的考古学证据来看，秦直道东线说显然更有说服力。然而，目前的考古工作并不十分充分和全面，所取得的遗物较少，有的学者对张在明的观点提出不同意见。[1] 再加上甘肃方面的秦直道遗址发掘工作基本没有开展，因此，目前对秦直道的具体走向仍不能获得共识。

　　令笔者更感遗憾的是，以上考古发掘工作，尚未发现秦代之前的路面遗迹和遗物。因此，秦直道是修整前代道路而成的观点目前只能作为一种假说，是否正确，有待验证。不过，正如张在明所指出的，"考古发掘是破解秦直道之谜的正途"[2]。在文献材料阙如的情况下，对秦直道的始修年代、废弃时间、线路走向等问题的解决，

──────────

　　[1]　徐君峰：《秦直道道路走向与文化影响》，第 282—286 页；徐君峰：《秦直道考察行纪》，第 48、49 页。

　　[2]　张在明：《2+2＝4：秦直道发现道路四叠层与东西线之争——2010 年秦直道考古收获之一》，收入张在明、王有为、陈兰、喻鹏涛著《岭壑无语——秦直道考古纪实》，第 64—76 页。

只能寄望于今后的更多考古发掘工作的开展。

四　道路—关塞防御体系的建立

《史记·蒙恬列传》说秦始皇下令修筑直道是为了"游天下"[1]，不免片面。

徐卫民、喻鹏涛认为，"秦直道是秦始皇为了巩固长城防线而修建的一条以军事目的为主，同时可以满足自身出巡需求的道路"。又指出，"秦直道的军事意义与灵渠有异曲同工之妙，都是为了以最快速度将军队和补给送达前线，秦征服岭南地区灵渠功不可没，同样修建直道则体现了秦对交通的一贯重视"[2]。

论者还强调秦直道与秦长城之间的关系，认为"秦长城与秦直道间各形成的军事防御体系，在一旦发生战争的情况下，它们之间相互作用、相互联系、相互影响、相互促进，大大地强化了抵御能力，强化了秦王朝的军事防御体系。从这个意义上讲，秦直道是一条抵御匈奴入侵的军事要道，起着与秦长城同样重要的作用。这一点在后来的西汉王朝与匈奴的战争中表现得非常突出"[3]。

秦国北方一直有少数部族活动，据《史记·匈奴列传》载，"自陇以西有绵诸、绲戎、翟、獂之戎，岐、梁山、泾、漆之北有义渠、大荔、

---

［1］　《史记》卷八八《蒙恬列传》，第2566页。

［2］　徐卫民、喻鹏涛:《直道与长城——秦的两大军事工程》，第48页。

［3］　徐卫民、喻鹏涛:《直道与长城——秦的两大军事工程》，第48页。

乌氏、朐衍之戎"[1]。他们时时对秦国加以骚扰，威胁北方边境的安全。这其中，以义渠的势力最为强大。"义渠之戎筑城郭以自守，而秦稍蚕食，至于惠王，遂拔义渠二十五城。"[2]义渠势力得到削弱。到秦昭王时，"义渠戎王与宣太后乱，有二子。宣太后诈而杀义渠戎王于甘泉，遂起兵伐残义渠。于是秦有陇西、北地、上郡，筑长城以拒胡"[3]。秦昭王修筑的长城进一步保证了秦国北方国土的安全，但占据义渠的领土后，秦国又直接面对匈奴的骚扰。直至秦始皇时，随着六国的统一，东方的威胁消除，秦始皇才有条件更多考虑北方匈奴的军事压力。

有学者指出，"秦始皇统一六国之后，已经将秦帝国的北界推至北河与阴山之间。不过，是时匈奴人的活动范围已经跨越阴山，并且渡过北河深入河南地，尽管从史籍上尚没有发现匈奴侵扰中原的记载，然而匈奴在河南地的存在，显然对秦都咸阳所在的关中地区构成一种潜在的威胁。这种状况当然不能为秦始皇所接受，也与秦'并一海内，以为郡县'的立国制度相违背"[4]。

于是，阴山以南的河套地区也开始纳入秦始皇的地理视野。秦始皇三十二年（前215），"始皇乃使将军蒙恬，发兵三十万人，北击胡，略取河南地"。在"西北斥逐匈奴"取得成功后，又"自榆中并

---

[1] 《史记》卷一一〇《匈奴列传》，第 2883 页。
[2] 《史记》卷一一〇《匈奴列传》，第 2885 页。
[3] 《史记》卷一一〇《匈奴列传》，第 2885 页。
[4] 宋超、孙家洲：《秦直道与汉匈战争》，第 20 页。

河以东,属之阴山,以为四十四县,城河上为塞。又使蒙恬渡河取高
阙、阳山、北假中,筑亭障以逐戎人。徙谪,实之初县"[1]。

秦帝国虽然取得了对匈奴作战的胜利,占据了富庶的"河南
地",但仍然不敢掉以轻心。派遣公子扶苏"北监蒙恬于上郡"[2],
更可以看出秦始皇对北方的重视。从表面上看,扶苏是因为进谏坑
儒而触犯龙颜被派到北方监军的,其实秦始皇的实际目的是让公子
扶苏和蒙恬建立政治军事联盟。按照《史记》的说法,公子扶苏"刚
毅而武勇,信人而奋士"[3],是皇位的第一继承人。蒙氏家族战功
赫赫,蒙恬又是秦始皇倚重的军事领袖。二人的联合,正如蒙恬所
说,"陛下居外,未立太子,使臣将三十万众守边,公子为监,此天下
重任也"[4]。而让扶苏去监军,也可以让他体味北方边塞的重要,
延续秦始皇对北方的军事方略。从秦始皇一系列的军事部署来看,
秦帝国下一步的军事计划,很可能是攻击北方匈奴,继续拓展疆土。
后来秦始皇暴崩于沙丘,胡亥给扶苏、蒙恬的矫诏中也说:"今扶苏
与将军蒙恬将师数十万以屯边,十有余年矣,不能进而前,士卒多
耗,无尺寸之功。"[5]诏书以秦始皇口吻责备二人"不能进而前",

---

[1]《史记》卷六《秦始皇本纪》,第252、253页。类似记载又见于《史记》卷一
一〇《匈奴列传》:"后秦灭六国,而始皇帝使蒙恬将十万之众北击胡,悉收河南地。
因河为塞,筑四十四县城临河,徙适戍以充之。而通直道,自九原至云阳,因边山险
堑溪谷可缮者治之,起临洮至辽东万余里。又度河据阳山北假中。"(第2886页)

[2]《史记》卷六《秦始皇本纪》,第258页。

[3]《史记》卷八七《李斯列传》,第2549—2550页。

[4]《史记》卷八七《李斯列传》,第2551页。

[5]《史记》卷八七《李斯列传》,第2551页。

可以看出秦始皇本有进一步攻击匈奴,拓展疆土的打算。正如有学者所指出的:

> 秦统一后秦始皇第二次至第四次的巡行,虽然不乏求仙访药之举,但"颂扬秦德""示强海内"则是不变的主题。特别是第二次东巡后部署征伐南越,第四次"巡北边"后立即遣蒙恬北逐匈奴,更体现出始皇巡行背后所具有的强烈的政治、军事目的。从三十三年(前214年)蒙恬于河南地置郡县,筑"河上"长城,到三十五年(前212年)修筑沟通九原边郡与中央王朝联系的直道,正体现出秦始皇在指挥蒙恬经营河南地时的战略远见与缜密规划。[1]

但是秦祚短促,秦始皇未能实现的理想,直至百余年后的汉武帝才得以完成。

从军事地理角度来看,"河南地"所属的九原郡身处防御匈奴的前哨,军事地位十分重要。秦代利用阴山山脉、黄河河道、长城塞防设置多道屏障,并在当地驻军守护、移民垦殖,河套地区的富庶土地也为秦军的军事行动提供强有力的前沿保障。九原成为秦对匈奴作战的前方根据地。而秦直道的修筑,更增加了军队及物资运输的便捷,使关中的人力、物力资源可以迅速输送到军事前线。徐卫

---

[1] 宋超、孙家洲:《秦直道与汉匈战争》,第30页。

民、喻鹏涛指出:"横有秦长城,纵有秦直道,是秦朝留给后人的杰作。宽阔的秦直道和绵延的万里长城构成了一道收放自如的攻防体系。如果说长城像一面横挡着的盾,那么秦直道就是一柄直刺而出的矛;如果说长城是一张拉开的弓,那么秦直道就是一支即将飞出的箭。修直道与筑长城从性质上讲是既相同又不同的两项工程,修长城是出于军事斗争的需要,为抵御北方游牧部落的侵扰,可谓军事工程;而直道则是一条交通线。战时,直道可以运输军队和军用物资,没有战事的时候,又有民用交通的功能,所以不能单纯地称为军事道路。秦直道的修建,在维系、沟通中原地区和北方边陲地区交往中一直发挥着十分重要的作用。"[1]

　　王子今还讨论了秦直道与北边道的关系。北边道是秦汉全国交通网的重要构成。出于战争的需要,北边交通系统具有更完备的结构,不仅有与长城并行横亘万里的主要干线,也包括出塞道路和与内地联系的许多条大道,以及保证北边新经济区正常生产与流通的疏密相间的道路网。对于这样的交通构成,可以称之为北边道。秦九原郡、汉五原郡都处于"北边"的重点,应当也处于北边道的中点。特别值得我们注意的是,秦始皇指令蒙恬主持修建的直道,正是在九原与北边道相交叉。九原既是北边道的中点,也是直道的终

　　[1]　徐卫民、喻鹏涛:《直道与长城——秦的两大军事工程》,第48页。

点。直道与北边道在九原地方的衔接,构成了特殊的"⊤"形交通结构。[1]"直道"与"北边道"构成的"⊤"形交通体系,对于抗击匈奴军事压力,保障和平生活有重要的作用。这样的道路结构当然也有益于中原农耕区与草原游牧区的经济来往与文化交流。[2]

除了修筑直道,秦始皇的驰道"东穷燕齐,南极吴楚,江湖之上,濒海之观毕至"[3],规模也十分惊人。对于交通道路对军事活动的战略作用,秦人也有十分清楚的认识。秦国是善于"远攻"的国家,由于在交通条件、交通技术、运输力量等方面的优势,在并兼六国的战争中,秦国军队的战斗力始终保持强盛。[4] 我们注意到,秦都咸阳的四方都有通往各地的道路相连。南北方向上,咸阳之北即是直道,直达九原郡。咸阳之南有"蚀中"谷道大体可以通行。东西方向上,关中通道沿渭河谷地自西向东横贯关中平原,这条道路出函谷关后继续向东延伸,途经洛阳、睢阳、彭城等都邑直抵东海之滨的秦东门。[5]

---

[1] 王子今:《秦汉"北边"交通格局与九原的地位》,收入其著《秦始皇直道考察与研究》,第 180 页。王子今:《秦汉长城与北边交通》,《历史研究》1988 年第 6 期,收入其著《秦汉边疆与民族问题》,北京:中国人民大学出版社,2011 年,第 3—22 页。

[2] 王子今:《直道与丝绸之路》,收入其著《秦始皇直道考察与研究》,第 88—89 页。

[3] 《汉书》卷五一《贾山传》,第 2328 页。

[4] 王子今:《秦汉交通史稿(增订版)》,第 14—23 页。

[5] 王子今:《秦汉交通史稿(增订版)》,第 24—25 页;徐日辉:《秦襄公东进关中路线考》,《中国历史地理论丛》2005 年第 4 辑;张天恩:《古代关陇通道与秦人关中路线考略》,秦始皇兵马俑博物馆《论丛》编委会编,吴永琪主编《秦文化论丛》第 13 辑,西安:三秦出版社,2006 年,第 158—170 页。

上文已指出,关中通道由来久远,周王东迁之后,秦国因周之故,成为西方霸主。随着势力的膨胀,秦国不断利用这条道路向东扩张。关中通道和函谷关组成的战略防御体系,在秦国统一六国战争中发挥了重要作用。贾谊说秦"据殽函之固,拥雍州之地"[1],"被山带河以为固"[2]。秦军得以"守险塞而军,高垒毋战,闭关据阨,荷戟而守之"[3]。东方诸侯"常以十倍之地,百万之众,叩关而攻秦。秦人开关延敌,九国之师逡巡遁逃而不敢进。秦无亡矢遗镞之费,而天下诸侯已困矣。于是从散约解,争割地而奉秦。秦有余力而制其敝,追亡逐北,伏尸百万,流血漂卤。因利乘便,宰割天下,分裂河山,强国请服,弱国入朝"[4]。秦军和六国军队在函谷关曾发生数次激战。秦军借函谷关之利,得势则出关进攻,失势则据关自守。[5] 而关中通道为人员、物资的迅速集中和疏散提供了极大便捷。

正是体会到了"关中通道—函谷关"防御体系在统一战争中的重要作用,在对北方匈奴的战争中,秦始皇也想建立一个便捷通道加险要关隘的防御体系。他命令蒙恬攻占高阙、修筑直道以实现自己的规划。"直道—高阙"防御体系在一定程度上可以看作是"关中通道—函谷关"模式的复制,再加上营建长城塞防和移民戍边,秦

---

[1] 《史记》卷六《秦始皇本纪》,第 278 页。

[2] 《史记》卷六《秦始皇本纪》,第 277 页。

[3] 《史记》卷六《秦始皇本纪》,第 278 页。

[4] 《史记》卷六《秦始皇本纪》,第 279 页。

[5] 参见史念海《函谷关与新函谷关》,《西北史地》1984 年第 3 期,收入其著《河山集》四集,此据《史念海全集》第 4 卷,第 269—282 页。

始皇构筑了一个全方位的军事战略体系，以防备"亡秦者胡也"[1]
的谶语。只可惜秦始皇的苦心经营尚未完全发挥其战略功效，秦帝
国就已轰然崩塌。

第三节　飞狐道与汉代军事交通

　　苏轼《次韵滕大夫三首》之一《雪浪石》诗说太行山"削成山东
二百郡，气压代北三家村"，其势能与岱岳一争雄尊。[2]　巍巍太行
山确实是横亘在三晋故地的一道天然屏障。曹操在《苦寒行》诗说
"北上太行山，艰哉何巍巍"，所言虽是太行山南部羊肠坂的"诘屈"
之势，但也反映了穿行太行山的艰辛。[3]　晋代郭缘生在《述征记》

----

　　[1]　《史记》卷六《秦始皇本纪》，第 252 页。
　　[2]　[宋]苏轼著，[清]冯应榴辑注，黄任轲、朱怀春校点：《苏轼诗集合注》卷
三七，上海：上海古籍出版社，2001 年，第 1888—1890 页。全诗为："太行西来万马
屯，势与岱岳争雄尊。飞狐上党天下脊，半淹落日先黄昏。削成山东二百郡，气压代
北三家村。千峰右卷蠆牙帐，崩崖凿断开土门。揭来城下作飞石，一碨惊落天骄魂。
承平百年烽燧冷，此物僵卧枯榆根。画师争摹雪浪石，天工不见雷斧痕。离堆四面
绕江水，坐无蜀士谁与论？老翁儿戏作飞雨，把酒坐看珠跳盆。此身自幻孰非梦，故
国山水聊心存。"
　　[3]　曹操《苦寒行》："北上太行山，艰哉何巍巍！太行山，艰哉何巍巍！羊肠
坂诘屈，车轮为之摧。树木何萧瑟，北风声正悲。何萧瑟，北风声正悲。熊罴对我
蹲，虎豹夹道啼。溪谷少人民，雪落何霏霏。少人民，雪落何霏霏。延颈长叹息，远
行多所怀。我心何怫郁，思欲一东归。何怫郁，思欲一东归。水深桥梁绝，中路正徘
徊。迷惑失径路，暝无所宿栖。失径路，暝无所宿栖。行行日以远，人马同时饥。担
囊行取薪，斧冰持作糜。悲彼东山诗，悠悠使我哀。"（[宋]郭茂倩编：《乐府诗集》卷
三三，北京：中华书局，1979 年，第 496 页）

谈及太行山中有八条主要通道,即所谓"太行八陉":

> 太行山首始于河内,自河内北至幽州,凡百岭,连亘十二
> 州之界。有八陉:第一曰轵关陉,今属河南府济源县,在县理
> 西十一里;第二太行陉,第三白陉,此两陉今在河内;第四滏口
> 陉,对邺西;第五井陉;第六飞狐陉,一名望都关;第七蒲阴陉,
> 此三陉在中山;第八军都陉,在幽州。[1]

元人刘因在说到晋东北和冀西北的地理形势时,有"按辔览形势,依
依见全燕。易水开前襟,飞狐连右肩"之句。[2] 作为"太行八陉"
之一的飞狐陉,东临小五台山,西倚北岳恒山,是连接内蒙古高原和
华北平原的重要通路。唐陈子昂《送魏大从军》诗说:"雁山横代
北,狐塞接云中。"[3] 明人张以诚《赠萧大将军移镇渔阳》诗:"鸣沙

---

[1]　[唐]李吉甫撰,贺次君点校:《元和郡县图志》卷一六《河北道一》引,北
京:中华书局,1983年,第444页。

[2]　刘因《经古城》:"我行常山尾,高城下吾前。按辔览形势,依依见金燕。
易水开前襟,飞狐连右肩。遥想豪杰场,抚已增慨然。薪人过我傍,一笑如相怜。指
城前问余,考古今几年。沈思未及答,行歌入苍烟。"(杨镰主编:《全元诗》,第15
册,第3—4页)

[3]　[唐]陈子昂:《陈拾遗集》卷二,文渊阁《四库全书》本。全诗为:"匈奴犹
未灭,魏绛复从戎。怅别三河道,言追六郡雄。雁山横代北,狐塞接云中。勿使燕然
上,惟留汉将功。"

城北接云中，千里飞狐一道通。"[1]

一　飞狐道与周边的地理形势

《元和郡县图志》说飞狐道"两崖峭立，一线微通，迤逦蜿蜒百有余里"[2]。其山色如黑铁，古有黑石岭之称。光绪《广昌县志》卷一《诸山》"黑石岭"条引明杨嗣昌《飞狐口记略》说："山则如两翼分张，皆北向而色紫，黯如古铁，形竖削如指掌……北口间得沙石细路……而左右山忽卓地起，如千夫拔剑，露立星攒。"卷一《形隘》"黑石岭口"条又有清人王化南《冬日过飞狐峪》诗："四十飞狐峪，中留一线天。黑山迎马立，黄草与云连。"[3]

《水经注·灢水》载：

> 祁夷水又东北，得飞狐谷，即广野君所谓杜飞狐之口也

---

[1]　［清］朱彝尊选编：《明诗综》卷五九，北京：中华书局，2007 年，第 2953 页。全诗如下："鸣沙城北接云中，千里飞狐一道通。十万健儿齐上马，旌旗猎猎动秋风。"

[2]　［北魏］郦道元注，杨守敬、熊会贞疏，段熙仲点校，陈桥驿复校：《水经注疏》卷一三《灢水》引，第 1164 页。

[3]　全诗如下："四十飞狐峪，中留一线天。黑山迎马立，黄草与云连。洞冷鸟难下，林深虎暗眠。风来鸣两岸，行路应愀然。行尽崎岖路，周回总是山。苍松浮碧翠，古石点斓斑。峡窄谁云险，峰高不可攀。古来征战地，即此是雄关。"又引黄河《飞狐铁壁》诗："层崖如削出，截业莫攀缘。险镇云中地，高攀塞外天。龙门看对峙，仙掌觉孤悬。百二秦关壮，飞狐古已传。"［清］刘荣等纂修：光绪《广昌县志》卷一，台北：成文出版社有限公司，1969 年，第 104—105 页，第 117 页。

……晋建兴中,刘琨自代出飞狐口,奔于安次,即于此道也。《魏土地记》曰:代城南四十里有飞狐关,关水西北流,迳南舍亭西,又迳句璅[1]亭西,西北注祁夷水。祁夷水又东北流,迳代城西。[2]

灅水即今桑干河,祁夷水即今桑干河支流壶流河,源出今山西广灵,流经今河北蔚县北,又经今蔚县代王城镇西,北流注入桑干河。祁夷水的支流飞狐关水即从黑石岭以北谷地向北流经北口,最后注入壶流河。飞狐道的主干道即在此谷地[3],今天的 S010 张石高速公路仍大致沿此峡谷通行。

飞狐道上的飞狐关形势险要,金人赵可《望海潮》词:"云度飞狐绝险,天围紫塞高寒。"[4]欧阳修《塞垣》说:"汉、唐之世,东自辽海、碣石、榆关、渔阳、卢龙、飞狐、雁门、云中、马邑、定襄,西抵五原、朔方诸郡,每岁匈奴高秋胶折。塞上草衰,控弦南牧,陵犯汉境。于

---

[1]　杨守敬疏:"戴改作琐。"下文所引陈业新文即引作"句琐亭"。

[2]　[北魏]郦道元注,杨守敬、熊会贞疏,段熙仲点校,陈桥驿复校:《水经注疏》卷一三《灅水》,第 1164 页。

[3]　杨嗣昌《飞狐口记》:"北至蔚州南至广昌百四十里间,古飞狐道也。"([清]刘荣等纂修:光绪《广昌县志》卷一,第 104 页)

[4]　[金]元好问编:《中州集》卷一〇,北京:中华书局,1959 年,第 545—546 页。全词如下:"云朔南陲,全赵宝符,河山襟带名藩。有朱楼缥缈,千雉回旋。云度飞狐绝险,天围紫塞高寒。吊兴亡遗迹,咫尺西陵,烟树苍然。时移事改,极目春心,不堪独倚危栏。惟是年年飞雁,霜雪知还。楼上四时长好,人生一世谁闲。故人有酒,一尊高兴,不减东山。"

是守边之臣，防秋之士，据险而出奇兵，持重而待外寇。"[1] 所列自辽东至朔方的诸要塞中，即有飞狐之名。晋咸宁元年（275）句注碑说："北方之险，有卢龙、飞狐、句注为之首，天下之阻，所以分别内外也。"[2] 卢龙、飞狐、句注即今燕山—太行山山系一带最重要的三个关口，它们阻隔了游牧民族南下的脚步，守卫了农耕民族的安全。而顾祖禹更是把飞狐关当作"山北诸州之噤喉"，它与附近的紫荆关、倒马关共同形成一个防御体系，"诚边陲重地矣"[3]。

明尹耕《上谷歌》诗说"飞狐倒马紫荆连"[4]。严耕望指出，以涞源县为中心有五出通道，四周围绕飞狐口、紫荆关、五阮关、倒马关、隘口等五处关卡[5]。涞源县，汉称广昌县[6]，是飞狐道的交通枢纽。上述五关中，《汉书·地理志下》提到五原关与常山关[7]。

五原关，即五阮关。《汉书·成帝纪》载，阳朔二年（前23）

---

[1] [宋]欧阳修著，李逸安点校：《居士外集》卷九《时论·塞垣》，收入《欧阳修全集》卷六〇，北京：中华书局，2001年，第875页。

[2] [唐]李吉甫撰，贺次君点校：《元和郡县图志》卷一四《河东道三》引，第402页。

[3] [清]顾祖禹撰，贺次君、施和金点校：《读史方舆纪要》卷三九《山西一》，北京：中华书局，2005年，第1802页。

[4] [清]朱彝尊选编：《明诗综》卷四一，第2034页。全诗为："飞狐倒马紫荆连，此去朝廷路一千。向日北门严锁钥，于今南牧盛烽烟。时名受脤当关将，岁德临分破阵年。愿假精兵渡辽水，莫令疲病久戈鋋。"

[5] 严耕望：《唐代交通图考》第5卷《河东河北区》第43篇《太行飞狐诸陉道》，第1460页。

[6] 《汉书》卷二八下《地理志下》，第1622页。

[7] 《汉书》卷二八下《地理志下》，第1622页。

"秋,关东大水,流民欲入函谷、天井、壶口、五阮关者,勿苛留"。颜师古注引应劭曰:"天井在上党高都。壶口在壶关。五阮在代郡。"[1]《后汉书·乌桓传》:"建武二十一年,遣伏波将军马援将三千骑出五阮关掩击之。乌桓逆知,悉相率逃走,追斩百级而还。乌桓复尾击援后,援遂晨夜奔归,比入塞,马死者千余匹。"李贤注:"关在代郡。"[2]"五阮关",《三国志·魏书·乌丸传》裴松之注引《魏书》作"五原关"[3]。又,《说文》:"阮,代郡五阮关也。"[4]后世学者多以紫荆关为汉五阮关,但严耕望认为五阮关可能在五回岭,而非紫荆关。[5]

常山关,后世称倒马关。[6] 据《后汉书·张禹传》李贤注引《东观记》,张禹祖父张况曾任"常山关长"[7]。光武帝曾"徙雁门、代郡、上谷三郡民,置常山关、居庸关以东"。李贤注:"《前书》曰代

[1] 《汉书》卷一〇《成帝纪》,第313页。

[2] 《后汉书》卷九〇《乌桓传》,第2982页。

[3] 《三国志》卷三〇《魏书·乌丸传》,北京:中华书局,1959年,第833页。

[4] [汉]许慎撰,[清]段玉裁注:《说文解字注》卷二八,上海:上海古籍出版社,1988年,第735页。

[5] 严耕望:《唐代交通图考》第5卷《河东河北区》第43篇《太行飞狐诸陉道》,第1473页。

[6] 严耕望:《唐代交通图考》第5卷《河东河北区》第43篇《太行飞狐诸陉道》,第1468—1469页。

[7] 《后汉书》卷四四《张禹传》李贤注引《东观记》:"况迁涿郡太守,时年八十,不任兵马,上疏乞身,诏许之。后诏问起居何如,子歆对曰'如故'。诏曰:'家人居不足赡,且以一县自养。'复以况为常山关长。会赤眉攻关城,况出战死,上甚哀之。"(第1496—1497页)

郡有常山关，上谷郡居庸县有关。时胡寇数犯边，故徙之。"[1]

二　飞狐道与飞狐关

飞狐道的形成，是一个历史发展的过程。战国时，赵国之北有中山、代二国。赵国欲北上扩展，必先吞并中山和代国。《史记·赵世家》载：

> 简子乃告诸子曰："吾藏宝符于常山上，先得者赏。"诸子驰之常山上，求，无所得。无恤还，曰："已得符矣。"简子曰："奏之。"无恤曰："从常山上临代，代可取也。"简子于是知无恤果贤，乃废太子伯鲁，而以无恤为太子。[2]

"从常山上临代"，说明当时已经有从恒山至代都的通道。太子无恤即位后，果然"兴兵平代地"[3]。至赵惠文王时，赵国"灭中山，迁其王于肤施。起灵寿，北地方从，代道大通"[4]。灵寿，即中山国都，在今河北灵寿西北。所谓"代道大通"，严耕望以为即"中山北

---

[1]　《后汉书》卷一下《光武帝纪下》，第 64 页。事又见《后汉书》卷一八《吴汉传》，第 683 页；《后汉书》卷八九《南匈奴传》，第 2940 页；《续汉书·天文志上》，第 3221 页。

[2]　《史记》卷四三《赵世家》，第 1789 页。

[3]　《史记》卷四三《赵世家》，第 1793 页。

[4]　《史记》卷四三《赵世家》，第 1813 页。

通代国道，即今考之飞狐道也；唯当时不见飞狐之名耳"[1]。

"飞狐"之名，始见于《史记·郦生陆贾列传》，字作"蜚狐"。郦食其向刘邦自荐使齐时说："愿足下急复进兵，收取荥阳，据敖仓之粟，塞成皋之险，杜大行之道，距蜚狐之口，守白马之津，以示诸侯效实形制之势，则天下知所归矣。"裴骃《集解》引如淳曰："上党壶关也。"不过，裴骃并不同意这以看法，他指出"蜚狐在代郡西南"。张守节《正义》亦说："蔚州飞狐县北百五十里有秦汉故郡城。西南有山，俗号为飞狐口也。"[2]《汉书·郦食其传》同句颜师古亦引如淳之言，又引臣瓒曰："飞狐在代郡西南。"颜师古以为"瓒说是。壶关无飞狐之名"[3]。郦食其所言荥阳、敖仓、成皋、大行、白马皆在太行山脉东南，而飞狐口则远在太行山脉北段，故如淳容易误将晋东南的上党壶关当作飞狐口。

陈业新认为，飞狐口与飞狐关并非一地。所据一为上引《史记·郦生陆贾列传》张守节《正义》："蔚州飞狐县北百五十里有秦汉故郡城。西南有山，俗号为飞狐口也。"一为胡注《通鉴》引《地道记》："恒山在上曲阳县西北百四十里，北行四百五十里，得恒山岥，号飞狐口，北则代郡也。"[4]陈业新指出：

[1]　严耕望:《唐代交通图考》第 5 卷《河东河北区》第 43 篇《太行飞狐诸陉道》，第 1461 页。

[2]　《史记》卷九七《郦生陆贾列传》，第 2694、2695 页。

[3]　《汉书》卷四三《郦食其传》，第 2108 页。

[4]　《资治通鉴》卷一〇《汉纪二》，北京:中华书局，1956 年，第 339 页。

"恒山岋"之"岋"，《康熙字典》引《正字通》"岋"本同"岌"。《说文》释岌为"山高貌"。胡注《通鉴》魏王"珪自邺还中山，将北归，发卒万人治直道，自望都岊恒岭，至代五百余里"："恒岭，恒山之岭"。雍正《畿辅通志》引胡注云"恒岭即恒山山岋也"，将"岭"书"岋"。可知，《地道记》"恒山岋"即恒山岭。但清初《骈字类编》"山岋"引《水经注·白水》"隆山南有一小山，山坂有两石虎"，则将"山坂"作"山岋"。坂，同"阪"，山坡、斜坡。又表明"山岋"为低矮山岭或山地。这和宋人韩拙"小山曰岋，大山曰峘，岋谓高而过"之"岋"的界定相吻合。所以"恒山岋"就是相对低矮的山地。正由于其地势相对低矮，故而飞狐口落位于斯。蔚州，治今河北蔚县。由此可知：飞狐口应在蔚县或秦与西汉时代郡西南的恒山口，其所在地形乃恒山西北壶流河地区的低矮山地；飞狐关并非所谓的"亦即飞狐口"，因为二者方位不同：飞狐口在代郡西南，飞狐关则在代郡南流经飞狐谷的飞狐关水上，不可混淆；飞狐关水所在飞狐谷应有一条道路，道上设有飞狐关、南舍亭、句琐亭，表明该道交通地位十分突出。[1]

按，《史记·赵世家》张守节《正义》亦引《地道记》此句，"恒山岋"

---

[1] 陈业新：《"载纵载横"与无远弗近——秦汉时期燕蓟地区交通地理研究》，《社会科学》2010年第8期。

作"恒山岋"。"岋""岋"当是同字异形。但此处的"岋",或为"岅"之误。"岅"即"坂"[1],亦作"阪"。《说文》:"阪,坡者曰阪。一曰泽障。一曰山胁也。"根据飞狐道附近的地貌,这里的"阪",当作"山胁"之意,即山中峡谷,而非陈业新所说的"山坡、斜坡"。类似的例子又有太行陉的羊肠坂。陈业新所说《骈字类编》"山岋"引《水经注·白水》"隆山南有一小山,山坂有两石虎",当为《水经注·比水》:"隆山南有一小山,山坂有两石虎。"杨守敬疏:"朱作岋,《笺》曰:一作坂。戴、赵改坂。"[2]是将"山坂"误作"山岋"之例。与上引《地道记》类似的记载,如,《太平御览》卷五三引《晋太康地记》:"常山曲阳县有恒山坂,号飞狐口。"[3]《晋书·地理志上》:"恒山在县西北。有坂号飞狐口。"[4]其字均作"坂"。《续汉书·郡国志二》:"上曲阳故属常山。恒山在西北。"刘昭注补引《晋地道记》:"自县北行四百二十五里,恒多山坂,名飞狐口。"[5]《晋地道记》即陈业新所据之《地道记》,二者皆为晋王隐所作《晋书·地道记》之异名。其字亦作"坂"。

　　《史记·郦生陆贾列传》张守节《正义》所说"秦汉故郡城"即

　　[1]　《资治通鉴》卷一五三《梁纪九》:"侍中尔朱世承镇嶍岅",胡三省注:"岅,与坂同,音反。"(第4758页)

　　[2]　[北魏]郦道元注,杨守敬、熊会贞疏,段熙仲点校,陈桥驿复校:《水经注疏》卷二九《比水》,第2482页。

　　[3]　[宋]李昉等:《太平御览》卷五三,北京:中华书局,1960年,第258页。

　　[4]　《晋书》卷一四《地理志上》,北京:中华书局,1974年,第425页。

　　[5]　《续汉书·郡国志二》,第3435页。参见蒋琪《王隐〈晋书地道记〉研究》,南京师范大学硕士学位论文,2015年。

今蔚县代王城，其西南正是飞狐口所在之峡谷，飞狐道经行其间，又设有飞狐关。

三 东汉飞狐道的走向

飞狐道是汉匈交战的必争之地。《史记·孝文本纪》载，汉文帝后六年（前 158）冬，

> 匈奴三万人入上郡，三万人入云中。[1] 以中大夫令勉为车骑将军，军飞狐。故楚相苏意为将军，军句注。将军张武屯北地。河内守周亚夫为将军，居细柳。宗正刘礼为将军，居霸上。祝兹侯军棘门：以备胡。数月，胡人去，亦罢。[2]

此次匈奴入侵来势汹汹，《史记·匈奴列传》说："胡骑入代句注边，烽火通于甘泉、长安。"[3] 汉军一方也做了完备的应对。屯兵细柳、霸上、棘门是为了保卫都城长安的安全，而屯兵飞狐、句注、北地则是设置外围防线，以防备匈奴南下。此事《汉书·匈奴传上》颜师古注说飞狐口说"险陁之处，在代郡之南，南冲燕赵之中"[4]。《盐

---

[1] 《史记》卷二二《汉兴以来将相名臣年表》作："匈奴三万人入上郡，二万人入云中。"（第 1129 页）

[2] 《史记》卷一〇《孝文本纪》，第 431—432 页。

[3] 《史记》卷一一〇《匈奴列传》，第 2904 页。

[4] 《汉书》卷九四上《匈奴传上》，第 3765 页。

铁论》卷九《险固》："赵结飞狐、句注、孟门,以存邢代。"[1]又刘劭《赵都赋》："其近则有天井句注,飞狐太行,璀错磈硌,属阜连冈。"[2]上引晋咸宁元年句注碑说："北方之险,有卢龙、飞狐、句注为之首,天下之阻,所以分别内外也。"均将"飞狐"与"句注"并列为北方天险。而匈奴军队一旦越过飞狐关并沿飞狐道南下,整个华北平原就会暴露在匈奴铁骑之下。因此,屯兵飞狐关事关汉代冀州、兖州、青州、徐州、豫州等地安危,是非常必要的举措。

东汉光武帝时,曾修治飞狐道。《后汉书·王霸传》载,建武十三年(37):

> 卢芳与匈奴、乌桓连兵,寇盗尤数,缘边愁苦。诏霸将弛刑徒六千余人,与杜茂治飞狐道,堆石布土,筑起亭障,自代至平城三百余里。

李贤注："飞狐道在今蔚州飞狐县,北通妫州怀戎县,即古之飞狐口也。"[3]类似记载又见《后汉书·杜茂传》："十二年,遣谒者段忠将众郡弛刑配茂,镇守北边,因发边卒筑亭候,修烽火,又发委输金帛

———————

　[1]　王利器校注:《盐铁论校注》卷九《险固》,北京:中华书局,1992年,第526页。

　[2]　[唐]欧阳询撰,汪绍楹校:《艺文类聚》卷六一引,北京:中华书局,1965年,第1104页。

　[3]　《后汉书》卷二〇《王霸传》,第737、738页。

缯絮供给军士，并赐边民，冠盖相望。茂亦建屯田，驴车转运。"[1]《后汉书·光武帝纪下》亦载，"遣骠骑大将军杜茂将众郡施刑屯北边，筑亭候，修烽燧"[2]。

《光武帝纪下》和《杜茂传》将此事系于建武十二年（36），且只说"筑亭候，修烽火"，并未言及修治飞狐道。发动的劳役人员，一说为"弛刑徒"，一说为"边卒"。根据几处记载，当时应当是修筑了以飞狐道为主体的，包括亭障、烽燧在内的一系列军事设施，并辅以"发委输""赐边民""建屯田"等举措。关于此次所治飞狐道的走向，《王霸传》明确说"自代至平城三百余里"。但有学者却认为，此次修治的飞狐道北通妫州怀戎县（即汉上谷郡郡治沮阳县）。论者指出：

> 飞狐道北通妫州怀戎县，并见于《通典·州郡》《元和郡县图志》。唐怀戎县，为妫州治，即今怀来县东南官厅水库北岸怀来镇。据李贤注释，由飞狐道向东北，通往怀戎县之路，为东汉王霸开修的结果。其时王霸任上谷郡太守，郡治沮阳县，在今怀来县东南官厅水库南岸大古城，北与唐怀戎县城隔妫水（北魏名清夷水，唐至清名妫水，今为官厅水库）而相对，在唐由飞狐道东北通往怀戎县，在东汉即通向沮阳县。可知王

---

[1]　《后汉书》卷二二《杜茂传》，第777页。
[2]　《后汉书》卷一下《光武帝纪下》，第60页。

霸不仅修治飞狐道，又开修了通往上谷郡治沮阳县之路，以加
强与河北平原的军事交通联系；再自代（今代王城）西北至平
城（今大同市东古城），修筑三百余里亭障，以阻御卢芳和匈
奴、乌桓的南侵。[1]

这一观点当是受到了李贤注说飞狐道"北通妫州怀戎县"的影响，
不过，仔细考察李贤注文，其中说"飞狐道在今蔚州飞狐县，北通妫
州怀戎县，即古之飞狐口也"。将"今""古"对举，因此，李贤注所说
飞狐道"北通妫州怀戎县"当是唐代的情况。[2]

　　考察东汉飞狐道的走向，不应忽视光武帝下诏修治飞狐道的
历史背景。更始二年（24），光武帝平定王朗、铜马等势力之后，称帝
于河北，但不久就遭到了彭宠和张丰的反叛。彭宠和张丰分别占据
渔阳和涿郡，"二郡畔戾，北州忧恐"[3]。建武四年（28），光武帝

　　[1]　王文楚：《飞狐道的历史变迁》，收入其著《古代交通地理丛考》，第255—
261页。陈业新亦持此观点，参见《"载纵载横"与无远弗近——秦汉时期燕蓟地区
交通地理研究》。

　　[2]　严耕望指出："飞狐口近在先秦相当强盛之代国都城之南郊，为南通塞内
中山、燕、赵之要道，故飞狐之名最先著。汉代守在北塞之南麓，故因广昌平原南缘
山河隘口置常山、五阮两关，晋因之曰两陉。北魏前期都平城，守在塞北，故分别置
石门、飞狐两关。是以自魏以前，凡由飞狐口南下诸道皆可谓飞狐道，盖以常山关、
倒马关道为主；及隋唐改广昌县曰飞狐县，则其南北东五关之道，皆可谓之飞狐道
矣。"（严耕望：《唐代交通图考》第5卷《河东河北区》第43篇《太行飞狐诸陉道》，第
1475页）"北通妫州怀戎县"的路线详见严耕望《唐代交通图考》第5卷《河东河北
区》第37篇《太原北塞交通诸道》第3节《代州东北通蔚妫幽州道》，第1366—1375
页。

　　[3]　《后汉书》卷三三《朱浮传》，第1140页。

"遣征虏将军祭遵率四将军讨张丰于涿郡，斩丰"[1]。建武五年
(29)，"彭宠为其苍头所杀"[2]，幽州终于平定，但北边仍有卢芳势
力割据。建武初年，卢芳在匈奴支持下称帝，定都九原，"掠有五原、
朔方、云中、定襄、雁门五郡，并置守令，与胡通兵，侵苦北边"[3]。
但随后几年，卢芳势力遭到巨大打击。建武七年(31)[4]，卢芳因事
诛杀五原太守李兴兄弟，其朔方太守田飒、云中太守桥扈恐惧不安，
叛归光武帝。不过，卢芳仍占有五原、定襄、雁门郡，并且时时对北
方边地造成威胁。

光武帝此时虽然被公孙述、隗嚣等势力牵扯，但仍然对卢芳的
动向非常警觉。建武七年，光武帝"诏茂引兵北屯田晋阳、广武，以
备胡寇"[5]。为应对卢芳和匈奴势力布局。建武九年至建武十年
(33—34)，吴汉、王霸、王常、朱祐、侯进、杜茂、郭凉、陈䜣等又率军
与卢芳、贾览、闵堪、尹由等在高柳、平城、𪩘、繁畤、楼烦一带展开激

---

[1]　《后汉书》卷一上《光武帝纪上》，第36页。

[2]　《后汉书》卷一上《光武帝纪上》，第38页。

[3]　《后汉书》卷一二《卢芳传》，第506页。又《后汉书》卷一下《光武帝纪
下》载，建武六年(30)，"代郡太守刘兴击卢芳将贾览于高柳，战殁。"(第49页)事又
见《后汉书》卷一二《卢芳传》："六年，芳将军贾览将胡骑击杀代郡太守刘兴。"(第
507页)

[4]　《后汉书》卷一二《卢芳传》将此事系于建武六年。

[5]　《后汉书》卷二二《杜茂传》，第776页。

烈争夺。[1] 飞狐道的修治，就是在这一历史背景下展开的。

飞狐道"自代至平城三百余里"，但当时平城仍在卢芳将尹由的控制之下。《后汉书·王霸传》载，建武十年，"（王）霸复与吴汉等四将军六万人出高柳击贾览，诏霸与渔阳太守陈䜣将兵为诸军锋。匈奴左南将军将数千骑救览，霸等连战于平城下，破之，追出塞，斩首数百级。霸及诸将还入雁门，与骠骑大将军杜茂会攻卢芳将尹由于崞、繁畤，不克"[2]。双方"连战于平城下"，虽然汉军取得胜绩，将贾览与匈奴军队"追出塞，斩首数百级"。但王霸等并没有在平城一带停留，而是南归"还入雁门"与杜茂配合在崞、繁畤一带进攻尹由，但战事不畅。因此，当时平城并未落入汉军之手。

随着隗嚣、公孙述等势力的荡平，光武帝终于可以专注于应对北边卢芳势力。根据上引《光武帝纪下》《王霸传》《杜茂传》的记载，王霸、杜茂所部当是在建武十二年或十三年间修治了飞狐道。飞狐道深入前线，便利于军情传递和军队调动，这很明显是为了准备与卢芳势力下一步的战争。

与王霸、杜茂的行动相配合，光武帝还令王常"北屯故安，拒卢芳"[3]。故安，即今河北易县东南。建武十三年二月，又"遣捕虏

---

[1] 《后汉书》卷一下《光武帝纪下》，建武九年，"遣大司马吴汉率四将军击卢芳将贾览于高柳，战不利"。"骠骑大将军杜茂与贾览战于繁畤，茂军败绩。"建武十年，"大司马吴汉率捕虏将军王霸等五将军击贾览于高柳，匈奴遣骑救览，诸将与战，却之"（第55—56页）。

[2] 《后汉书》卷二〇《王霸传》，第737页。

[3] 《后汉书》卷一五《王常传》，第581页。

将军马武屯虖沱河以备匈奴”[1]。从这一系列军事布署来看，光武帝当有针对卢芳的进一步军事行动。但未及行动，卢芳就因“羽翼外附，心膂内离”“与十余骑亡入匈奴”[2]。第二年，雁门人贾丹等听说卢芳败亡，于是杀尹由投降雁门太守郭凉。[3] 此时，平城才归入东汉。光武帝“诏送委输金帛赐茂、凉军吏及平城降民”[4]。随后，雁门郡全境平定。

再看上谷郡的情况，早在彭宠反叛时，就曾试图联合东汉开国名将耿弇之父——上谷郡太守耿况，但耿况不为所动。耿氏父子最终帮助光武帝平定幽州，其地基本稳固。而王霸自建武九年拜为上谷太守后，一直坚守在前线[5]，上谷郡也一直被光武帝一方牢牢控制。而当时汉军和卢芳军交锋主要在原飞狐道西北的代郡、雁门郡一带，因此当时也并没有太多必要将飞狐道和烽燧亭障延伸至东北方统治较为稳固的上谷郡。

---

[1]　《后汉书》卷一下《光武帝纪下》，第61页。《续汉书·天文志上》作：“匈奴助芳侵边，汉遣将军马武、骑都尉刘纳、阆兴军下曲阳、临平、呼沱，以备胡。”（第3221页）

[2]　《后汉书》卷一二《卢芳传》，第507页。

[3]　《后汉书》卷一下《光武帝纪下》作：“秋九月，平城人贾丹杀卢芳将尹由来降。”（第63页）

[4]　《后汉书》卷二二《杜茂传》，第777页。

[5]　《后汉书》卷二〇《王霸传》载，建武九年，“玺书拜霸上谷太守，领屯兵如故，捕击胡虏，无拘郡界”（第737页）。

第六章　儒学流布与学术地理

历史文化地理学自 20 世纪 80 年代以来逐渐成为学界研究的热点。学界对历史文化地理学的学科定义、学科属性、研究内容、研究方法、前沿问题、发展方向等问题都进行了深入讨论。[1] 相关研究亦取得丰硕成果[2]，尤其是 GIS 的技术运用，成为近年历史文化

---

[1]　参见雍际春《论历史文化地理学的研究对象、科学内容及其任务》，《中国历史地理论丛》1994 年第 3 辑；雍际春《论中国历史文化地理学的形成与发展》，《天水师专学报(哲社版)》1996 年第 1 期；刘沛林《文化地理学与历史地理学的关系》，《衡阳师专学报(社会科学版)》1995 年第 3 期；毛曦《历史文化地理学的理论与方法》，《陕西师范大学学报(哲学社会科学版)》2002 年第 3 期；江金波、司徒尚纪《论我国文化地理学研究的前沿走向》，《人文地理》2002 年第 5 期；周尚意《文化地理学研究方法及其学科影响》，《中国科学院院刊》2011 年第 4 期。

[2]　重要的论著有陈正祥《中国文化地理》，北京：生活·读书·新知三联书店，1983 年；周振鹤、游汝杰《方言与中国文化》，上海：上海人民出版社，1986 年；王恩涌《文化地理学导论》，北京：高等教育出版社，1989 年；赵世瑜、周尚意《中国文化地理概说》，太原：山西教育出版社，1991 年；卢云《汉晋文化地理》，西安：陕西人民教育出版社，1991 年；宋新潮《殷商区域文化研究》，西安：陕西人民出版社，1991 年；王会昌《中国文化地理》，武汉：华中师范大学出版社，1992 年；张步天《中国历史文化地理》，长沙：湖南教育出版社，1993 年；司徒尚纪《广东文化地理》，广州：广东人

地理学研究的一个重要学术生长点[1]。相关研究成果的介绍和评

（接上注释）民出版社，1993 年；张伟然《湖南历史文化地理研究》，上海：复旦大学出版社，1995 年；曾大兴：《中国历代文学家之地理分布》，武汉：湖北教育出版社，1995 年；周振鹤主著《中国历史文化区域研究》，上海：复旦大学出版社，1997 年；程民生《宋代地域文化》，开封：河南大学出版社，1997 年；蓝勇《西南历史文化地理》，重庆：西南师范大学出版社，1997 年；王子今《秦汉区域文化研究》，成都：四川人民出版社，1998 年；张伟然《湖北历史文化地理研究》，武汉：湖北教育出版社，2000 年；鲁西奇《区域历史地理研究：对象与方法——汉水流域的个案考察》，南宁：广西人民出版社，2000 年；邹逸麟主编《中国历史人文地理》，北京：科学出版社，2001 年；司徒尚纪《岭南历史人文地理——广府、客家、福佬民系比较研究》，广州：中山大学出版社，2001 年；胡阿祥《魏晋本土文学地理研究》，南京：南京大学出版社，2001 年；毛曦《中国新石器时代文化地理》，西安：陕西人民出版社，2002 年；张晓虹《文化区域的分异与整合——陕西历史地理文化研究》，上海：上海书店出版社，2004 年；林拓《文化的地理过程分析：福建文化的地域性考察》，上海：上海书店出版社，2004 年；张力仁《文化交流与空间整合：河西走廊文化地理研究》，北京：科学出版社，2006 年；严耕望撰，李启文整理《魏晋南北朝佛教地理稿》，上海：上海古籍出版社，2007 年；薛正昌《黄河文明的绿洲：宁夏历史文化地理》，银川：宁夏人民出版社，2007 年；雷虹霁《秦汉历史地理与文化分区研究：以〈史记〉、〈汉书〉、〈方言〉为中心》，北京：中央民族大学出版社，2007 年；介永强：《西北佛教历史文化地理研究》，北京：人民出版社，2008 年；雍际春《陇右历史文化与地理研究》，北京：中国社会科学出版社，2009 年；吴宣德《明代进士的地理分布》，香港：中文大学出版社，2009 年；朱海滨《近世浙江文化地理研究》，上海：复旦大学出版社，2010 年；李智君《关山迢递：河陇历史文化地理研究》上海：上海人民出版社，2011 年；宋燕鹏《籍贯与流动：北朝文士的历史地理学研究》，保定：河北大学出版社，2011 年。

[1] 参见冯玉新《传统与现代——基于 GIS 支持下的历史地理研究》，《地理教育》2007 年第 2 期；李凡《GIS 在历史、文化地理学研究中的应用及展望》，《地理与地理信息科学》2008 年第 1 期；李凡、朱竑《GIS 在历史及文化地理学研究中的应用——国外研究进展综述》，《人文地理》2009 年第 1 期；潘威、孙涛、满志敏《GIS 进入历史地理学研究 10 年回顾》，《中国历史地理论丛》2012 年第 1 辑；张萍《地理信息系统（GIS）与中国历史研究》，《史学理论研究》2018 年第 2 期。

价已有多篇重要综述，不再敷述。[1] 笔者的研究得到这些历史文化地理研究论著的启示和理论方法方面的营养，研究工作也将对以往历史文化地理的现有认识有所充实和修正。

　　作为一门交叉学科，历史文化地理学的研究方法可谓多种多样。其中，统计的方法对文化景观的形态描述无疑是最重要的。近年来出版的以区域历史文化地理研究为主的著作，几乎都采取了统计的方法对相关地理区域的文化因子进行研究。这些研究取得了很大的成果，但在研究方法上也存在着一些需要改进的地方。

---

[1]　除《中国史研究动态》历年中国历史地理研究综述外，相关重要综述还有王恩涌《文化地理学近来在我国的出现与发展》，《人文地理》1996 年增刊；刘沛林《近年来我国文化地理学研究的进展》，《地理科学进展》1998 年第 2 期；朱竑、司徒尚纪《近年我国文化地理学研究的新进展》，《地理科学》1999 年第 4 期；张伟然《中国佛教地理研究史籍述评》，《地理学报》1996 年第 4 期；江金波《近 20 年来中国文化地理学研究综述》，《嘉应大学学报（自然科学）》2001 年第 6 期；蓝勇《对中国历史文化地理研究的思考》，《学术研究》2002 年第 1 期；陈桥驿《历史地理学的回顾与展望》，《杭州师范学院学报（人文社会科学版）》2001 年第 4 期；华林甫《二十世纪中国历史地理学的成就》，《华东师范大学学报（哲学社会科学版）》2002 年第 1 期；葛剑雄、华林甫《二十世纪的中国历史地理研究》，《历史研究》2002 年第 3 期；葛全胜、何凡能、郑景云、满志敏、方修琦《20 世纪中国历史地理研究若干进展》，《中国历史地理论丛》2005 年第 1 辑；李凡、司徒尚纪《近二十年来中国文化地理学文献分析》，《人文地理》2007 年第 1 期；杨发鹏《近二十年来国内佛教历史地理研究综述》，《重庆文理学院学报（社会科学版）》2009 年第 5 期；丁超《十年来中国历史人文地理研究评论》，《中国历史地理论丛》2011 年第 3 辑；吴松弟、侯甬坚《中国历史人文地理学研究进展与展望》，《地理科学进展》2011 年第 12 期；张文华《二十余年来区域历史地理理论研究概述》，《中国史研究动态》2013 年第 2 期；狄三峰《2000—2012 年中国大陆历史地理学研究之发展》，扬州大学硕士学位论文，2013 年；华林甫《改革开放 40 年来的中国历史地理研究》，《中国史研究动态》2018 年第 6 期。

第一节　汉代知识人的学术传承与文化传播

一　齐鲁地区的文化优势与传承

我们在考察中国古代文化地理时经常发现,某一地区所出的人才会大大高于其他地区,并且这一地区的文化传统往往能够延绵不断,对当地和周边地区造成深远而广阔的影响。这种传统的延续和当地的社会文化传统以及知识人的家庭背景有很大的关系。春秋战国以至汉代的齐鲁地区,就是这种情况。

春秋战国战乱频仍,但齐鲁地区的文化传统却得以保存。《史记·儒林列传》载:"天下并争于战国,儒术既绌焉,然齐鲁之间,学者独不废也。"[1] 儒学在鲁地得以继承,"鲁世世相传以岁时奉祠孔子冢,而诸儒亦讲礼乡饮大射于孔子冢。孔子冢大一顷。故所居堂弟子内,后世因庙藏孔子衣冠琴车书,至于汉二百余年不绝"[2]。儒学能够"二百余年不绝"和鲁人的文化性格是有密切关联的。《汉书·地理志下》载,鲁国"其民好学,上礼义,重廉耻"[3]。即使面临战火屠城、大兵压境的境遇,鲁人所表现出的镇定也令人叹服。《史记·儒林列传》载,"高皇帝诛项籍,举兵围鲁,鲁中诸儒尚讲诵

---

[1]　《史记》卷一二一《儒林列传》,北京:中华书局,1959 年,第 3116 页。

[2]　《史记》卷四七《孔子世家》,第 1945 页。

[3]　《汉书》卷二八下《地理志下》,北京:中华书局,1962 年,第 1662 页。

习礼乐,弦歌之音不绝"。司马迁也感叹道:"夫齐鲁之间于文学,自古以来,其天性也。"[1]

　　关于齐国的民风,司马迁概括为"其俗宽缓阔达,而足智,好议论,地重,难动摇,怯于众斗,勇于持刺,故多劫人者,大国之风也"[2]。其中,"宽缓阔达""足智""好议论"表现的就是齐人的文化性格,班固也有齐人"多好经术,矜功名,舒缓阔达而足智"之语。[3] 齐国国君又有尚贤的传统,《汉书·地理志下》载:"初太公治齐,修道术,尊贤智,赏有功。"[4]齐国曾设立稷下学宫,招揽天才英才。齐宣王时,稷下学宫达到鼎盛。据《史记·田敬仲完世家》记载:

　　　　宣王喜文学游说之士,自如驺衍、淳于髡、田骈、接予、慎到、环渊之徒七十六人,皆赐列第,为上大夫,不治而议论。是以齐稷下学士复盛,且数百千人。[5]

汉代知识人又有私家教授的传统,齐鲁地区亦然。据《史记·儒林

---

　　[1]　《史记》卷一二一《儒林列传》,第 3117 页。
　　[2]　《史记》卷一二九《货殖列传》,第 3265 页。
　　[3]　《汉书》卷二八下《地理志下》,第 1661 页。
　　[4]　《汉书》卷二八下《地理志下》,第 1661 页。
　　[5]　《史记》卷四六《田敬仲完世家》,第 1895 页。

列传》载，申公"归鲁，退居家教……弟子自远方至受业者百余人"[1]。申公弟子为博士者达十余人，"孔安国至临淮太守，周霸至胶西内史，夏宽至城阳内史，砀鲁赐至东海太守，兰陵缪生至长沙内史，徐偃为胶西中尉，邹人阙门庆忌为胶东内史。其治官民皆有廉节，称其好学"。另外，"学官弟子行虽不备，而至于大夫、郎中、掌故以百数"[2]。齐人胡母生"年老，归教于齐，齐之言《春秋》者宗事之"[3]。胡母生的弟子，知名的有公孙弘、褚大、嬴公、段仲、吕步舒等人。韦贤在出仕之前，"兼通《礼》《尚书》，以《诗》教授，号称邹鲁大儒"[4]。寒朗"好经学，博通书传，以《尚书》教授"[5]。周泽"少习《公羊严氏春秋》，隐居教授，门徒常数百人"[6]。这些私家教授对儒家文化在当地和周边地区的推广所起的作用不容忽视。

地域社会好学的大环境也会影响到文化家族的发展。孔氏家族是鲁地影响最大的一个家族。《史记·孔子世家》载："孔子布衣传十余世，学者宗之。"[7]自春秋以来，孔氏家族一直以儒学相传。战国时，孔顺曾为魏相，孔鲋为陈胜博士，汉代孔襄、孔安国、孔延

[1]《史记》卷一二一《儒林列传》，第 3121 页。《汉书》卷八八《儒林传》作："弟子自远方至受业者千余人"（第 3608 页）。

[2]《史记》卷一二一《儒林列传》，第 3122 页。

[3]《汉书》卷八八《儒林传》，第 3616 页。

[4]《汉书》卷七三《韦贤传》，3107 页。

[5]《后汉书》卷四一《寒朗传》，北京：中华书局，1962 年，第 1417 页。

[6]《后汉书》卷七九下《儒林传下·周泽传》，第 2578 页。

[7]《史记》卷四七《孔子世家》，第 1905 页。

年、孔武、孔霸、孔光、孔仁、孔忠、孔骥、孔衍等人皆为博士，孔光在哀帝时甚至位至丞相。除了孔氏家族，欧阳氏家族、夏侯氏家族也世代相传，成为文化大族。正是在这样的区域文化背景下，齐鲁地区的文化传承才没有中断。

正是基于以上认识，研究者在对某一历史时期学术文化的统计时，常常以知识人的籍贯以及各地所出书籍（书籍采取"以书系人，以人系地"的办法进行统计，实际也是根据书籍作者籍贯统计）等指标进行统计。这种统计方式有其合理性，在一定程度上能够反映当地的文化发展水平，但仅仅这样做似乎仍有不足。

二 知识人的游历生活

在对汉代知识人的具体考察中我们还可以发现，知识人具有很强的流动性。这种流动性使知识人一生很难固定在一个地方。有些知识人可能在其家乡完成了学术积累，当他们进行学术贡献的时候，可能会迁徙到其他地方。甚至还会出现知识人学术积累期也不在其家乡的情况，如翟方进、刘秀、张奂[1]这样赴京师求学者，在

---

[1] 《汉书》卷八四《翟方进传》："方进既厌为小史，闻蔡父言，心喜，因病归家，辞其后母，欲西至京师受经。母怜其幼，随之长安，织屦以给方进读，经博士受《春秋》。积十余年，经学明习，徒众日广，诸儒称之。"（第3411页）《后汉书》卷一《光武帝纪上》："王莽天凤中，乃之长安，受《尚书》，略通大义。"李贤注："《东观记》曰："受《尚书》于中大夫庐江许子威。"（第1—2页）《后汉书》卷六五《张奂传》："奂少游三辅，师事太尉朱宠，学《欧阳尚书》。"（第2138页）

汉代历史上也不在少数。西汉已有了地方官员回避本籍的规定，东汉更是制定了"三互法"，这也必然造成知识人的流动[1]。汉代的官吏常常转仕各地，《汉书·循吏传》所载召信臣转仕 7 次，黄霸转仕 9 次，《后汉书·循吏传》所载任延转仕 10 次。

　　像郑玄这样几乎未涉宦途的纯儒，一生游学的经历也是相当坎坷的。《后汉书·郑玄传》中郑玄自述其求学经历时说："吾家旧贫，不为父母群弟所容，去厮役之吏，游学周、秦之都，往来幽、并、兖、豫之域，获觐乎在位通人，处逸大儒，得意者咸从捧手，有所受焉。"[2]郑玄少时"遂造太学受业，师事京兆第五元先，始通《京氏易》《公羊春秋》《三统历》《九章算术》。又从东郡张恭祖受《周官》《礼记》《左氏春秋》《韩诗》《古文尚书》。以山东无足问者，乃西入关，因涿郡卢植，事扶风马融"[3]。此即郑玄所谓"游学周、秦之都"。四十岁后的郑玄经历仍十分坎坷，《后汉书·郑玄传》：

> 年过四十，乃归供养，假田播殖，以娱朝夕。遇阉尹擅势，坐党禁锢，十有四年，而蒙赦令，举贤良方正有道，辟大将军三司府。公车再召，比牒并名，早为宰相。惟彼数公，懿德大雅，克堪王臣，故宜式序。吾自忖度，无任于此，但念述先圣之元

---

　　[1] 参见严耕望《中国地方行政制度史甲部——秦汉地方行政制度》，上海：上海古籍出版社，2007 年，第 334—383 页；安作璋、熊铁基《秦汉官制史稿》，济南：齐鲁书社，2007 年，第 867—870 页。

　　[2] 《后汉书》卷三五《郑玄传》，第 1209 页。

　　[3] 《后汉书》卷三五《郑玄传》，第 1207 页。

意,思整百家之不齐,亦庶几以竭吾才,故闻命罔从。而黄巾为害,萍浮南北,复归邦乡。入此岁来,已七十矣。[1]

像郑玄这样的著名学者,其文化影响绝不仅限于其家乡。他游学十余年后归家,因家贫,“客耕东莱,学徒相随已数百千人”[2]。东莱的文化面貌因为郑玄的出现有了很大改观。

还应该注意到的是,知识人的流动频率和他们所处时代的政治形势、经济发展和文化背景息息相关。汉武帝削藩时实行的“左官律”“附益法”对当时知识人的流动起了限制作用。汉代相对严格的关禁制度也对人员流动有诸多限制。在这种情况下,知识人的流动会相对缓慢。

历史上知识人的流动性也有相对较强的时候。王莽之乱时,大批知识人南迁避乱,《后汉书·循吏传》记载,更始元年(23),任延为会稽都尉,“时天下新定,道路未通,避乱江南者未还中土,会稽颇称多士”[3]。西汉对江南地区的开发还十分有限,当地的文化事业和当时的齐鲁、关中地区不可同日而语,在对西汉博士进行的籍贯和活动统计中(详见附表),会稽郡均未见一人(次)。但王莽之乱时,会稽竟然可以“颇称多士”,这无疑是短时期内大量士人南迁带来的影响。

[1] 《后汉书》卷三五《郑玄传》,第1209—1210页。

[2] 《后汉书》卷三五《郑玄传》,第1207页。

[3] 《后汉书》卷七六《循吏传·任延》,第2460—2461页。

单纯凭借知识人籍贯进行统计,并进而分析特定历史时期的文化发达区,虽然在总体的文化发达区的把握上具有一定准确性,但在具体分析某一地区的文化面貌时难免有失偏颇。有学者对这一研究模式提出了严苛的批评:"这些研究基本上大多是同一模式,即罗列籍贯,然后加以原因分析;原因也是同一化的,无外乎经济发展程度、文化水平高下以及教育兴盛诸项。后期此类论述多套用此模式,毫无新意。"[1]

一些学者早已意识到单纯按照知识人籍贯进行统计的研究方法存在问题,在相关研究中已经有所纠正。例如,严耕望的《战国学术地理与人才分布》一文的附图,就标明了儒家和墨家的传播或游仕线路,作为对按照籍贯统计的缺失的弥补。[2] 他的《唐代佛教之地理分布》一文,通过对唐代高僧的驻锡地的分析论述了唐代佛家地理分布状态。[3] 辛德勇《唐高僧籍贯及驻锡地分布》一文,更是从唐代高僧的籍贯和驻锡地两方面进行研究,完善了严文的论述。[4] 张伟然在探讨南北朝佛教地理时,分别统计了高僧出生地、高僧活动地点、寺院、佛教石刻、佛典译撰地点五个要素,使研究更

---

[1] 夏增民:《历史学术地理刍议——以 20 世纪 80 年代以来的历史学术地理研究为例》,《华中科技大学学报(社会科学版)》2006 年第 6 期。

[2] 严耕望:《战国学术地理与人才分布》,收入其著《严耕望史学论文选集》,北京:中华书局,2006 年,第 27—59 页。

[3] 严耕望:《唐代佛教之地理分布》,《民主评论》第 4 卷 24 期,1953 年12 月。

[4] 辛德勇:《唐高僧籍贯及驻锡地分布》,收入其著《古代交通与地理文献研究》,北京:中华书局,1996 年,第 232—251 页。

加全面,结论更为精准。[1]

　　汉代的博士群体在完成自己的学术积累过程之后,往往离开自己的求学地,或归家教授,或被征辟为官。王国维《汉魏博士考》一文,对汉魏博士的职责进行了考述。博士除了教授子弟外,或奉使,或议政。博士的迁擢,于内则迁二千石、中二千石、千石、八百石,于外则为郡国守相、诸侯王太傅、部刺史州牧、县令。[2] 由此可见,即使作为汉代学术阶层存在的博士,也并不仅仅躬身太学、专精学术,而是像普通官员一样,往往回转游仕于京师和地方之间。

　　成为地方官员的学者,他们自身的学术修养和文化底蕴,对当地的文化发展也颇有推动。东汉博士伏恭任常山太守时,“敦修学校,教授不辍,由是北州多为伏氏学”[3]。刘宽“典历三郡,温仁多恕”,“每行县止息亭传,辄引学官祭酒及处士诸生执经对讲”[4]。“汉代地方官员在推行教化方面成绩显著,其作用就是移风易俗,使儒家的礼义之说深入人心。”[5] 在这方面,文翁的事迹可以视作典型。《汉书·循吏传》载,文翁“少好学,通春秋,以郡县吏察举”:

　　[1]　张伟然:《南北朝佛教地理的初步研究(上篇)》,《中国历史地理论丛》1991 年第 4 辑;张伟然:《南北朝佛教地理的初步研究(下篇)》,《中国历史地理论丛》1992 年第 1 辑。

　　[2]　王国维:《汉魏博士考》,收入其著《观堂集林》,北京:中华书局,1959 年,第 174—217 页。

　　[3]　《后汉书》卷七九下《儒林传下·伏恭》,第 2571 页。

　　[4]　《后汉书》卷二五《刘宽传》,第 887 页。

　　[5]　周振鹤主著:《中国历史文化区域研究》,第 128 页。

景帝末，为蜀郡守，仁爱好教化。见蜀地辟陋有蛮夷风，文翁欲诱进之，乃选郡县小吏开敏有材者张叔等十余人亲自饬厉，遣诣京师，受业博士，或学律令。减省少府用度，买刀布蜀物，赍计吏以遗博士。数岁，蜀生皆成就还归，文翁以为右职，用次察举，官有至郡守刺史者。

又修起学官于成都市中，招下县子弟以为学官弟子，为除更繇，高者以补郡县吏，次为孝弟力田。常选学官僮子，使在便坐受事。每出行县，益从学官诸生明经饬行者与俱，使传教令，出入闺阁。县邑吏民见而荣之，数年，争欲为学官弟子，富人至出钱以求之。繇是大化，蜀地学于京师者比齐鲁焉。至武帝时，乃令天下郡国皆立学校官，自文翁为之始云。[1]

文翁在蜀地去世后，“吏民为立祠堂，岁时祭祀不绝。至今巴蜀好文雅，文翁之化也”。颜师古注曰：“文翁学堂于今犹在益州城内。”[2]可见文翁对巴蜀的影响，至唐代仍未结束。除文翁之外，汉代的召信臣、黄霸、韩延寿等人也有类似事例。[3]

因此，在进行区域学术文化的研究时，除了对知识人籍贯统计之外，还应分析知识人的文化活动，考察他们的活动地域，以及他们

---

[1] 《汉书》卷八九《循吏传·文翁》，第 3625—3626 页。

[2] 《汉书》卷八九《循吏传·文翁》，第 3627 页。

[3] 分别见《汉书》卷八九《循吏传》《汉书》卷七六《韩延寿传》。另外，余英时《汉代循吏与文化传播》一文对这一问题也做了专门研究。参见余英时《士与中国文化》，上海：上海人民出版社，2003 年，第 117—189 页。

的活动对所在地造成的影响。

第二节　汉代博士的空间分布

　　根据上述原则,笔者除了对汉代博士的籍贯进行统计之外,对他们的活动地域也进行了统计,以求对汉代学术文化进行更加精确的研究。这种统计以人物活动地点为对象,一定程度避免了上述籍贯统计的失真。具体做法为,除进行博士的籍贯统计外,还统计了史实可考的博士一生的活动地域(精确到郡级行政单位,司隶地区精确到县级行政单位)。

　　笔者制作了《汉代博士表》《西汉博士籍贯及活动地统计表》《西汉司隶地区博士籍贯及活动地统计表》《东汉博士籍贯及活动地统计表》《东汉司隶地区博士籍贯及活动地统计表》。[1] 根据统计,史籍所见汉代博士总数为 198 人,其中西汉 119 人[2],东汉 68 人[3],时代不可考者 11 人。

　　所见博士籍贯可考者共 150 人,其中西汉 95 人[4],东汉 52

---

[1]　详见附录表 1、表 2、表 3、表 4、表 5。

[2]　包括诸侯博士 3 人、新莽博士 2 人。

[3]　包括公孙述博士 1 人、刘备称帝前博士 1 人。

[4]　包括诸侯博士 3 人。

人[1],时代不可考者 3 人。籍贯不可考者 48 人,其中西汉 24 人[2],东汉 16 人[3],时代不可考者 8 人。司隶地区籍贯可考者,西汉 13 人,东汉 4 人。

汉代博士活动地点可考者共计 365 人次,其中西汉 213 人次,东汉 152 人次。司隶地区活动可考者,西汉 135 人次,东汉 80 人次。

由《西汉博士籍贯及活动地统计表》可知,西汉各地博士籍贯的数量从高到低依次为徐州 41 人、司隶 13 人、青州 11 人、豫州 10 人、兖州 8 人、冀州 5 人、扬州 3 人、幽州 2 人、益州 1 人、凉州 1 人。其中,徐州、司隶、青州、豫州四州就有博士 75 位,占西汉籍贯可考博士总数的 78.9%。具体到各郡国来看,徐州的鲁国有 19 人,占西汉籍贯可考博士总数的 20%;东海郡有 13 人,占西汉籍贯可考博士总数的 13.7%;琅邪郡有 7 人,占西汉籍贯可考博士总数的 7.4%。齐鲁地区的博士也表现出明显的优势,属于齐鲁地区的济南郡、千乘郡、齐郡、淄川国、东平国、山阳郡、鲁国、东海郡、琅邪郡共有博士 56 人,占西汉籍贯可考博士总数的 58.9%。

就活动地分布来看,西汉博士的分布范围明显比西汉博士籍贯分布要广。以冀州地区为例,西汉冀州籍博士有 5 位,其中还有 3 位在赵国。而冀州地区博士活动人次为 8 人次,分布在信都国、清

---

[1] 包括刘备称帝前博士 1 人。
[2] 包括新莽博士 2 人。
[3] 包括公孙述博士 1 人。

河郡、常山郡、钜鹿郡、中山国、河间国,分布地域更加广阔。

另外,无论从博士籍贯还是活动地分布来看,西汉北方的文化优势非常明显。南方籍贯可考的博士仅有扬州九江郡的 3 人和益州蜀郡的 1 人。扬州、益州、荆州的博士活动地分布集中在九江郡、蜀郡、长沙国、南阳郡几个据点,仅有 12 人次,占西汉可考博士活动地总数的 5.6%。

由《东汉博士籍贯及活动地统计表》可知,东汉各地博士籍贯数量从高到低依次为豫州 10 人、兖州 10 人、益州 6 人、青州 5 人、荆州 5 人、司隶 4 人、冀州 4 人、徐州 3 人、扬州 2 人、凉州 1 人、幽州 2 人。具体到各郡国来看,陈留郡有 6 人,占东汉籍贯可考博士总数的 11.5%,南阳郡 5 人,占东汉籍贯可考博士总数的 9.6%。相比西汉而言,齐鲁地区明显衰落下来。鲁国的人数明显下降,仅为 4 人,徐州的东海郡、琅邪国也分别仅有 1 人、2 人。相对西汉而言,东汉博士的出身集中地由齐鲁地区转移到中州地区。[1] 例如,西汉时籍贯为南阳郡的博士为 0 人,东汉时则增长至 5 人,这自然与南阳为"帝乡"[2]不无关系。

---

[1]　胡宝国认为,所谓"中州",是指以洛阳为中心,以兖州、豫州为主体的中原地区。除此之外,南阳郡虽然在地理区划上属于荆州,但由于其与上述中州地区在学术上有许多相似性,故中州地区也应包括南阳郡。详见胡宝国《汉代政治文化中心的转移》,收入其著《汉唐间史学的发展》,北京:商务印书馆,2003 年,第 215—229 页。

[2]　《后汉书》卷二二《刘隆传》:"河南帝城,多近臣,南阳帝乡,多近亲。"(第781 页)

　　经过西汉一代的努力，儒学的传播更加广泛。东汉博士的籍贯分布较西汉更加均匀，并没有出现像西汉鲁国那样远高于其他地区的情况。而边远地区，如扬州的会稽郡、益州的犍为郡、凉州的敦煌郡也出有博士。南方地区的文化面貌有所提高，扬州的会稽郡，益州的犍为郡、汉中郡、蜀郡均有博士分布。就活动地分布来看，这样的现象更加明显。博士的活动地域甚至达到南方的南海郡和西南的永昌郡。尤其是益州的学术文化较西汉有了更进一步的发展，文翁治蜀的文化遗产在东汉得以继续光大。[1]

　　就汉代两都地区而言，西汉籍贯可考的博士仅有 2 人，长安（许商）、洛阳（贾谊）各 1 人，仅占西汉籍贯可考博士总数的 2.1%。东汉则无籍贯可考者。可见，无论是西汉的长安还是东汉的洛阳，所出的博士数量非常少，这是否说明两都地区文化发展相对落后呢？

　　如果查看汉代博士的活动分布，我们却可以得出另一种结论。西汉长安有 121 人次，洛阳 2 人次，共占西汉总人次的 57.7%，如果将整个司隶地区全部计算在内，则共占西汉总人次的 63.3%。东汉长安有 1 人次，洛阳 67 人次，共占东汉总人次的 44.7%，如果将整个司隶地区全部计算在内，则共占东汉总人次的 52.6%。

---

　　[1]　《三国志》卷三八《蜀书·秦宓传》："蜀本无学士，文翁遣相如东受七经，还教吏民，于是蜀学比于齐鲁。"（第 973 页）又《华阳国志》卷一〇上《先贤士女总赞论》："叔文播教，变《风》为《雅》，道治化迁，我实西鲁。"（［晋］常璩撰，任乃强校注：《华阳国志校补图注》，上海：上海古籍出版社，1987 年，第 534 页）

　　长安、洛阳的统计数字明显高于其他地区的原因和博士一职的特殊性有关。除了少数征召不至的博士之外，一般情况下，博士都要征召至京师。因此，大多数博士都要在长安或洛阳留下活动足迹。也就是说，知识人向京师地区的集中，带有某种政治强迫力和政治吸附力。但是，无论出于什么样的原因，长安、洛阳毕竟成为了学者云集之地。这样看来，如果单纯按照博士籍贯进行统计分析，得出的结论很可能是不确切的。

　　以西汉鲁国籍博士为例，鲁国籍博士可考者共有 19 人，但鲁国的博士活动仅有 4 人次。其中，申培一生游历于齐、长安、楚之间，年老时才归家教授。韦贤在昭帝年幼即位后"授昭帝《诗》"[1]，很可能在昭帝初即位就来到长安，后来历任光禄大夫、詹事、大鸿胪、长信少府、丞相，直到宣帝地节三年（前 67）才以老病归家，不久去世。他在长安度过了大约二十年的时光。申培、韦贤一生所为，多数和鲁国关系不大。又如朱云，他籍贯虽为鲁人，但他家徙平陵，一生其实和鲁国没有什么关系。除鲁国外，分析西汉时所出博士较多的东海郡、琅邪郡籍博士的经历，也可以得出类似的结论。

　　东汉的情况则发生了一些变化。东汉时，所出博士较多的地区有陈留郡、南阳郡、鲁国、汝南郡、右扶风、北海国等地。博士活动活跃的地区有河南尹、陈留郡、右扶风、汝南郡、南阳郡、琅邪国、东海郡等地。出博士较多的陈留郡、南阳郡、汝南郡，博士的活动也较

---

　　[1]　《汉书》卷七三《韦贤传》，第 3107 页。

为活跃，二者出现相对统一的情形。就两都地区而言，河南尹、京兆尹仍然十分活跃。

通过以上对博士籍贯和博士活动地的分析可知，西汉时学术重心出现多极化现象，长安、洛阳以及齐鲁地区都是重要的学术重心。东汉时，学术重心则统一到洛阳、陈留、南阳、汝南为中心的中州地区，同时东汉的学术文化在全国的分布更加均衡。就两都地区而言，长安、洛阳及其附近区域学术文化相对发达，西汉时侧重于长安及其附近地区，东汉时侧重于洛阳及其附近地区。

第三节　汉代两都区域的文化优势

一　长安、洛阳的文化发展

自先秦至西汉初期，长安和洛阳的文化状况是相对落后的。这与当地的文化传统、民风民俗也有很大关系。

长安所处的关中地区是秦国故地。秦人历来被视作戎狄，缺少文化修养。《史记·秦本纪》载："秦僻在雍州，不与中国诸侯之会盟，夷翟遇之。"[1] 商鞅变法，采取愚民政策，禁游学、燔诗书，以牺牲文化发展换取了国力的强盛。

---

[1] 《史记》卷五《秦本纪》，第 202 页。

洛阳地区自古就有重商的传统。《史记·货殖列传》说："洛阳东贾齐、鲁，南贾梁、楚。"又说："洛阳街居在齐秦楚赵之中，贫人学事富家，相矜以久贾。"[1]《盐铁论·力耕》说周地"商遍天下"，"商贾之富，或累万金"[2]。《盐铁论·通有》也有"三川之二周，富冠海内"的说法。[3]《史记·苏秦列传》记载了"东周雒阳人"苏秦出游，"大困而归"的故事：

> 出游数岁，大困而归。兄弟嫂妹妻妾窃皆笑之，曰："周人之俗，治产业，力工商，逐什二以为务。今子释本而事口舌，困，不亦宜乎！"[4]

周人本是重农的部族，东迁之后，"治产业，利工商，逐什二以为务"竟成为"周人之俗"。这种转变和洛阳地区固有的重商传统似乎不无关系。苏秦兄弟嫂妹妻妾的言语中，也透露出洛阳地区民众对为学者的不理解甚至歧视。《汉书·地理志下》对洛阳地区的民风曾有"巧伪趋利，贵财贱义，高富下贫，憙为商贾，不好仕宦"[5]的评价。在这种重商的民风下，或许很难有学者成长起来。

---

[1]　《史记》卷一二九《货殖列传》，第3265、3279页。
[2]　王利器校注：《盐铁论校注》卷一《力耕》，北京：中华书局，1992年，第29页。
[3]　王利器校注：《盐铁论校注》卷一《通有》，第41页。
[4]　《史记》卷六九《苏秦列传》，第2241页。
[5]　《汉书》卷二八下《地理志下》，第1651页。

随着西汉定都长安，长安地区的文化水平才开始迅速提高。刘汝霖《汉晋学术编年》"汉太祖高皇帝五年己亥（前202）"条记录了两件史事，一是田何徙关中，一是伏生以《尚书》教于齐鲁之间。[1] 王子今认为："这是颇可以代表当时学界决定大局势的重要事件。即儒学战乱后在齐鲁地区复苏，同时在关中取得了新的学术据点。易学大师田何'以齐田徙杜陵，号杜田生'，标志着关中地区成为儒学一个新的重心区域。"[2]汉武帝时，在长安设立太学，中央的文化事业得以迅速发展，"自此以来，公卿大夫士吏彬彬多文学之士矣"[3]。班固在《汉书·匡张孔马传》的赞语中写道："自孝武兴学，公孙弘以儒相，其后蔡义、韦贤、玄成、匡衡、张禹、翟方进、孔光、平当、马宫及当子晏咸以儒宗居宰相位，服儒衣冠，传先王语。"[4]中央权力的掌控者，由汉初的功臣、功臣子，逐渐转变为汉武帝之后的以儒生为主体的贤臣。而史籍所见"雒阳虞初"事迹，可以看作是洛阳地区文化发展的典型。[5]

武帝时，博士子弟只有五十人。[6] 此后，"昭帝时举贤良文学，增博士弟子员满百人，宣帝末增倍之。元帝好儒，能通一经者皆复。数年，以用度不足，更为设员千人，郡国置《五经》百石卒史。

---

[1] 刘汝霖：《汉晋学术编年》，北京：中华书局，1987年，第5—6页。

[2] 王子今：《秦汉区域文化研究》，第305页。

[3] 《汉书》卷八八《儒林传》，第3596页。

[4] 《汉书》卷八一《匡张孔马传》，第3366页。

[5] 参见王子今《"雒阳虞初"事迹考》，《河洛史志》1996年第2期。

[6] 《汉书》卷八八《儒林传》："为博士官置弟子五十人。"（第3594页）

成帝末,或言孔子布衣养徒三千人,今天子太学弟子少,于是增弟子员三千人"[1]。

平帝时,王莽上书,"起明堂、辟雍、灵台,为学者筑舍万区……立《乐经》,益博士员,经各五人。征天下通一艺教授十一人以上,及有逸《礼》、古《书》、《毛诗》、《周官》、《尔雅》、天文、图谶、钟律、月令、兵法、《史篇》文字,通知其意者,皆诣公车"[2]。王莽早年"受《礼经》,师事沛郡陈参,勤身博学,被服如儒生"[3]。尽管后人对王莽的很多做法斥为虚伪,但他对文化事业的发展却是值得肯定的。

东汉政权的建立,离不开士人的支持。赵翼《廿二史札记》卷四"东汉功臣多近儒"条:

> 西汉开国,功臣多出于亡命无赖,至东汉中兴,则诸将帅皆有儒者气象,亦一时风会不同也。光武少时,往长安,受《尚书》,通大义。及为帝,每朝罢,数引公卿郎将讲论经理。故樊准谓帝虽东征西战,犹投戈讲艺,息马论道。是帝本好学问,非同汉高之儒冠置溺也。而诸将之应运而兴者,亦皆多近于儒。如邓禹,年十三能诵《诗》,受业长安,早与光武同游学,相亲附,其后佐定天下。有子十三人,使各守一艺,修整闺门,教

---

[1]　《汉书》卷八八《儒林传》,第 3596 页。
[2]　《汉书》卷九九上《王莽传上》,第 4069 页。
[3]　《汉书》卷九九上《王莽传上》,第 4039 页。

养子孙，皆可为后世法（《禹传》）。寇恂性好学，守颍川时，修学校，教生徒，聘能为《左氏春秋》者，亲受学焉（《恂传》）。冯异好读书，通《左氏春秋》《孙子兵法》（《异传》）。贾复少好学，习《尚书》，事舞阴李生。生奇之，曰："贾君容貌志气如此，而勤于学，将相之器也。"后佐定天下，知帝欲偃武修文，不欲武臣典兵，乃与邓禹去甲兵，敦儒学。帝遂罢左右将军，使以列侯就第。复阖门养威重（《复传》）。耿弇父况，以明经为郎，学《老子》于安邱先生。弇亦少好学，习父业（《弇传》）。祭遵少好经书，及为将，取士必用儒术。对酒设乐，常雅歌投壶（《遵传》）。李忠少为郎，独以好礼修整称。后为丹阳太守，起学校，习礼容，春秋乡饮，选用明经，郡中向慕之（《忠传》）。朱祐初学长安，光武往候之，祐不时见，先升舍，讲毕乃见。后以功臣封鬲侯，帝幸其第，笑曰："主人得无舍我讲乎。"（《祐传》）郭凉虽武将，然通经书，多智略（《凉传》）。窦融疏言："臣子年十五，教以经艺，不得观天文谶记。"（《融传》）他如王霸、耿纯、刘隆、景丹，皆少时游学长安，见各本传。是光武诸功臣，大半多习儒术，与光武意气相孚合。盖一时之兴，其君与臣本皆一气所钟，故性情嗜好之相近，有不期然而然者，所谓有是君即有是臣也。[1]

---

[1]　[清]赵翼著，王树民校证：《廿二史札记校证》卷四"东汉功臣多近儒"条，北京：中华书局，1984年，第90—91页。

光武帝即位，"爱好经术，未及下车，而先访儒雅，采求阙文，补缀漏逸"[1]。新统治集团对学术和人才的重视，收到了良好效果：

> 先是四方学士多怀协图书，遁逃林薮。自是莫不抱负坟策，云会京师，范升、陈元、郑兴、杜林、卫宏、刘昆、桓荣之徒，继踵而集。于是立《五经》博士，各以家法教授，《易》有施、孟、梁丘、京氏，《尚书》欧阳、大小夏侯，《诗》齐、鲁、韩，《礼》大小戴，《春秋》严、颜，凡十四博士，太常差次总领焉。[2]

光武帝重设太学，"起太学博士舍、内外讲堂，诸生横巷，为海内所集"[3]。汉明帝曾亲临太学讲经，提倡儒学。汉明帝还曾"为功臣子孙、四姓末属别立校舍，搜选高能以受其业，自期门羽林之士，悉令通《孝经》章句，匈奴亦遣子入学"[4]。汉顺帝时，"乃更修黉宇，凡所造构二百四十房，千八百五十室。试明经下第补弟子，增甲乙之科员各十人，除郡国耆儒皆补郎、舍人"[5]。汉质帝时，梁太后诏曰："大将军下至六百石，悉遣子就学，每岁辄于乡射月一飨会之，以此为常。自是游学增盛，至三万余生。"[6]

---

[1] 《后汉书》卷七九上《儒林传上》，第2545页。
[2] 《后汉书》卷七九上《儒林传上》，第2545页。
[3] 《后汉书》卷四八《翟酺传》，第1606页。
[4] 《后汉书》卷七九上《儒林传上》，第2546页。
[5] 《后汉书》卷七九上《儒林传上》，第2547页。
[6] 《后汉书》卷七九上《儒林传上》，第2547页。

据王子今推断，东汉洛阳人口大约有 19.3 万人[1]，数量达三万余人的太学生竟然占洛阳人口的 15.6%，比例之高，令人惊叹。

二 长安、洛阳的文化名族

西汉陵邑制度设立的初衷是"强干弱枝"。西汉五陵区的居民大多是移民而来的关东世家豪强。汉高祖时，"徙齐诸田，楚昭、屈、景及诸功臣家于长陵。后世世徙吏二千石、高訾富人及豪桀并兼之家于诸陵"。由于各地豪族的到来，五陵区的文化碰撞十分激烈，形成了"五方杂厝，风俗不纯。其世家则好礼文，富人则商贾为利，豪杰则游侠通奸"的独特文化风貌[2]。朱云就是这种独特文化风貌下的代表。据《汉书·朱云传》载，朱云"鲁人也，徙平陵。少时通轻侠，借客报仇。长八尺余，容貌甚壮，以勇力闻。年四十，乃变节从博士白子友受《易》，又事前将军萧望之受《论语》，皆能传其业"[3]。

班固《西都赋》中写道：

> 若乃观其四郊，浮游近县，则南望杜、霸，北眺五陵，名都对郭，邑居相承，英俊之域，黻冕所兴，冠盖如云，七相五公。

---

[1] 王子今：《秦汉区域文化研究》，第 125 页。
[2] 《汉书》卷二八下《地理志下》，第 1642 页。
[3] 《汉书》卷六七《朱云传》，第 2912 页。

与乎州郡之豪杰,五都之货殖,三选七迁,充奉陵邑,盖以强干
弱枝,隆上都而观万国。[1]

所谓"七相五公",李贤注曰:"七相谓丞相车千秋,长陵人,黄霸、王
商,并杜陵人也,韦贤、平当、魏相、王嘉,并平陵人也。五公谓田蚡
为太尉,长陵人,张安世为大司马,朱博为司空,并杜陵人,平晏为司
徒,韦赏为大司马,并平陵人也。"[2] 王云渠指出:"平陵似兼有'文
化城市'性质。《儒林传》中,平陵人颇多。张山拊、郑宽中、涂恽、
士孙张、吴章、平当,皆隶平陵,但以说经见称。朱云折五鹿之角,云
亦隶籍平陵。东汉贾逵,世传《左传》,逵亦由先世徙居平陵者也。
平陵之学问思想空气浓厚,此平陵之特色也。"[3]

据王子今统计,《汉书》中出身关中的名人有 42 人,出身于诸
陵邑的名人就有 30 人,占 71.43%。其中班固单为立传的 34 人中,
出身诸陵邑的计 22 人,占 68.75%。[4] 卢云认为,在西汉的文化发
达区就已经出现了士族,据他所统计的士族,京兆尹有刘向家族、冯
奉世家族、杜周家族、萧望之家族、韦贤家族。右扶风有董仲舒家

[1]　《后汉书》卷四〇上《班固传》,第 1338 页。
[2]　《后汉书》卷四〇上《班固传》,第 1339 页。
[3]　王云渠:《西汉徙民于诸陵考》,《师大史学丛刊》1931 年第 1 卷第 1 期。
[4]　王子今:《秦汉区域文化研究》,第 43 页。

族、平当家族。[1] 除此之外，孔霸家族也应计入士族之列。[2]

值得注意的是，这些家族中，除了刘向、孔霸家族外，均是从各地徙家于五陵区的。[3]《汉书·冯奉世传》："冯奉世字子明，上党潞人也，徙杜陵。"[4]《汉书·杜周传》："杜周，南阳杜衍人。"[5] "杜周武帝时徙茂陵，至延年徙杜陵。"[6]《汉书·萧望之传》："萧望之字长倩，东海兰陵人也，徙杜陵。"[7]《汉书·韦贤传》："韦贤字长孺，鲁国邹人也。"[8] "贤以昭帝时徙平陵，玄成别徙杜陵。"[9]《汉书·董仲舒传》："董仲舒，广川人也。"[10] "家徙茂陵，子及孙皆以学至大官。"[11]《汉书·平当传》："祖父以訾百万，自下邑徙平陵。"[12] 其中，韦贤"昭帝时徙平陵"，其子韦玄成"别徙杜陵"；杜周"武帝时徙茂陵"，至杜延年"徙杜陵"，说明诸陵邑之间也有徙家现象。这些家族大部分来自齐鲁地区，具有较好的学术背

---

[1] 卢云：《汉晋文化地理》，第34页。

[2] 据《汉书》卷八一《孔光传》载，孔光之父孔霸元帝时被征召，"赐爵关内侯，食邑八百户，号褒成君，给事中，加赐黄金二百斤，第一区，徙名数于长安"。师古注："名数，户籍也。"（第3353页）

[3] 刘向和孔霸家族虽在长安发展，但与五陵区的士族也颇有相似之处。

[4] 《汉书》卷七九《冯奉世传》，第3293页。

[5] 《汉书》卷六〇《杜周传》，第2659页。

[6] 《汉书》卷六〇《杜周传》，第2683页。

[7] 《汉书》卷七八《萧望之传》，第3271页。

[8] 《汉书》卷七三《韦贤传》，第3101页。

[9] 《汉书》卷七三《韦玄成传》，第3115页。

[10] 《汉书》卷五六《董仲舒传》，第2495页。

[11] 《汉书》卷五六《董仲舒传》，第2525页。

[12] 《汉书》卷七一《平当传》，第3048页。

景,他们的到来无疑对儒学在关中的发展起了推动作用。还应该注意的是,虽然他们都出身陵邑,但大部分生平事迹还是与长安有关。

东汉时,弘农杨氏四世三公,杨震、杨秉、杨赐、杨彪皆位至太尉。杨氏家族的显赫,带有浓厚的学术色彩。杨震之父杨宝,"习《欧阳尚书》。哀、平之世,隐居教授"。杨震"少好学,受《欧阳尚书》于太常桓郁,明经博览,无不穷究。诸儒为之语曰:'关西孔子杨伯起。'"他客居于湖,"不荅州郡礼命数十年"[1],直到五十岁,才始仕州郡。杨震之子杨秉"少传父业,兼明《京氏易》,博通书传,常隐居教授。"[2]杨震之孙杨赐"少传家学,笃志博闻。常退居隐约,教授门徒,不荅州郡礼命。"[3]杨震曾孙杨彪"少传家学"[4]。《后汉书·杨修传》:"自震至彪,四世太尉,德业相继,与袁氏俱为东京名族云。"[5]"东京名族"的说法,值得注意。考察杨氏家族的活动可知,他们的主要活动地域是在东京洛阳。

杨震饮鸩自杀之后,停丧陕县,"露棺道侧,谪震诸子代邮行书,道路皆为陨涕"[6]。顺帝时,杨震平反,依礼改葬华阴,"远近毕至"[7]。《隶释》卷一二《太尉杨震碑》记载了杨震孙杨统门人为杨震立碑之事。据洪适考证,此碑"盖建宁以后刻者,去杨公物故时

---

[1]《后汉书》卷五四《杨震传》,第 1759 页。
[2]《后汉书》卷五四《杨秉传》,第 1769 页。
[3]《后汉书》卷五四《杨赐传》,第 1775 页。
[4]《后汉书》卷五四《杨彪传》,第 1786 页。
[5]《后汉书》卷五四《杨修传》,第 1790 页。
[6]《后汉书》卷五四《杨震传》,第 1767 页。
[7]《后汉书》卷五四《杨震传》,第 1767 页。

已四十余年"[1]。为其立碑者共有一百九十余人，立碑者籍贯有河东、汝南、河间、中山、彭城、魏郡、东郡、陈留、勃海、南阳、左冯翊、京兆尹、钜鹿等地。在事隔四十余年后，全国各地知识人还为杨震立碑，也说明了杨氏家族的文化影响力。

后人对杨震家族墓地仍凭吊不断。《太平御览》卷五九一引《唐书》曰："贞观十一年，太宗幸洛阳，遣使祭汉太师杨震墓。"[2]明嘉靖时建置墓祠，万历时拓地环以墙垣，兴建享堂、翼室等；清顺治、康熙、嘉庆年间修葺、立石，增建"四知坊"等[3]。可见杨氏家族在地方上的影响力。

以上笔者尝试通过对两汉博士籍贯与活动的统计，探讨了汉代儒学的空间流布和学术重心的转移。限于笔者的学力和精力，这一尝试仅浮于表面，并未进行深入探讨，对于 GIS 技术，也未能加以利用。因此，很难说笔者的尝试是成功的。张伟然在回顾学界对历史文化地理的研究方法时，曾有很深的思考，他指出：

> 中国人思考文化的地域差异，一个惯常的思路是比较各地的文化发展水平，特别是各地所出文化人物的多寡。因而，在历史文化地理研究兴起之初，一时间风起云涌的是对各地

［1］ ［宋］洪适：《隶释》卷一二，北京：中华书局，1985 年，第 137 页。
［2］ ［宋］李昉等：《太平御览》卷五九一，北京：中华书局，1960 年，第 2662 页。
［3］ 张在明主编：《中国文物地图集·陕西分册》，西安：西安地图出版社，1998 年，第 581 页。

文化人物的统计分析，由此兼及各地的文教设施、文化成果等相关指标。与此同时，受到文化人类学等相关学科的渗透，对历史方言、宗教、民间风俗等文化要素的地域差异的探讨渐次兴起，由此上升到对地域文化综合体的思考。

20 世纪 90 年代后期，一个新的问题出现在历史文化地理学者面前：我们可以按照现代科学概念，设定种种文化指标，勾画出古代的文化区域，然而，这些所谓区域是否符合古人的亲身感受？如果不符合，这种研究结论到底有多少学术意义？由此兴起了对古人心目中的文化区域的讨论。由点及面，又兴起了对古代文化认知过程、认知机理的探讨。文化与历史地理学的其他研究对象有所不同，它不是一个纯客观的东西。站在"自我"与"他者"的角度，很可能有截然不同的感受。一般来说，对历史文化水平进行分析、探讨历史文化的地域差异，基本上是采取"他者"立场，希望得出一些科学结论。表面看来，这种研究是很"硬"的，因为所依凭的都是一些客观证据。然而实际上，对分区指标的考量和选定，却是一个主观过程。可以说，研究者选择什么样的分区指标，就有什么样的分区方案。比较极端的情况是，有多少种分区指标，就会有多少种分区结果。

相比之下，关于文化认知的研究似乎要"软"得多。因为认知是一个心理过程，很容易出现个体差异。可是事实上，历史文化地理研究要面对的认知，并不是研究者自己的认知，而是古人的认知。这种认知是不以研究者的个人意志为转移的。研究者的任务，是要复原、重构这种认知。对于尊重证据的研究者来说，这其实是一项很"硬"的工作。[1]

对于张伟然的观点，笔者深表赞同。笔者在研究过程中，亦时时感到这种"软"性的文化认知与"硬"性的科学研究之间的背离。就研究的原始材料而言，大多数博士在史书中只留下了只字片纸。他们可能是《儒林传》中一笔带过的"长孙顺"[2]，也可能是一次奏疏中位列末席的"博士将行"[3]，有的博士甚至连完整的姓名都未曾留下。即使是那些在正史中有单独传记的博士，史书中大多也只是对他们的学术背景和学术贡献进行简单介绍，对于他们真正的学术影响，我们其实很难获知。以这样残碎的材料所拼接出的汉代知识人的学术图景，无疑是片面的。而每位博士的人生经历、学术成就各不相同，两汉四百多年的时间跨度和空间环境的变化，也让笔者很难找到一个统一的标准进行归类统计。正如张伟然所说，"对分区指标的考量和选定"，其实"是一个主观过程"。看似"硬"性的科学研究，其实离真正的客观公正还有不小的距离。而作为"软"性的文化认知，也实在无法完全用"硬"性的科学研究加以概括。虽然

---

[1]　张伟然：《历史文化地理研究的"软"与"硬"》，《云南大学学报（社会科学版）》2018年第1期。

[2]　《汉书》卷八八《儒林传·赵子》："（王吉）授淄川长孙顺。顺为博士。"（第3614页）

[3]　《史记》卷三〇《三王世家》："臣青翟、臣汤、博士臣将行等伏闻康叔亲属有十，武王继体，周公辅成王，其八人皆以祖考之尊建为大国。"（第2108页）

笔者对博士群体标准的划分未必完全准确，对汉代文化重心变化的认识可能相对主观，但笔者已经尽力站在"他者"的角度，从一个小小的侧面展现汉代儒学的历史发展与空间流布，展现古人的"自我"认知。当然，这样的分析和研究都是很初步的，希望笔者对博士群体相关资料的初步整理能够为学界的下一步研究有所帮助。

附　录

说　明

一、两汉博士制度的研究，历来受到史家关注。张汉东的《论秦汉博士制度》、方麟《秦汉博士制度研究综述》对明清以来两汉博士制度的研究情况论之甚详，此处不再赘述。[1] 清人对两汉博士人物的考订，主要有张金吾的《两汉五经博士考》[2]（以下简称张书）和胡秉虔的《汉西京博士考》[3]。张金吾在《两汉五经博士考》中指出，"有明著述，除地志、家乘本不足据外，如《万姓通谱》，采摭广博，谬误附会，均所不免。所载良燮、比人交、鲑湛云诸人，未审究

［1］　张汉东：《论秦汉博士制度》，附录于安作璋、熊铁基著《秦汉官制史稿》，第409—492页；方麟：《秦汉博士制度研究综述》，北京大学《儒藏》编纂与研究中心编《儒家典籍与思想研究》，北京：北京大学出版社，2010年，第683—707页。

［2］　张金吾：《两汉五经博士考》，丛书集成初编，北京：中华书局，1985年。

［3］　胡秉虔：《汉西京博士考》，丛书集成初编，北京：中华书局，1985年。

系何本,不敢据以采入"[1]。可见,作者在写作时对当时所见汉代博士的资料,是经过一定筛选的,但张氏书中仍有谬误疏漏,王国维的《书绩谿胡氏〈西京博士考〉昭文张氏〈两汉博士考〉后》一文,对张、胡二书的考证做了订正,"胡书西京博士一百十四人中,其不可信者十七人。张书两汉博士二百四十二人,其不可信者八十三人"[2]。王国维除作《汉魏博士考》考订博士制度外,又作《汉魏博士题名考》,共考订两汉博士154人,但王国维对正史之外的资料轻易否定,矫枉过正。[3] 张汉东先生《论秦汉博士制度》一文附录《秦汉博士表》(以下简称张表)综合前人成果,考订两汉博士共185人,是此前所见最为完备的考订。

王国维《书绩谿胡氏〈西京博士考〉昭文张氏〈两汉博士考〉后》一文批评张书说"古书及石刻所云'博士征'者,皆征而不至者也。"[4]根据这一观点,王氏订正了张书的错误。张汉东《论秦汉博士制度》对汉代征召选任博士的习用语,如"征为博士""征拜博士""征试博士""征博士""博士征"等进行了考订,修订了王国维的

[1] 张金吾:《覆陈君子准论五经博士书》,收入其著《两汉五经博士考》,第3页。

[2] 王国维:《书绩谿胡氏〈西京博士考〉昭文张氏〈两汉博士考〉后》,收入其著《观堂集林》,第1068页。

[3] 王国维:《汉魏博士题名考》,收入其著《王国维遗书》,上海:上海古籍出版社,1983年,第11册,第1—60页。

[4] 王国维:《书绩谿胡氏〈西京博士考〉昭文张氏〈两汉博士考〉后》,收入其著《观堂集林》,第1067页。

说法,认为"博士征"多有征而不至者,但并非"皆征而不至者"[1]。张汉东先生的观点应更为合理。东汉侯瑾、郑玄二人就属于征而不至的知识人。《后汉书》卷八〇《文苑传》载,侯瑾"州郡累召,公车有道征,并称疾不到"。郑玄多次被征召,但均遭拒绝,只有一次迫不得已应召,还是"不受朝服,而以幅巾见。一宿逃去"[2]。但《艺文类聚》卷六二引王隐《晋书》云:"汉末博士燉煌侯瑾,善内学。"[3]《后汉书》卷七一《朱儁传》也有"博士郑玄"[4]的说法。这说明二人很可能被征为博士,但都征而不至,而博士的称号却成为时人认可的尊称。

笔者在前人基础之上,对两汉博士重新加以考订,增加了"仕宦经历""活动地域"两项,对张表的疏漏进行了修订,增加欧阳生、贯长卿、欧阳歙、樊英、高承、鲁胜、弦诉、陆骏、孔衍、胥君安、安、庆、显等文献中有明确记载的博士,共考订两汉博士 198 人。

二、关于博士活动地点的统计方法说明如下:每一位博士的 1 个活动地点(精确到郡级行政单位,司隶地区精确到县级行政单位)视作 1 人次,进行叠加计算。但需要说明的一点是,由于上文所述知识人流动性,汉代博士一生中往往在同一地区多次出现。如西

　　[1]　张汉东:《论秦汉博士制度》,附录于安作璋、熊铁基著《秦汉官制史稿》,第 471 页。

　　[2]　《后汉书》卷三五《郑玄传》,第 1208 页。

　　[3]　[唐]欧阳询撰,汪绍楹校:《艺文类聚》卷六二,北京:中华书局,1965 年,第 1116 页。

　　[4]　《后汉书》卷七一《朱儁传》,第 2312 页。

汉何武,他年轻时"诣博士受业",后来"以射策甲科为郎"[1]。其后,他先后任鄂令、谏大夫、扬州刺史、丞相司直、清河太守、谏大夫、兖州刺史、司隶校尉、京兆尹、楚内史、沛郡太守、廷尉、御史大夫、前将军等职,其间还有"坐法免归"的情况。[2] 他一生辗转多地,在长安就出现过六次。由于笔者在这里讨论的是博士的活动地域,因此对何武这样多次在同一地区出现的情况均视作 1 人次。

对于秦汉之际、汉魏之际的博士,只统计其在汉代的活动。

对于两汉之际的博士,以其征拜博士时所在时代为划分依据。其实际活动地点则按时代归入各自相应时段。

三、关于本表涉及的行政区划,均以谭其骧主编《中国历史地图集·秦、西汉、东汉时期》为准。[3] 政区发生变化者,均经过考证计入标准政区年代的相应郡国。需要指出的是,西汉刺史有无治所历来说法不一,目前学界大致认为,西汉时刺史已有治所,但各刺史

---

[1]　《汉书》卷八六《何武传》,第 3481 页。

[2]　《汉书》卷八六《何武传》,第 3481 页。

[3]　谭其骧主编:《中国历史地图集》第 2 册《秦、西汉、东汉时期》,北京:中国地图出版社,1982 年。该册《西汉时期图组编例》指出,"《汉书·地理志》所载郡、国名称是平帝元始二年(公元 2 年)的制度,但郡、国辖境系成帝元延(公元前 12—前 9 年)、绥和(公元前 8—前 7)之际的情况,今从《汉志》记载画出郡、国辖境改用元延、绥和之际的郡、国名称(参考周振鹤《西汉政区地理》,人民出版社 1987 年版)。"《东汉时期图组编例》指出,"郡、国、属国的名称、辖境和治所,都按《续汉书·郡国志》画出。《续汉志》所载以顺帝永和五年簿籍为据,但是年九月上郡、朔方二郡已内徙于冯翊、五原,而《续汉志》仍列出全部属县;章帝章和元年置阜陵国,永和时见在,而《续汉志》竟不载,因无可确考,故从《续汉志》画出。"

治所的地点,仍不能完全确定。[1] 本表所涉西汉刺史列入该州博士活动总数,东汉刺史则依照刺史治所所在地进行统计。

表 1　两汉博士表

时期 [2]	姓名	籍贯	学派	任博士途径	仕宦经历	活动地域[3]	出处
高帝	叔孙通	鲁国薛	儒	制礼仪	博士、太常、太子太傅、太常	长安[4]	《史记》卷九九《刘敬叔孙通列传》、卷四三《叔孙通传》
	随何		儒		谒者、护军中尉、博士[5]	长安	《史记》卷九一《黥布列传》、《元和姓纂》卷二
惠帝	孔襄	鲁	儒		博士、长沙太傅[6]	长安、长沙	《汉书》卷八一《孔光传》

---

[1]　参见[清]王鸣盛《十七史商榷》卷五七"扬州刺史治所"条,北京:商务印书馆,1958 年,第 531 页;严耕望《中国地方行政制度史甲部——秦汉地方行政制度》,第 281—282 页;安作璋、熊铁基《秦汉官制史稿》,第 522—523 页;邓攀《西汉州治问题辨析——兼论汉代扬州治所》,《南京晓庄学院学报》2017 年第 1 期。

[2]　本表所指时期,以知识人拜授博士时在位皇帝为准。

[3]　本表所指活动地域,仅指知识人离家出仕或游学之后的活动地域,不包括早年在家乡的活动。

[4]　叔孙通在秦代即为博士,本表只录其在汉代的活动地域。

[5]　《元和姓纂》卷二:"汉有博士随何。"([唐]林宝撰,岑仲勉校记:《元和姓纂》卷二,北京:中华书局,1994 年,第 80 页)

[6]　张表:"孔襄又名孔腾。《世家》云迁为'长沙太守',惠帝时长沙为国,无太守职,疑是'太傅'之误。"(第 477 页)按,《汉书》卷八一《孔光传》:"鲋弟子襄为孝惠博士,长沙太傅。"(第 3352 页)

续表

时期	姓名	籍贯	学派	任博士途径	仕宦经历	活动地域	出处
文帝	公孙臣	鲁	五行	上书	博士	鲁、长安	《史记》卷一〇《孝文本纪》
	贾谊	洛阳	诸子	廷尉推荐	博士、太中大夫、长沙王太傅、梁怀王太傅	洛阳、长安、长沙国、梁国	《史记》卷八四《屈原贾生列传》、《汉书》卷四八《贾谊传》
	晁错	颍川	申商刑名、尚书[1]	门大夫迁	太常掌故、太子舍人、门大夫、博士、太子家令、中大夫、内史、御史大夫	轵、长安、济南	《史记》卷一〇一《袁盎晁错列传》、《汉书》卷四九《晁错传》
	申培	鲁	鲁诗、穀梁	为诗最精	楚国中大夫、博士、楚国中大夫、太中大夫	齐、楚国、长安、鲁	《史记》卷一二一《儒林列传》、《汉书》卷三六《楚元王传》
	韩婴	燕	韩诗、易		博士、常山王太傅	长安、常山国	《汉书》卷八八《儒林传·韩婴》
景帝	辕固	齐	齐诗	治诗	博士、清河王太傅	齐、长安、清河国	《史记》卷一二一《儒林列传》、《汉书》卷八八《儒林传·辕固》
	张生	济南	尚书		博士	济南、长安	《史记》卷一二一《儒林列传》

[1] 张表以晁错习《尚书》(第477页)。据《史记》卷一〇一《袁盎晁错列传》,晁错还曾"学申商刑名于轵张恢先所,与雒阳宋孟及刘礼同师。"(第2745页)

续表

时期	姓名	籍贯	学派	任博士途径	仕宦经历	活动地域	出处
	董仲舒	广川	公羊	治公羊	博士、江都相、中大夫、胶西相	广川、长安、江都国、胶西国	《汉书》卷五六《董仲舒传》
	胡母生	齐	公羊	治公羊[1]	博士	齐、长安	《史记》卷一二一《儒林列传》、《汉书》卷八八《儒林传·胡母生》
武帝	鲁赐	砀	鲁诗		博士、东海太守	长安、东海	《史记》卷一二一《儒林列传》
	徐偃	兰陵	鲁诗		博士、太常丞、胶西中尉	长安、胶西国	《史记》卷一二一《儒林列传》、《汉书》卷六四《终军传》
	周霸		鲁诗		博士、胶西内史	长安、胶西国	《史记》卷一二一《儒林列传》
	夏宽		鲁诗		博士、城阳内史	长安、城阳国	《史记》卷一二一《儒林列传》
	缪生	兰陵	鲁诗		博士、长沙内史	长安、长沙国	《史记》卷一二一《儒林列传》
	阙门庆忌	邹	鲁诗		博士、胶东内史	长安、胶东国	《史记》卷一二一《儒林列传》
	韩商	燕	韩诗		博士	长安	《史记》卷一二一《儒林列传》

[1]　《汉书》卷八八《儒林传·胡母生》:"(胡母生)治《公羊春秋》,为景帝博士。"(第3615页)张表未录。

续表

时期	姓名	籍贯	学派	任博士途径	仕宦经历	活动地域	出处
	蔡义[1]	温	韩诗		博士、覆盎城门候[2]、侍中、光禄大夫给事中、少府、御史大夫、丞相	长安	《史记》卷二〇《建元以来侯者年表》、《汉书》卷六六《蔡义传》
	孔安国	鲁	尚书	治书	博士、谏大夫、临淮太守	长安、临淮	《史记》卷四七《孔子世家》、《汉书》卷八八《儒林传》
	孔延年	鲁	尚书	治书	博士	长安	《汉书》卷八一《孔光传》
	欧阳高	千乘	欧阳尚书		博士	长安	《汉书》卷八八《儒林传》
	高堂生	鲁	礼		博士	长安	《仪礼》卷一《士冠礼》贾公彦疏引《汉书》
	田王孙	砀	易		博士	长安	《汉书》卷八八《儒林传》

[1] 《汉书》卷八八《儒林传·赵子》作"蔡谊"(第3614页)。

[2] 《史记》卷二〇《建元以来侯者年表》作"杜城门候"(第1062页)。

续表

时期	姓名	籍贯	学派	任博士途径	仕宦经历	活动地域	出处
	公孙弘	菑川薛	公羊	贤良	县狱吏、博士[1]、博士[2]、左内史、御史大夫、丞相	薛、长安	《汉书》卷五八《公孙弘传》
	大江公[3]	鲁	鲁诗、穀梁		博士	长安	《汉书》卷八八《儒林传》
	褚大	兰陵	通五经		博士、梁相	长安、梁国	《史记》卷一二一《儒林列传》、《汉书》卷二七中之下《五行志中之下》
	平				博士	长安	《史记》卷一二一《儒林列传》
	孔武	鲁			博士、临淮太守	长安、临淮	《东家杂记》卷下《续添袭封世系》

---

[1] 《汉书》卷五八《公孙弘传》:"弘年六十,以贤良征为博士。使匈奴,还报,不合意,上怒,以为不能,弘乃移病免归。"(第 2613 页)

[2] 《汉书》卷五八《公孙弘传》:"元光五年,复征贤良文学……拜为博士,待诏金马门。"(第 2613、2617 页)

[3] 《汉书》卷八八《儒林传》:"韦贤治诗,事博士大江公。"颜师古注引晋灼曰:"大江公即瑕丘江公也,以异下博士江公,故称大。"(第 3609 页)景祐本无"博士"二字,学者多疑其衍,张表以为当有"博士"二字:"推敲灼语,可知非衍,因同为博士,故以'大'字别之。又《经典释文·叙录》亦云瑕丘江公'武帝时为博士'。此均证大江公为博士。"(第 479 页)

时期	姓名	籍贯	学派	任博士途径	仕宦经历	活动地域	出处
	中				博士	长安	《汉书》卷六《武帝纪》
	安				博士、谏大夫	长安	《史记》卷六〇《三王世家》
	庆				博士、谏大夫	长安	《史记》卷六〇《三王世家》
	将行				博士	长安	《史记》卷六〇《三王世家》
	狄山	天水			博士	长安	《史记》卷一二二《酷吏列传》、《新唐书》卷七四下《宰相世系四下》
昭帝	韦贤	鲁国邹	鲁诗、礼、尚书	征召	博士给事中、光禄大夫、詹事、大鸿胪、长信少府、丞相	邹、长安	《汉书》卷七三《韦贤传》
	夏侯胜	东平	大夏侯尚书	征召	博士、光禄大夫、长信少府、谏大夫给事中、长信少府、太子太傅	长安	《汉书》卷七五《夏侯胜传》
	夏侯建	东平	小夏侯尚书	议郎迁	议郎、博士、太子少傅	长安	《汉书》卷七五《夏侯胜传》
	孔霸	鲁	大夏侯尚书		博士、太中大夫、詹事、高密相、给事中	长安、高密	《汉书》卷八一《孔光传》

续表

时期	姓名	籍贯	学派	任博士途径	仕宦经历	活动地域	出处
	后苍（仓）	东海郯[1]	礼、齐诗		博士、少府	长安	《汉书》卷八八《儒林传·后苍》、《汉书》卷一九下《百官公卿表下》
	眭弘	鲁国蕃	公羊		议郎、符节令、博士[2]	长安	《汉书》卷七五《眭弘传》、《宋书》卷二七《符瑞志上》
	隽舍				博士	长安	《汉书》卷六八《霍光传》
	德				博士	长安	《汉书》卷六八《霍光传》
	虞舍				博士	长安	《汉书》卷六八《霍光传》
	射				博士	长安	《汉书》卷六八《霍光传》
宣帝	薛广德	沛郡相	鲁诗	御史大夫荐举	御史大夫属、博士、谏大夫、长信少府、御史大夫	楚国、长安、相	《汉书》卷七一《薛广德传》

　　[1]　《汉书》卷八七《萧望之传》："（萧望之）好学，治《齐诗》，事同县后仓且十年。"（第3271页）萧望之为东海兰陵人，与《汉书》卷八八《儒林传·后苍》所言后苍为"东海郯人"不合（第3613页）。

　　[2]　《汉书》卷七五《眭弘传》："眭弘字孟。"（第3153页）《宋书》卷二七《符瑞志上》："博士眭孟。"（北京：中华书局，1974年，第769页）

续表

时期	姓名	籍贯	学派	任博士途径	仕宦经历	活动地域	出处
	江公[1]	山阳瑕丘	鲁诗、榖梁		博士	长安	《汉书》卷八八《儒林传》、《后汉书》卷二五《卓茂传》
	义倩[2]		鲁诗		博士	长安	《汉书》卷七三《韦玄成传》
	王式	东平新桃	鲁诗	博士荐举	博士	昌邑国、新桃、长安	《汉书》卷八八《儒林传·王式》

---

[1] 张表:"《汉书·儒林传》通榖梁之博士'江公孙'、世为鲁诗宗而与王式辩论之博士'江公'（又称'江翁'）以及《后汉书·卓茂传》之博士'江生'，均指一人，即大江公之孙也。江氏家传鲁诗与榖梁，因此江公兼通二经。《儒林传》云江博士征拜与卒年均在宣帝时。《卓茂传》则云,'茂,元帝时学于长安,事博士江生'。李贤注:'江生,鲁人江翁也。昭帝时为博士,号《鲁诗》宗,见前书。'两汉书及注矛盾复出,盖记事错乱耳。"（第481页）

[2] 张表以义倩为鲁国邹人。关于义倩,史籍只有一条记载,《汉书》卷七三《韦玄成传》:"（韦贤）门下生博士义倩等与宗家计议。"（第3108页）并未说明义倩为鲁国邹人。

续表

时期	姓名	籍贯	学派	任博士途径	仕宦经历	活动地域	出处
	褚少孙	东海兰陵[1]	鲁诗、春秋		博士、郎[2]	沛、长安	《史记》卷一二八《龟策列传》、《史记》卷一二《孝武本纪》裴骃《集解》、《史记》卷一二《孝武本纪》司马贞《索隐》、《史记》卷一二一《儒林列传》、《汉书》卷八八《儒林传·王式》
	张长安	山阳	鲁诗		博士、淮阳中尉	长安、淮阳	《汉书》卷八八《儒林传·王式》
	唐长宾	东平	鲁诗		博士、楚太傅	长安、楚国	《汉书》卷八八《儒林传·王式》
	白奇		齐诗		博士	长安	《汉书》卷七八《萧望之传》
	欧阳地余	千乘	欧阳尚书	太子中庶子迁	太子中庶子、博士、少府	长安	《汉书》卷八八《儒林传·欧阳生》

---

［1］《史记》卷一二《孝武本纪》司马贞《索隐》引韦棱云："《褚顗家传》褚少孙，梁相褚大弟之孙，宣帝代为博士，寓居于沛，事大儒王式，号为'先生'，续《太史公书》。"（第451页）据《史记》卷一二一《儒林列传》，褚大是董仲舒弟子，兰陵人，官至梁相，张表即据此以褚少孙为东海兰陵人。又《孝武本纪》司马贞《索隐》引张晏说，褚少孙为"颍川人，仕元成间。"（第451页）《汉书》卷八八《儒林传·王式》则称之为"沛褚少孙"（第3610页）。

［2］《史记》卷一二八《龟策列传》："褚先生曰：臣以通经术，受业博士，治《春秋》，以高第为郎，幸得宿卫，出入宫殿中十有余年。"（第3225页）

续表

时期	姓名	籍贯	学派	任博士途径	仕宦经历	活动地域	出处
	林尊	济南	欧阳尚书		博士、少府、太子太傅	长安	《汉书》卷八八《儒林传·林尊》
	张山拊	平陵	小夏侯尚书		博士、少府	长安	《汉书》卷八八《儒林传·张山拊》
	戴圣	梁	小戴礼		博士、九江太守、博士[1]	长安、九江	《汉书》卷八六《何武传》、《汉书》卷八八《儒林传·孟卿》
	施雠	沛	施氏易	少府荐举	博士	长陵、长安	《汉书》卷八八《儒林传·施雠》
	白子友		易		博士	长安	《汉书》卷六七《朱云传》
	贡禹	琅邪	公羊	征召	博士、凉州刺史、河南令、谏大夫、光禄大夫、长信少府、御史大夫	琅邪、长安、凉州、河南	《汉书》卷七二《贡禹传》
	严彭祖	东海下邳	公羊		博士、河南太守、东郡太守、左冯翊、太子太傅	长安、河南、东郡	《汉书》卷八八《儒林传·严彭祖》

---

[1] 张表："戴圣，小戴礼创始者，成帝时再任博士，见《何武传》。"（第482页）据《汉书》卷八八《儒林传·孟卿》："圣号小戴，以博士论石渠"（第3615页）。据此，戴圣曾参加宣帝时的石渠阁会议。又据《汉书》卷八六《何武传》，何武在成帝河平年间任扬州刺史，曾治时任九江太守戴圣之罪，"圣惧，自免。后为博士，毁武于朝廷"（第3482页）。可见戴圣曾在宣帝、成帝时两任博士，张说是。

续表

时期	姓名	籍贯	学派	任博士途径	仕宦经历	活动地域	出处
	王吉	琅邪皋虞	通五经	征召	郎、若卢右丞、云阳令、昌邑中尉、益州刺史、博士、谏大夫	长安、云阳、昌邑国、益州	《汉书》卷七二《王吉传》
元帝	翼奉	东海下邳	齐诗	中郎迁	中郎、博士、谏大夫	长安	《汉书》卷七五《翼奉传》
	匡衡	东海承	齐诗	郎中迁	太常掌故、平原文学、车骑将军议曹史、郎中、博士给事中、光禄大夫、太子少傅、光禄勋、御史大夫、丞相	长安、平原、承	《汉书》卷八一《匡衡传》、《汉书》卷八八《儒林传·后苍》
	师丹	琅邪东武	齐诗[1]	郎迁、州举茂材	郎、博士、博士[2]、东平王太傅、光禄大夫、丞相司直、光禄大夫给事中、少府、光禄勋、侍中、太子太傅、左将军、大司马、大司空	长安、东平、东武	《汉书》卷八六《师丹传》、《汉书》卷八八《儒林传》

---

　　［1］　张表言师丹习诗。据《汉书》卷八八《儒林传·后苍》，匡衡习齐诗，授师丹。

　　［2］　师丹两次为博士。《汉书》卷八六《师丹传》："（师丹）治《诗》，事匡衡。举孝廉为郎。元帝末，为博士，免。建始中，州举茂材，复补博士，出为东平王太傅。"（第3503页）

时期	姓名	籍贯	学派	任博士途径	仕宦经历	活动地域	出处
	郑宽中	平陵	小夏侯尚书		博士、光禄大夫	长安	《汉书》卷八八《儒林传》
	张禹	河内轵[1]	施氏易	郡文学迁	郡文学、博士、光禄大夫、东平内史、诸吏光禄大夫给事中、丞相	长安、东平国、莲勺	《汉书》卷八一《张禹传》
	朱云	鲁[2]	易	经学善辩	博士、杜陵令、槐里令	平陵、长安、杜陵、槐里	《汉书》卷六七《朱云传》
成帝	平当	平陵[3]	欧阳尚书	以明经为博士[4]	大行治礼丞、大鸿胪文学、顺阳长、栒邑令、博士给事中、丞相司直、朔方刺史、太中大夫给事中、长信少府、大鸿胪、光禄勋、钜鹿太守、骑都尉、光禄大夫诸吏散骑、光禄勋、御史大夫、丞相	长安、顺阳、栒邑、朔方、钜鹿	《汉书》卷七一《平当传》

[1]《汉书》卷八一《张禹传》："禹父徙家莲勺。"（第3347页）

[2]《汉书》卷六七《朱云传》："徙平陵。"（第2912页）

[3]《汉书》卷七一《平当传》："祖父以訾百万，自下邑徙平陵。"（第3048页）

[4]据《汉书》卷七一《平当传》："当少为大行治礼丞，功次补大鸿胪文学，察廉为顺阳长，栒邑令，以明经为博士"（第3048页），张表言"栒邑令迁"（第482页）。

时期	姓名	籍贯	学派	任博士途径	仕宦经历	活动地域	出处
	许商	长安	大夏侯尚书		博士、将作大匠、河堤都尉、詹事、少府、侍中、光禄大夫、大司农、光禄勋	长安	《汉书》卷八八《儒林传·周堪》、《汉书》卷二九《沟洫志》、《汉书》卷一九下《百官公卿表下》
	孔光	鲁[1]	大夏侯尚书	荐举	议郎、谏大夫、虹长、博士、尚书、尚书仆射、尚书令、诸吏光禄大夫给事中、光禄勋诸吏给事中、御史大夫、廷尉、左将军、丞相、光禄大夫给事中、御史大夫、丞相、大司徒、太傅给事中、太师	长安、虹	《汉书》卷八一《孔光传》

---

[1] 据《汉书》卷八一《孔光传》载,孔光之父孔霸成帝时"以师赐爵关内侯,食邑八百户,号褒成君,给事中,加赐黄金二百斤,第一区,徙名数于长安"。师古注:"名数,户籍也。"(第3353页)

续表

时期	姓名	籍贯	学派	任博士途径	仕宦经历	活动地域	出处
	彭宣	淮阳阳夏	施氏易	荐举[1]	博士、东平太傅、右扶风、廷尉、太原太守、大司农、光禄勋、右将军、左将军、光禄大夫、御史大夫、大司空	阳夏、长安、东平国、太原	《汉书》卷七一《彭宣传》
	翟方进	汝南上蔡	穀梁、左氏	议郎迁	郎、议郎、博士、朔方刺史、丞相司直、京兆尹、御史大夫、执金吾、丞相	上蔡、长安、朔方	《汉书》卷八四《翟方进传》
	驷胜				博士	长安	《汉书》卷九八《元后传》
	薛顺				博士	长安	《汉书》卷二五下《郊祀志下》
哀帝	龚舍	楚	通五经	征召	谏大夫、博士、太山太守	长安、太山、楚	《汉书》卷七二《龚舍传》
	吴章	平陵	尚书		博士	长安	《汉书》卷六七《云敞传》

[1] 据《汉书》卷七一《彭宣传》，彭宣"举为博士"（第3051页）。张表未录。

续表

时期	姓名	籍贯	学派	任博士途径	仕宦经历	活动地域	出处
	左咸	琅邪	颜氏公羊		博士、大司农、左冯翊[1]、复土将军、大鸿胪	琅邪、长安	《汉书》卷四三《韦贤传》、《汉书》卷八八《儒林传》、《汉书》卷一九下《百官公卿表下》
	夏侯常				博士	长安	《汉书》卷七二《两龚传》
	申咸	东海[2]			博士给事中	长安	《汉书》卷八三《薛宣传》
	炔钦	齐			博士	长安	《汉书》卷八六《师丹传》、《汉书》卷八八《儒林传·周堪》

[1] 《汉书》卷一九下《百官公卿表下》：“大司农左咸为左冯翊，三年为复土将军。”（第847页）《汉书补注》王先谦曰：“此复土将军治傅太后陵事，世讹即罢。然三辅治民，不能兼任也。‘咸’当为‘咸’。官本亦作‘咸’。”（［汉］班固撰，［清］王先谦补注，上海师范大学古籍整理研究所整理：《汉书补注》卷一九下《百官公卿表下》，上海：上海古籍出版社，2012年，第998页）当是。

[2] 《汉书》卷八三《薛宣传》：“哀帝初即位，博士申咸给事中，亦东海人也。”（第3394页）张表未录。

续表

时期	姓名	籍贯	学派	任博士途径	仕宦经历	活动地域	出处
平帝	王良	东海兰陵	小夏侯尚书		博士[1]、谏议大夫[2]、沛郡太守[3]、太中大夫、大司徒司直	兰陵、长安、洛阳	《后汉书》卷二七《王良传》、《太平御览》卷四五七引《汝南先贤传》
	苏竟	扶风平陵[4]	易、尚书		博士、讲《书》祭酒、代郡中尉[5]、代郡太守[6]、侍中	长安、代郡、洛阳、南阳	《后汉书》卷三〇上《苏竟传》
	金子严		左氏		博士	长安	《后汉书》卷三六《郑兴传》李贤注引《东观记》

　　[1]　王良字仲子，《后汉书》卷八二上《方术传上·郭宪》："郭宪字子横，汝南宋人也。少师事东海王仲子。时王莽为大司马，召仲子，仲子欲往。宪谏曰：'礼有来学，无有往教之义。今君贱道畏贵，窃所不取。'仲子曰：'王公至重，不敢违之。'宪曰：'今正临讲业，且当讫事。'仲子从之，日晏乃往。莽问：'君来何迟？'仲子具以宪言对，莽阴奇之。"（第 2708 页）此故事《太平御览》卷四五七引《汝南先贤传》作："郭宪字子横，学贯秘奥。师事东海王仲子，王莽为大司马，权贵倾朝。莽召仲子，欲令为儿讲。仲子闻即褰裳欲往，宪曰：'今君位为博士，为何轻身贱道？礼有来学，无往教之义，不宜轻道也。'于是仲子晏乃往，莽问：'君来何迟？'仲子俱以宪言答之，莽阴奇焉。"（第 2103 页）《汝南先贤传》言王良为博士。

　　[2]　谏议大夫以下皆为王良东汉时所任官职。

　　[3]　《后汉书》卷二七《王良传》："迁沛郡太守，至蕲县，称病不之府，官属皆随就之，良遂上疾笃，乞骸骨，征拜太中大夫。"（第 933 页）

　　[4]　《后汉书》卷三〇上《苏竟传》："苏竟字伯况，扶风平陵人也。"（第 1041 页）张表未录。

　　[5]　代郡中尉为苏竟王莽时所任官职。

　　[6]　代郡太守以下为苏竟东汉时所任官职。

续表

时期	姓名	籍贯	学派	任博士途径	仕宦经历	活动地域	出处
西汉时期不明者	欧阳生	千乘			博士[1]	长安	《汉书》卷八八《儒林传·欧阳生》、《后汉书》卷七九上《儒林传上·欧阳歙》、《古今姓氏书辩证》卷一九
	贯长卿	赵			博士[2]	长安	《汉书》卷八八《儒林传·毛公》、《通志》卷二九《氏族略五》
	欧阳歙	乐安千乘	欧阳尚书		博士、长社宰[3]、原武令[4]、河南都尉[5]、河南尹[6]、杨州牧、汝南太守、大司徒	长安、长社、原武、洛阳、历阳、汝南	《后汉书》卷七九《儒林传·欧阳歙》

[1]《古今姓氏书辩证》卷一九:"千乘之显者曰生,字伯和,仕汉为博士,以经名家,所谓欧阳《尚书》者是也。"([宋]邓明世撰,王力平点校:《古今姓氏书辩证》卷一九,南昌:江西人民出版社,2006 年,第 280 页)《后汉书》卷七九上《儒林传上·欧阳歙传》:"自欧阳生传《伏生尚书》,至歙八世,皆为博士。"(第 2555 页)

[2]《通志·氏族略五》:"(后汉)博士贯长卿。"([宋]郑樵:《通志》卷二九《氏族略五》,北京:中华书局,1987 年,第 478 页)

[3] 长社宰为王莽时欧阳歙所任官职。

[4] 原武令为更始帝时欧阳歙所任官职。

[5] 河南都尉为刘秀平河北后欧阳歙所任官职。

[6] 河南尹以下为东汉时欧阳歙所任官职。

续表

时期	姓名	籍贯	学派	任博士途径	仕宦经历	活动地域	出处
	许晏[1]	陈留	鲁诗		博士	长安	《汉书》卷八八《儒林传·王式》
	右师细君		鲁诗		博士	长安	《后汉书》卷八八《儒林传下·包咸》
	食子公[2]	河内	韩诗		博士	长安	《汉书》卷八八《儒林传·赵子》、《通志》卷二九《氏族略五》引《风俗通》
	长孙顺	淄川	韩诗		博士	长安	《汉书》卷八八《儒林传·赵子》
	殷崇	琅邪	欧阳尚书		博士	长安	《汉书》卷八八《儒林传·林尊》
	朱普	九江	欧阳尚书		博士	长安	《汉书》卷八八《儒林传·林尊》
	牟卿		大夏侯尚书		博士	长安	《汉书》卷八八《儒林传·周堪》
	冯宾	鲁	小夏侯尚书		博士	长安	《汉书》卷八八《儒林传·张山拊》
	徐良	琅邪	大戴礼		博士、州牧、郡守[3]	长安	《汉书》卷八八《儒林传·孟卿》

[1] 张表："《后汉书·独行传》为许晃。"（第484页）
[2] 《通志》卷二九《氏族略五》引《风俗通》："汉有博士食子通，河内人。"（第479页）当为一人。
[3] 徐良的任职地史载未明。

续表

时期	姓名	籍贯	学派	任博士途径	仕宦经历	活动地域	出处
	何武	蜀郡郫县	易		郎、鄂令、谏大夫、扬州刺史、丞相司直、清河太守、谏大夫、兖州刺史、司隶校尉、京兆尹、楚内史、沛郡太守、廷尉、御史大夫、大司空、御史大夫[1]、前将军、博士[2]	长安、鄂、郫、扬州、清河、兖州、楚国、沛郡、犨[3]	《汉书》卷七二《鲍宣传》、《汉书》卷八六《何武传》
	严望	九江	易		博士、泰山太守	长安、泰山	《汉书》卷六七《朱云传》
	严元	九江	易		博士	长安	《汉书》卷六七《朱云传》
	邴丹	琅邪	施氏易		博士[4]	长安	《汉书》卷八八《儒林传·施雠》、《通志》卷二七《氏族略三》

---

[1] 哀帝即位后,何武免职就国。五年后,又复征为御史大夫。

[2] 《汉书》卷七二《鲍宣传》:"故大司空何武、师丹、故丞相孔光、故左将军彭宣,经皆更博士,位皆历三公"(第3090页)。何武为博士具体时间不明。

[3] "犨"属南阳郡,《汉书》卷二八上《地理志上》作"犨"(第1563页)。

[4] 《通志》卷二七《氏族略三》:"汉有博士邴丹。"(第456页)

续表

时期	姓名	籍贯	学派	任博士途径	仕宦经历	活动地域	出处
	白光[1]	东海[2]	孟氏易		博士	长安	《汉书》卷八八《儒林传·孟喜》
	翟牧	沛	孟氏易		博士	长安	《汉书》卷八八《儒林传·孟喜》
	士孙张	平陵	梁丘易		博士、扬州牧、光禄大夫给事中	长安、扬州	《汉书》卷八八《儒林传·梁丘贺》
	殷嘉[3]	东海	京房易		郎、博士	长安	《汉书》卷八八《儒林传·京房》
	姚平	河东	京房易		中郎、博士	长安	《汉书》卷八八《儒林传·京房》、《汉书》卷七五《京房传》
	乘弘[4]	河南	京房易		郎、博士	长安	《汉书》卷八八《儒林传·京房》
	疏广	东海兰陵	公羊	征召	博士、太中大夫、少傅、太傅	兰陵、长安	《汉书》卷七一《疏广传》
	周庆	梁	穀梁		博士	鲁、长安	《汉书》卷八八《儒林传·瑕丘江公》

---

［1］ 张表："王国维以为白光即白子友。按白光名光，字少子，名字俱全，与白子友尽管同姓同经，却并非一人。因而，白子友与弟子朱云，再传弟子严望、严元，均不可断为习孟氏易。"（第484页）

［2］ 张表以白光为东海兰陵人。《汉书》卷八八《儒林传》载："（孟）喜授同郡白光少子、沛翟牧子兄，皆为博士。"（第3599页）只言孟喜与白光同郡（东海郡）。

［3］ 《汉书》卷三〇《艺文志》作"段嘉"（第1703页）。

［4］ 张表："王国维云：乘弘，《通志·氏族略》讹为'乘和'。"（第485页）

续表

时期	姓名	籍贯	学派	任博士途径	仕宦经历	活动地域	出处
	丁姓	梁	穀梁		博士、中山太傅	鲁、长安、中山国	《汉书》卷八八《儒林传·瑕丘江公》
	申章昌	楚	穀梁		博士、长沙太傅	长安、长沙国	《汉书》卷八八《儒林传·瑕丘江公》
	胡常[1]	清河	穀梁	明穀梁春秋	博士、青州刺史	长安、青州	《汉书》卷八四《翟方进传》、《汉书》卷八八《儒林传·房凤》
	孔骧	鲁	春秋三传		博士、弘农守	长安、弘农	《孔丛子》卷下《连丛》、《东家杂记》卷下《续添袭封世系》
	孔忠	鲁			博士	长安	《史记》卷四七《孔子世家》、《史记》卷六七《仲尼弟子列传》、《汉书》卷八一《孔光传》、《东家杂记》卷下《续添袭封世系》
	贤				博士	长安	《汉书》卷三〇《艺文志》

[1]　关于胡常的师承,《汉书》卷八八《儒林传》即有三说:"庸生授清河胡常少子"(第3607页);"(尹更始)传子咸及翟方进、胡常"(第3620页);"江博士授胡常"(第3619页)。张表:"亦治左氏与古文尚书。"(第485页)

续表

时期	姓名	籍贯	学派	任博士途径	仕宦经历	活动地域	出处
诸侯博士	白生	鲁国奄里	诗		楚元王博士[1]	楚国	《通志》卷二七《氏族略三》引《汉书》
	毛苌	赵	毛诗		河间献王博士[2]	河间国	《汉书》卷八八《儒林传·毛公》、《后汉书》卷七九下《儒林传下》
	贯公	赵	左氏		河间献王博士	河间国	《汉书》卷八八《儒林传·房凤》
王莽博士	袁圣				博士	长安	《汉书》卷九九中《王莽传中》
	李充				博士	长安	《汉书》卷九九中《王莽传中》
公孙述博士	吴柱				博士	成都	《后汉书》卷一三《公孙述传》
光武帝	高诩	平原般	鲁诗	征召	郎中[3]、郎、符离长、博士、大司农	长安、洛阳、符离	《后汉书》卷七九下《儒林传下·高诩》
	伏恭	琅邪东武	齐诗	剧令迁	郎、剧令、博士、常山太守、太仆、司空	剧、洛阳、常山、东武	《后汉书》卷七九下《儒林传下·伏恭》

---

　　[1]《通志》卷二七《氏族略三》引《汉书》："白生，鲁人，为楚元王博士。"（第457页）

　　[2]《后汉书》卷七九下《儒林传下》："赵人毛苌传《诗》，是为《毛诗》，未得立。"（第2569页）

　　[3]《后汉书》卷七九下《儒林传下·高诩》："诩以父任为郎中，世传《鲁诗》。"（第2569页）郎中为高诩西汉时所任官职。

续表

时期	姓名	籍贯	学派	任博士途径	仕宦经历	活动地域	出处
	薛汉	淮阳	韩诗		博士、千乘太守	淮阳、洛阳、千乘	《后汉书》卷七九下《儒林传下·薛汉》
	牟长	乐安临济	欧阳尚书	大司空特辟	博士、河内太守、中散大夫	洛阳、河内、临济	《后汉书》卷七九上《儒林传上·牟长》
	桓荣	沛郡龙亢[1]	欧阳尚书	议郎迁	议郎、博士、太子少傅、太常	长安、九江、江淮间、洛阳	《后汉书》卷三七《桓荣传》
	郭宪	汝南宋	小夏侯尚书	征召	郎中[2]、博士、光禄勋	东海、洛阳、宋	《后汉书》卷八二上《方术传上·郭宪》
	曹充	鲁国薛	庆氏礼		博士、侍中	洛阳	《后汉书》卷三五《曹褒传》
	洼丹	南阳育阳	孟氏易		博士、大鸿胪	育阳、洛阳	《后汉书》卷七九上《儒林传上·洼丹》
	范升	代郡	孟氏易、梁丘易	议郎迁	大司空议曹史[3]、议郎、博士、聊城令	代郡、长安、上党、洛阳、聊城	《后汉书》卷三六《范升传》

---

[1]　李贤注引《续汉书》曰："荣本齐人，迁于龙亢，至荣六叶。"（第1249页）

[2]　《后汉书》卷八二上《方术传上·郭宪》："（王莽）拜宪郎中，赐以衣服。宪受衣焚之，逃于东海之滨。"（第2708页）是仅拜为郎中，未到官。

[3]　《后汉书》卷三六《范升传》："王莽大司空王邑辟升为议曹史。"（第1226页）

续表

时期	姓名	籍贯	学派	任博士途径	仕宦经历	活动地域	出处
	梁恭		梁丘易		博士	洛阳	《后汉书》卷三六《范升传》
	张兴	颍川鄢陵	梁丘易	司徒属吏迁	郎、博士、侍中祭酒、太子少傅	鄢陵、洛阳	《后汉书》卷七九上《儒林传上·张兴》
	丁恭	山阳东缗	严氏公羊		谏议大夫、博士、少府、侍中祭酒、骑都尉	东缗、洛阳	《后汉书》卷七九下《儒林传下·丁恭》
	甄宇	北海安丘	严氏公羊	征召[1]	州从事、博士、太子少傅	安丘、洛阳	《后汉书》卷七九下《儒林传下·甄宇》
	张玄	河内河阳	颜氏公羊、冥氏公羊	郎中迁	弘农文学、陈仓县丞、郎、博士	河阳、陈仓、洛阳	《后汉书》卷七九下《儒林传下·张玄》
	李封	魏郡	左氏	司隶从事迁	司隶从事、博士	洛阳	《后汉书》卷七九下《儒林传下·谢该》、《后汉书》卷三六《陈元传》
	张佚				博士、太子太傅	洛阳	《后汉书》卷三七《桓荣传》
	殷亮			征召[2]	博士、讲学大夫	洛阳	《艺文类聚》卷四六引《殷氏世传》

---

[1] 张表以为州从事迁。《后汉书》卷七九下《儒林传下·甄宇》："为州从事，征拜博士。"（第2580页）

[2] 《艺文类聚》卷四六引《殷氏世传》："殷亮，建武中，征拜博士，迁讲学大夫。诸儒讲论，胜者赐席，亮重席至八九，帝嘉之曰：'学不当如是耶？'"（第831页）。张表未录。

续表

时期	姓名	籍贯	学派	任博士途径	仕宦经历	活动地域	出处
明帝	魏应	任城	鲁诗		济阴王文学、博士、侍中、大鸿胪、光禄大夫、五官中郎将、上党太守、骑都尉	洛阳、任城国、济阴、上党	《后汉书》卷七九下《儒林传下·魏应》
	董钧[1]	犍为资中	庆氏礼	司徒属吏迁	廪牺令[2]、博士、五官中郎将、骑都尉	长安、洛阳、资中	《后汉书》卷七九下《儒林传下·董钧》
	承宫	琅邪姑幕	严氏公羊		博士、左中郎将、侍中祭酒	姑幕、汉中、蒙阴、洛阳	《后汉书》卷二七《承宫传》
章帝	蔡朗	陈留圉	鲁诗	征召	博士、河间中尉、琅邪王傅	洛阳、河间国、琅邪国	《蔡中郎集》卷六《琅邪王傅蔡公碑》
	曹褒	鲁国薛	庆氏礼	征召[3]	圉令、陈留郡功曹、博士、侍中、监羽林左骑、射声校尉、城门校尉、将作大匠、河内太守、侍中	洛阳、圉、鲁国、河内	《后汉书》卷三五《曹褒传》
	李育	扶风漆	公羊	议郎迁	议郎、博士、尚书令、侍中	洛阳、漆	《后汉书》卷七九下《儒林传下·李育》

［1］　张表作"董均"，误。

［2］　《后汉书》卷七九下《儒林传下·董钧》："元始中，举明经，迁廪牺令，病去官。"（第2576页）

［3］　张表言曹褒"郡功曹迁"，误。据《后汉书》卷三五《曹褒传》，曹褒在圉令任上因衷弱免官归郡，为功曹，后"征拜博士"（第1202页）。

续表

时期	姓名	籍贯	学派	任博士途径	仕宦经历	活动地域	出处
	赵博				博士	洛阳	《后汉书》卷四八《杨终传》
和帝	鲁恭	扶风平陵	鲁诗	侍御史迁	中牟令、侍御史、博士、侍中、乐安相、议郎、侍中[1]、光禄勋、司徒、长乐卫尉、司徒	洛阳、中牟、乐安、平陵	《后汉书》卷二五《鲁恭传》
	李法	汉中南郑		贤良	博士、侍中、光禄大夫、议郎、谏议大夫、汝南太守	洛阳、南郑、汝南	《后汉书》卷四八《李法传》
殇帝	鲁丕[2]	扶风平陵	通五经		右扶风督邮、右扶风功曹、议郎、新野令、青州刺史、赵相、东郡太守、陈留太守、中散大夫、侍中、博士、侍中[3]、左中郎将	平陵、洛阳、新野、临淄、赵国、东郡、陈留	《后汉书》卷二五《鲁丕传》、《后汉书》卷八一《独行传·李充》

[1] 据《后汉书》卷二五《鲁恭传》，鲁恭曾两任侍中，一为任《鲁诗》博士后迁侍中，一为拜议郎后再拜侍中。

[2] 鲁丕，即鲁平。"丕""平"二字，古常混用。《汉书》卷九九上《王莽传上》："平作二旬"，颜师古注："平字或作丕。"（第4069、4070页）《后汉书》卷一一《刘玄传》："右辅都尉严本"，李贤注："'本'，或作'平'，或作'丕'。"（第475页）张表："王国维云：'鲁平即鲁丕之讹，古丕字作平。与平字相似。'"（第488页）

[3] 据《后汉书》卷二五《鲁丕传》《后汉书》卷八一《独行传·李充》，永元十三年（101），鲁丕迁为侍中，免。延平年间，鲁丕为博士。永初二年（108），经大将军邓骘举荐，再迁，复为侍中。

续表

时期	姓名	籍贯	学派	任博士途径	仕宦经历	活动地域	出处
	李充	陈留		征召	陈留县都亭长、博士、侍中、左中郎将	陈留、洛阳	《后汉书》卷八一《独行传·李充》
安帝	樊英	南阳鲁阳		征召	博士、五官中郎将、光禄大夫	长安、壶山之阳、洛阳、鲁阳	《后汉书》卷八二上《方术传上·樊英》
	杨伦	陈留东昏	古文尚书		陈留郡文学掾、博士、清河王傅、侍中、太中大夫、大将军长史、常山王傅[1]	洛阳、陈留、清河国、东昏	《后汉书》卷七九上《儒林传上·杨伦》
	周防	汝南汝阳	古文尚书	太尉荐举	汝南郡守丞[2]、郎中、博士、陈留太守	汝南、郏城、洛阳、陈留	《后汉书》卷七九上《儒林传上·周防》
	良史				博士	洛阳	《后汉书》卷七八《宦者传·蔡伦》
	黄广				博士	洛阳	《续汉书·律历志中》

[1] 《后汉书》卷七九上《儒林传上·杨伦》：“（杨伦）谏诤不合，出补常山王傅，病不之官。”（第2565页）

[2] 《后汉书》卷七九上《儒林传上·周防》：“世祖巡狩汝南，召掾史试经，防尤能诵读，拜为守丞。防以未冠，谒去。”（第2560页）

续表

时期	姓名	籍贯	学派	任博士途径	仕宦经历	活动地域	出处
桓帝	赵咨	东郡燕		大司农荐举	博士、敦煌太守、议郎、东海相、议郎[1]	燕、洛阳、敦煌、东海	《后汉书》卷三九《赵咨传》
	爰延	陈留外黄	通经教授[2]	征召	外黄县廷掾、外黄县乡啬夫、博士、侍中、五官中郎将、长水校尉、魏郡太守、大鸿胪	外黄、洛阳、魏郡	《后汉书》卷四八《爰延传》
灵帝	卢植	涿郡涿	尚书、礼	征召[3]	博士、九江太守、庐江太守、议郎、侍中、尚书、北中郎将、尚书[4]、袁绍军师	涿、洛阳、九江、庐江、上谷	《后汉书》卷六四《卢植传》
	刘弘	南阳安众	公羊	议郎迁	议郎、博士[5]、光禄勋、司空	洛阳	《宋书》卷一《武帝纪上》、《后汉书》卷八《灵帝纪》、《隶释》卷一四《石经公羊残碑》

[1] 据《后汉书》卷三九《赵咨传》，赵咨两次"征拜议郎"（第1313、1314页）。

[2] 《后汉书》卷四八《爰延传》："（爰延）能通经教授。"（第1618页）张表未录。

[3] 《后汉书》卷六四《卢植传》："建宁中，征为博士。"（第2114页）张表未录。

[4] 据《后汉书》卷六四《卢植传》，卢植曾两次任尚书。

[5] 张表："马衡《汉石经集存·概述》云：'公羊碑称（弘）议郎，而后记乙碑称博士，或碑刻成时已由议郎而为博士。'"（第488页）

续表

时期	姓名	籍贯	学派	任博士途径	仕宦经历	活动地域	出处
	左立				博士	洛阳	《隶释》卷一四《石经论语残碑》
	蔡较				博士	洛阳	《续汉书·律历志中》
	任敏				博士	洛阳	《意林》卷四引《风俗通》
献帝	苏林	陈留			五官将文学、博士给事中、骑都尉	许	《三国志》卷二《魏书·文帝纪》裴松之注引《献帝传》、《三国志》卷二一《魏书·刘劭传》裴松之注引《魏略》
	董巴[1]				博士给事中、骑都尉	许	《三国志》卷二《魏书·文帝纪》裴松之注引《献帝传》
东汉时期不明者	杜抚[2]	犍为武阳	韩诗		博士、骠骑将军大夫、公车令	武阳、洛阳	《后汉书》卷七九下《儒林传下·杜抚》、《太平御览》卷五五六引《会稽典录》

[1] 张表:"按苏林、董巴二人以博士职参议汉魏禅让,可见二人本为汉博士,后又为魏博士。"(第489页)

[2] 《太平御览》卷五五六引《会稽典录》:"赵晔诣博士杜抚受《韩诗》。"(第2515页)又《后汉书》卷二四《马严传》有"校书郎杜抚"(第859页),疑为同一人。

续表

时期	姓名	籍贯	学派	任博士途径	仕宦经历	活动地域	出处
	高承	勃海修县			祭酒[1]、东莞太守	洛阳、东莞	《新唐书》卷七一下《宰相世系一下》
	澹台恭[2]	会稽	韩诗		博士[3]	洛阳	《古今姓氏书辩证》卷二〇、《通志》卷二九《氏族略五》引《风俗通》、《后汉书》卷七九下《儒林传下·薛汉》
	韩宗		京房易、欧阳尚书		博士	洛阳	《三国志》卷五三《吴书·张纮传》裴松之注引《吴书》

---

[1] 《后汉书》卷三三《朱浮传》李贤注引《汉官仪》曰："博士，秦官也。武帝初置五经博士，后增至十四人。太常差选有聪明威重一人为祭酒，总领纲纪。"（第1145 页）可见祭酒由博士担任。"国子祭酒"当为唐人说法，但高承任祭酒一事当无疑。张表未录。

[2] 据《后汉书》卷七九下《儒林传下·薛汉》，薛汉弟子有"会稽澹台敬伯"（第 2573 页），张书、张表皆认为即澹台恭。

[3] 《古今姓氏书辩证》卷二〇："孔子弟子澹台灭明，字子羽，鲁国武城人。裔孙伯恭，为汉博士，会稽人。"（第 294 页）

续表

时期	姓名	籍贯	学派	任博士途径	仕宦经历	活动地域	出处
	公孙晔		尚书		博士、侍中[1]	洛阳	《太平御览》卷二一九引谢承《后汉书》、《北堂书钞》卷一〇一引谢承《后汉书》
	王孙骨[2]	陈留	三礼[3]		博士	洛阳	《元和姓纂》卷五引《陈留耆旧传》
	鲑阳鸿	中山	孟氏易		博士[4]、少府	中山、洛阳	《后汉书》卷七九上《儒林传上·洼丹》、《北堂书钞》五四引《东观记》、《古今姓氏书辩证》卷四
	羊弼		公羊		博士	洛阳	《后汉书》卷七九下《儒林传下·羊弼》
	郈仲信		春秋		博士	洛阳	《后汉书》卷六七《党锢传·魏朗》

[1]　《太平御览》卷二一九引谢承《后汉书》:"公孙晔拜博士,侍中。国有疑事,常使进见,问其得失。所陈皆据经依义,补益国家,深见省纳。"(第1041页)《北堂书钞》卷一〇一引谢承《后汉书》:"晔字春光,到大学受《尚书》,写书自给。"([唐]虞世南编:《北堂书钞》卷一〇一,北京:中国书店,1989年,第384页)

[2]　《通志》卷二九《氏族略五》作"王孙滑"(第473页)。

[3]　《元和姓纂》卷五引《陈留耆旧传》:"王孙骨,治三礼,为博士。"(第593—594页)张表未录。

[4]　《古今姓氏书辩证》卷四:"《元和姓纂》曰:'中山鲑氏,后汉有博士鲑阳鸿,修孟氏《易》。'误矣。谨按《后汉书·儒林传》注曰:姓鲑阳,名鸿。鲑,音胡瓦反,其字从角,或从鱼,音胡佳反。然则鲑无单姓者也。"(第64页,王力平点校本断作"中山鲑氏后,汉有博士鲑阳鸿,修孟氏《易》。"误。)

续表

时期	姓名	籍贯	学派	任博士途径	仕宦经历	活动地域	出处
	许慎	汝南召陵	通五经		汝南郡功曹、洨长、博士[1]、太尉南阁祭酒[2]、	汝南、洛阳、洨	《后汉书》卷七九下《儒林传下·许慎》、《古今姓氏书辩证》卷二三、《说文解字注》卷三〇
	郑玄	北海高密	通五经		乡啬夫、大司农[3]、博士[4]	高密、洛阳、茂陵、郏	《后汉书》卷三五《郑玄传》
	焦贶[5]	会稽[6]			博士、河东太守	洛阳、河东	《后汉书》卷四三《乐恢传》、《后汉书》卷六六《郑弘传》

[1] 《古今姓氏书辩证》卷二三："后汉博士慎，字叔重。"（第347页）

[2] 据《说文解字注》卷三〇录许慎之子冲的《上〈说文解字〉表》，其中说许慎曾为"太尉南阁祭酒"。段玉裁注："冲云故太尉南阁祭酒，不云故洨长，然则疑洨长落职，又至京师充三府掾，已而归里，卒于家。不得云终于洨长也。"（[汉]许慎撰，[清]段玉裁注：《说文解字注》卷三〇，上海：上海古籍出版社，1988年，第785页）

[3] 《后汉书》卷三五《郑玄传》："公车征为大司农，给安车一乘，所过长吏送迎。玄乃以病自乞还家。"（第1211页）可见郑玄虽征为大司农，但并未到官。

[4] 《后汉书》卷七一《朱儁传》："博士郑玄。"（第2312页）

[5] 张表作"焦永"（第490页）。《后汉书》卷四三《乐恢传》："恢长好经学，事博士焦永。"（第1477页）王先谦《后汉书集解》引惠栋《后汉书补注》："袁宏《纪》作'焦贶'。案《郑弘传》，弘师河东太守焦贶，坐楚王英事被收。袁《纪》称贶尝为博士，后为河东太守，则永当为贶也。"（[清]王先谦：《后汉书集解》卷四三《乐恢传》，北京：中华书局，1984年，第518页）

[6] 张表以焦贶为会稽山阴人。据《后汉书》卷六六《郑弘传》："弘师同郡河东太守焦贶。"（第1155页）只言焦贶与郑弘同郡（会稽郡）。

续表

时期	姓名	籍贯	学派	任博士途径	仕宦经历	活动地域	出处
	孔志	鲁			密令、博士	密、洛阳	《后汉书》卷一下《光武帝纪下》、《隶释》卷二七引《天下碑录》
	孔仁	鲁		议郎迁	议郎、博士、南海太守	洛阳、南海	《孔氏祖庭广记》卷六
	李颉	汉中南郑			博士	洛阳	《后汉书》卷八二上《方术传上·李颉》
	郭凤	勃海			博士	洛阳	《后汉书》卷八二上《方术传上·谢夷吾》
	罗衍	成都		征召	博士	洛阳	《华阳国志》卷九《李特雄期寿势志》
	赵畅	东郡燕			博士	洛阳	《后汉书》卷三九《赵咨传》
	朱穆	南阳宛		大将军属吏迁	南阳郡督邮、博士[1]、侍御史、冀州刺史、尚书	南阳、洛阳、高邑	《后汉书》卷四三《朱穆传》、《蔡中郎集》卷六《朱公叔鼎铭》
	萧周	东海兰陵			博士	洛阳	《南齐书》卷一《高帝纪上》

---

[1]　《蔡中郎集》卷六《朱公叔鼎铭》:"(朱穆)拜博士高第,作侍御史。"(文渊阁《四库全书》本)

续表

时期	姓名	籍贯	学派	任博士途径	仕宦经历	活动地域	出处
	侯瑾	敦煌			博士[1]	敦煌、洛阳	《后汉书》卷八〇下《文苑传下·侯瑾》、《艺文类聚》卷六二引王隐《晋书》
	刘熙[2]	北海			博士、南安太守	洛阳、南安、交州[3]	《三辅黄图》卷五注、《释名疏证·序》、《篆字释名疏证·序》
	杨班	成都			博士、不韦令、茂陵令、西城令、阆中令	洛阳、不韦、茂陵、西城、阆中	《华阳国志》卷一〇《先贤士女总赞论》
	路仲翁			征召	博士[4]	洛阳	《北堂书钞》卷六七引谢承《后汉书》

[1] 《艺文类聚》卷六二引王隐《晋书》："汉末博士燉煌侯瑾，善内学，语弟子曰：'凉州城西有泉水当竭，当有双阙起其上。魏嘉平中，武威太守起学舍，筑阙于此。'"（第1116页）

[2] 《三辅黄图》卷五注："汉博士刘熹《释名》。"陈直《三辅黄图校证》认为："刘熹当作刘熙。"（陈直校证：《三辅黄图校证》卷五，西安：陕西人民出版社，1980年，第125页）清人毕沅《释名疏证》《篆字释名疏证》书前二序，对刘熙考证甚详，可参看。

[3] 《三国志》卷五三《吴书·程秉传》："（程秉）逮事郑玄，后避乱交州，与刘熙考论大义，遂博通五经。"（第1248页）可见，刘熙曾在交州活动。

[4] 《北堂书钞》卷六七引谢承《后汉书》："路仲翁好学。家居，授学者自远方而至，征博士。"（第243页）

续表

时期	姓名	籍贯	学派	任博士途径	仕宦经历	活动地域	出处
刘备称帝前博士	许慈	南阳	毛诗、尚书、礼、易	博士[1]		交州[2]、成都	《三国志》卷三二《蜀书·先主传》、《三国志》卷四二《蜀书·许慈传》、《隶续》卷一六《黄龙甘露碑》
时期不明者	虢广		春秋	博士[3]			《通志》卷二六《氏族略二》
	李君况				博士、议郎、太中大夫		《新唐书》卷七〇上《宗室世系上》
	冲和				博士		《古今姓氏书辩证》卷一引《风俗通》
	逢汾[4]	北海			博士、赵王傅	长安、赵国	《金石录》卷一九《汉逢府君墓石柱篆文》

[1]　张表:"许慈以博士职参议上刘备尊号,表明刘备称帝前已设博士官。"(第492页)

[2]　《三国志》卷四二《蜀书·许慈传》:"(许慈)师事刘熙,善郑氏学,治《易》《尚书》《三礼》《毛诗》《论语》。建安中,与许靖等俱自交州入蜀。"(第1022—1023页)可见,许慈与刘熙皆曾在交州活动。

[3]　《通志》卷二六《氏族略二》:"汉有虢广,为春秋博士。"(第449页)

[4]　《金石录》卷一九《汉逢府君墓石柱篆文》:"右《汉逢府君墓石柱篆文》,云:'汉故博士、赵傅逢府君神道。'唐李利涉《编古命氏》:'北海逢氏有名丝字子绣者,为汉赵傅,其孙萌,不仕王莽。盖前汉时人。'今逢君北海人,又为赵傅,疑其是也;而《潍州图经》北海县有逢汾墓,云:'汾好学,以德义闻,征为博士、赵王傅。卒,门人执衰亭经者数百。葬于寒亭南四里。'今此篆文既不载其名,皆莫可考,然《图经》所载逢事,首尾甚详,不知以知其名汾,必别有据。又疑丝与汾两人,前后皆尝为赵王傅,未可知也。故并载之,以俟知者。"([宋]赵明诚撰,金文明校证:《金石录校证》卷一九《汉逢府君墓石柱篆文》,桂林:广西师范大学出版社,2005年,第333页)张表亦认为逢汾"不明前后汉"(第492页)。

续表

时期	姓名	籍贯	学派	任博士途径	仕宦经历	活动地域	出处
	落姑仲异[1]				博士		《通典》卷二七《氏族略》
	鲁胜				建康令、博士		《新编排韵增广事类氏族大全》卷一四
	弦诉				博士[2]		《通志》卷二六《氏族略二》
	陆骏				九江都尉、博士		《新唐书》卷七三下《宰相世系三下》
	孔衍	鲁			博士		《孔子家语》后序
	脊君安	巴郡			博士		《华阳国志》卷一〇下《汉中士女》引《春秋穀梁传》
	显[3]				博士		居延简 E.P.T49:32

　　[1]　张表："《姓纂》为'落下仲异'。岑仲勉《元和姓纂四校记》卷十考证'落姑仲异'为是。"（第491页）

　　[2]　《通志》卷二六《氏族略二》："汉有博士弦诉。"（第452页）"汉"，中华书局影万有文库十通本作"所"，误。文渊阁《四库全书》本作"汉"。当是。

　　[3]　居延简 E.P.T49:32："☐臣嘉博士臣显臣当☐。"（张德芳主编，杨眉著：《居延新简集释（二）》，兰州：甘肃文化出版社，2016年，彩色图版见第90页，红外线图版见第228页，释文见第471页）当，或即博士平当。显或与平当同时，为汉成帝博士。

表 2　西汉博士籍贯及活动地统计表

州	郡　国	籍　贯	活 动 地
司隶	京兆尹	1	122[1]
	左冯翊		3
	右扶风	6	4
	弘农郡		1
	河东郡	1	
	河内郡	3	1
	河南郡	2	4
	小计	13	135
豫州	颍川郡	1	1
	汝南郡	1	1
	沛郡	3	4
	梁国	5	2
	小计	10	8
幽州	广阳国	2	
	小计	2	

[1]　包括东汉博士高诩、桓荣、范升、董钧、樊英 5 人次在长安的活动。

续表

州	郡 国	籍 贯	活 动 地
青州	济南郡	2	2
	千乘郡	4	
	齐郡	3	3
	淄川国	2	1
	高密国		4
	北海郡		
	平原郡		1
	胶东国		1
			1[1]
	小计	11	13
冀州	信都国	1	1
	赵国	3	
	清河郡	1	2
	常山郡		1
	钜鹿郡		1
	中山国		1
	河间国		2
	小计	5	8

---

[1] 包括胡常任青州刺史时在青州的活动。

续表

州	郡　国	籍　贯	活　动　地
兖州	淮阳国	1	2
	东平国	4	4
	城阳国		1
	陈留郡	1	
	山阳郡	2	2
	泰山郡		2
	东郡		1
			1[1]
	小计	8	13
徐州	东海郡	13	4
	琅邪郡	7	3
	楚国	2	6
	临淮郡		2
	广陵国		1
	鲁国[2]	19	4
	小计	41	20

[1]　包括何武任兖州刺史时在兖州的活动。

[2]　对于西汉鲁国的归属,《汉书》卷二八下《地理志下》载:"属豫州。"(第1637页)不过,《续汉书·郡国志》刘昭注补说鲁国"本属徐州,光武改属豫州"(第3429页)。顾颉刚、谭其骧、辛德勇皆以为当属徐州。今从。参见辛德勇《两汉州制新考》,收入其著《秦汉政区与边界地理研究》,北京:中华书局,2009年,第142页。

续表

州	郡　国	籍　贯	活　动　地
扬州	九江郡	3	2
			1[1]
	小计	3	3
益州	蜀郡	1	1
			1[2]
	小计	1	2
荆州	长沙国		4
	南阳郡		3
	小计		7
并州	太原郡		1
	代郡		1
	小计		2
凉州	天水	1	
			1[3]
	小计	1	1
朔方			2[4]
	小计		2
不明		22	
	小计	22	
	总计	117	213

[1]　包括何武任扬州刺史时在扬州的活动。

[2]　包括王吉任益州刺史时在益州的活动。

[3]　包括贡禹任凉州刺史时在凉州的活动。

[4]　包括平当、翟方进任朔方刺史时在朔方的活动。

表3　西汉司隶地区博士籍贯及活动地统计表

郡　国	县	籍　贯	活 动 地
京兆尹	长安	1	121[1]
	杜陵		1
	小计	1	122
左冯翊	莲勺		1
	长陵		1
	云阳		1
	小计		3
右扶风	槐里		1
	鄠		1
	枸邑		1
	平陵	6	1
	小计	6	4
河东郡		1[2]	
	小计	1	
弘农郡	弘农		1
	小计		1
河内郡	轵	1	1
	温	1	
		1[3]	
	小计	3	1

[1]　包括东汉博士高诩、桓荣、范升、董钧、樊英5人次在长安的活动。
[2]　河东郡姚平具体籍贯史载未明。
[3]　河内郡食子公具体籍贯史载未明。

郡国	县	籍 贯	活 动 地
河南郡	洛阳	1	2
	原武		1
	河南		1
		1[1]	
	小计	2	4
	总计	13	135

表4 东汉博士籍贯及活动地统计表

州	郡 国	籍 贯	活 动 地
司隶	河南尹		69
	河内郡	1	3
	河东郡		1
	京兆尹		1
	右扶风	3	6
	小计	4	80
豫州	沛国	1	2
	颍川郡	1	3
	汝南郡	3	5
	陈国	1	1
	鲁国	4	1
	小计	10	12

[1] 河南郡乘弘具体籍贯史载未明。

续表

州	郡 国	籍 贯	活 动 地
幽州	代郡	1	1
	涿郡	1	1
	上谷		1
	小计	2	3
青州	北海国	3	2
	乐安国	1	2
	平原郡	1	
	齐国		1
	小计	5	5
冀州	勃海郡	2	
	魏郡	1	1
	清河国		1
	常山国		2
	河间国		1
	中山国	1	1
	赵国		1
	小计	4	7

州	郡 国	籍 贯	活 动 地
兖州	陈留郡	6	7
	任城国	1	1
	山阳郡	1	1
	东郡	2	3
	济阴郡		1
	泰山郡		1
	小计	10	14
徐州	琅邪国	2	4
	东海郡	1	4
	小计	3	8
扬州	会稽郡	2	
	九江郡		2
	庐江郡		1
	小计	2	3
益州	犍为郡	2	2
	汉中郡	2	3
	蜀郡	2	1
	永昌郡		1
	巴郡		1
	小计	6	8
荆州	南阳郡	5	4
	小计	5	4

续表

州	郡　国	籍　贯	活　动　地
并州	上党郡		2
	小计		2
凉州	敦煌郡	1	2
	汉阳郡		1
	小计	1	3
交州	南海郡		1
			2[1]
	小计		3
不明		16	
	小计	16	
	总计	68	152

表 5　东汉司隶地区博士籍贯及活动地统计表

郡　国	县	籍　贯	活　动　地
河南尹	洛阳		67[2]
	中牟		1
	密		1
	小计		69
河内郡	怀		2
	河阳	1	1
	小计	1	3

---

[1]　刘熙、许慈在交州的活动史载未明。

[2]　包括西汉博士王良、苏竟、欧阳歙 3 人次在洛阳的活动。

续表

郡　国	县	籍　贯	活　动　地
河东郡	安邑		1
	小计		1
京兆尹	长安		1
	小计		1
右扶风	平陵	2	2
	茂陵		2
	陈仓		1
	漆	1	1
	小计	3	6
	合计	4	80

第七章　传车规制与交通出行

汉代官吏外出公务一般要使用传车作为交通工具。传车的使用需要中央和地方的厩置、传舍等部门的配合,汉代还颁有《厩律》《传食律》等律令对官吏的出行活动加以规范。近年侯旭东对传舍使用与汉帝国的日常统治进行了深入细致的探讨[1],而对传车的使用规定,学界虽有零星讨论,但具体细节并不明晰。甘肃敦煌悬泉置遗址的发掘和悬泉汉简的公布,让我们有机会对汉代厩置的微观形态进行深入解剖。

---

[1]　侯旭东:《传舍使用与汉帝国的日常统治》,《中国史研究》2008年第1期;侯旭东:《西北汉简所见"传信"与"传"——兼论汉代君臣日常政务的分工与诏书、律令的作用》,《文史》2008年第3辑,修订稿见简帛网,2010年12月24日;侯旭东:《汉代律令与传舍管理》,卜宪群、杨振红主编《简帛研究二○○七》,桂林:广西师范大学出版社,2010年,第151—164页;侯旭东:《皇帝的无奈——西汉末年的传置开支与制度变迁》,《文史》2015年第2辑。

第一节　肩水金关汉简中的《厩律》遗文

《肩水金关汉简(贰)》中所录 73EJT23:623 简由两枚残简缀合而成,缀合后上下仍残断(图 7-1)。该简文字书写工整,内容与汉代《厩律》有关,其上部文字可根据传世文献订补。以笔者目力所及,此简尚未有学者加以讨论,现对该简疏解如下,以就教方家。

一　释文校补

简 73EJT23:623 释文作:

　　☑☑☑☑☑传两马再封之一马一封诸乘轺传者乘一封及以律令乘传起☐☑ [1]

该简起首四字与末字整理者未释,其内容恰可与《汉书·平帝纪》"在所为驾一封轺传"如淳注所引律文对读:

[1]　甘肃简牍保护研究中心、甘肃省文物考古研究所、甘肃省博物馆、中国文化遗产研究院古文献研究室、中国社会科学院简帛研究中心编:《肩水金关汉简(贰)》,上海:中西书局,2012 年,彩色图版见上册第 191 页,红外线图版见中册第 191 页,释文见下册第 100 页(图 1)。

　　律,诸当乘传及发驾置传者,皆持尺五寸木传信,封以御
史大夫印章。其乘传参封之。参,三也。有期会累封两端,端
各两封,凡四封也。乘置、驰传五封也,两端各二,中央一也。
轺传两马再封之,一马一封也。[1]

据此,简文第四字可补释为"轺",该字红外线图版作" ",同简
"轺"字作" "。" "的左侧"车"旁右下部笔画残存,右侧与
"轺"字右侧类同,二者当为一字。第二字和第三字残存笔画为
" "" "。对照下文的"封之"图版" "" ",可知第二
字和第三字当为"封之"。第一字仅残存" ",不易辨识。但据如
淳注所引律文,除"累封两端"一句外,"封"前皆为数目字[2],则
" "或为"叁"字或为"五"字。

---

　　[1]　《汉书》卷一二《平帝纪》,北京:中华书局,1962 年,第 359—360 页。如淳
注研究可参看梁健《曹魏律章句研究——以如淳〈汉书〉注为视角》,西南政法大学
硕士学位论文,2007 年;胡俊俊《〈汉书〉如淳注研究》,西南科技大学硕士学位论文,
2011 年。
　　[2]　毫无疑问,"再封之"之"再",即"二"之意。

图 7-1　简 73EJT23:623

　　大庭脩曾怀疑如淳注所引这条律文为律说,并认为"'参,三也'、'凡四封也'、五封'也两端各二中央一也',引号中都是律说之文,'五封'后面的'也'字,很可能是衍义"[1]。联系 73EJT23:623

---

　　[1]　[日]大庭脩著,林剑鸣等译:《秦汉法制史研究》,上海:上海人民出版社,1991 年,第 79 页。

简释文,可知大庭脩的推断基本准确[1]。73EJT23:623 简很可能
是对汉律中某条律文的原文抄录。此简深埋地下二千余年,未经后
人改动,反映了这条律文的原始面貌。现在我们可以将如淳注所引
律文中的律说内容(加点文字)标注如下:

> 律,诸当乘传及发驾置传者,皆持尺五寸木传信,封以御
> 史大夫印章。其乘传参封之。参,三也。有期会累封两端,端
> 各两封,凡四封也。乘置、驰传五封也,两端各二,中央一也。
> 轺传两马再封之,一马一封也。

如果将如淳所引律说文字去掉,"五封也轺传两马再封之一马一
封"恰可与简文相合,二者的区别仅为语气助词"也""之"的不同。
由此看来,本简残存的" ",当是"五"字末笔横画的右段。本条简
文可补释作:

> ☑五封之轺 传两马再封之一马一封诸乘轺传者乘一封及
> 以律令乘传起□☑

---

[1]　侯旭东也认为如淳注所引"恐怕不只是律文,还夹杂有如淳的解释,如
'参,三也、两端各二,中央一也、一马一封也'之类"(侯旭东:《汉代律令与传舍管
理》,卜宪群、杨振红主编《简帛研究二〇〇七》,第 153 页)。不过,侯旭东将律文
"一马一封也"亦误作如淳注释。

难能可贵的是，73EJT23：623 简还为我们提供了这条律文后面的部分文字："诸乘轺传者，乘一封及以律令乘传起□……"虽然简文残断导致部分语义不明，但这十余字却可以填补史阙。我们可以将此条律文恢复如下（简文句读为笔者所加）：

> 律，诸当乘传及发驾置传者，皆持尺五寸木传信，封以御史大夫印章。其乘传参封之，有期会累封两端，端各两封；乘置、驰传五封之；轺传两马再封之，一马一封。诸乘轺传者，乘一封及以律令乘传起□……

二　汉代的《厩律》

《汉书》如淳注中还引用过与本条律文密切相关的另外一条律文。《汉书·高帝纪下》："横惧，乘传诣雒阳。"颜师古注引如淳曰：

> 律，四马高足为置传，四马中足为驰传，四马下足为乘传，一马二马为轺传。急者乘一乘传。[1]

类似记载又见《史记·孝文本纪》："太仆见马遗财足，余皆以给传置。"《索隐》引如淳云：

---

[1]　《汉书》卷一下《高帝纪下》，第 57 页。

　　　律,四马高足为传置,四马中足为驰置,下足为乘置,一马

二马为轺置,如置急者乘一马曰乘也。[1]

两条引文有所不同,颜师古注引如淳注中的"置传""驰传""乘传"
"轺传",司马贞《索隐》引如淳注写作"传置""驰置""乘置""轺
置"。对此,沈家本、冨谷至已有详细辨析,认为律文当以《汉书·
高帝纪下》如淳注为是。[2] 此条律文规定了汉代传车的规格,对若
干名词进行了解释,与上面讨论的律文关系密切,二者当属同一律
篇。沈家本将其归入《厩律》,其说可从。[3]

　　《厩律》是九章律中的一章。[4] 我们目前对汉代《厩律》基本
内容的了解,主要依靠《魏律序》中的一段文字:

　　　秦世旧有厩置、乘传、副车、食厨,汉初承秦不改,后以费

广稍省,故后汉但设骑置而无车马,而律犹著其文,则为虚设,

　　[1]《史记》卷一○《孝文本纪》,北京:中华书局,1959 年,第 422—423 页。

　　[2] [清]沈家本撰,邓经元、骈宇骞点校:《汉律摭遗》卷一三,收入其著《历代
刑法考》,北京:中华书局,1985 年,第 1607 页。[日]冨谷至著,刘恒武、孔立波译:
《文书行政的汉帝国》,南京:江苏人民出版社,2013 年,第 225—229 页。

　　[3] [清]沈家本撰,邓经元、骈宇骞点校:《汉律摭遗》卷一三,收入其著《历代
刑法考》,第 1608—1609 页。

　　[4] 关于"九章律"的研究综述,参见宋洁《西汉法制问题研究》,湖南大学博
士学位论文,2014 年。另参张伯元《出土法律文献丛考》第二章《秦汉简牍与法制史
(下)》第一节《关于"九章律"》,上海:上海人民出版社,2013 年,第 50—70 页。

故除《厩律》,取其可用合科者,以为《邮驿令》。其告反逮验,
别入《告劾律》。上言变事,以为《变事令》,以惊事告急,与《兴
律》烽燧及科令者,以为《惊事律》。[1]

从这段记载来看,汉代《厩律》的内容非常丰富,除了与厩苑事务和
与传车使用规定相关的内容外,还包括"告反逮验"[2]"上言变事"
"以惊事告急"等内容。此外,《魏律序》还提及《厩律》有"乏军之
兴"的内容。[3] 从"取其可用合科者,以为《邮驿令》"可知,《厩律》
中还有与邮驿有关的内容。沈家本在《汉律摭遗》中曾概括《厩律》
收录这些内容的原因:"《厩律》厩事之外,以传事为重,故以传事次
于厩事之后。""遣使至郡国逮捕,往来必乘传,故在《厩律》。""汉时
上变告得乘传,如贲赫事是也。""郡府之狱,悉归廷尉,廷尉受而逮
治之,远者至数千里,近亦数百里,其往来当乘传,故入《厩
律》。"[4]

如淳注所引两条律文明显与"乘传"之事有关,因此可以归入

---

[1] 《晋书》卷三〇《刑法志》,北京:中华书局,1974 年,第 924—925 页。

[2] 《魏律序》说《厩律》中还有"逮捕之事""告反逮受",二者当均与"告反逮
验"有关。

[3] 《晋书》卷三〇《刑法志》,第 924 页。初世宾认为"乏军之兴"当属《兴
律》,魏律误入《惊事律》(初世宾:《悬泉汉简拾遗》,中国文物研究所编《出土文献研
究》第 8 辑,上海:上海古籍出版社,2007 年,第 97 页)。

[4] [清]沈家本撰,邓经元、骈宇骞点校:《汉律摭遗》卷一三,收入其著《历代
刑法考》,第 1606、1617、1618 页。"故入《厩律》",中华书局本作"故入《兴律》",误。
《汉律摭遗》本卷皆论《厩律》,《兴律》考辩见上卷。且沈家本此按语属"逮受"条,
亦是《厩律》之内容。

《厩律》。《玉门关汉简》中又收录有汉武帝颁布的《厩令》：

> 马以节若使用传信及将兵吏边言戀以惊闻献廿实驾者四
> 得□兵以□负其以厩令使□
> 孝武皇帝元鼎六年九月辛巳下，凡六百一十一字。
> 厩令。　　　　　　　　　　　　　　　　　1298[1]

此简亦收录于《敦煌汉简》《中国简牍集成》和《敦煌悬泉汉简释粹》（编号87-89C:9，简四）。据图版，此简简文作三行书写，下端开裂残损，保存状况不佳（图7-2）。各书释文疏误较多，《玉门关汉简》释文亦可进一步校补。"戀"，《说文》："乱也，一曰治也，一曰不绝也。"[2]此字《敦煌悬泉汉简释粹》释作"变"，当是。"言变"即"言变事"（详下）。"言变"与"以惊闻"即《魏律序》所说"上言变事"和"以惊事告急"。"廿实"或为"甘实"，"献甘实"或与汉代贡献制度有关。《后汉书·樊儵传》："野王岁献甘醪、膏饧，每辄扰人，吏以为利。"[3]可证。

---

[1]　张德芳、石明秀主编，敦煌市博物馆、甘肃简牍博物馆、陕西师范大学人文社会科学高等研究院编：《玉门关汉简》，上海：中西书局，2019年，彩色图版见第109页，红外线图版见第245页（图2）。

[2]　[汉]许慎撰，[清]段玉裁注：《说文解字注》卷三，上海：上海古籍出版社，1988年，第97页。

[3]　《后汉书》卷三二《樊儵传》，北京：中华书局，1965年，第1124页。

图 7-2　简 1298

此简释文可校补如下：

马以节，若使用传信，及将兵吏边言䜌（变）、以惊闻、献甘
实，驾者四得□兵以□负其以厩令使□

孝武皇帝元鼎六年九月辛巳下，凡六百一十一字。

厩令。

整理者认为这条令文是迻录前世诏书,并非元鼎之物。[1] 当是。此令文长达 611 字,以该简规模恐难以容纳,前面当另有一简或数简与之编连。可惜此简能释读的文字过少,不过,其内容明显与《魏律序》所言秦汉《厩律》的内容相合。此令自名《厩令》也可看出其与《厩律》的密切关系。[2]

在睡虎地秦简发现之前,学者普遍认为《厩律》为萧何所创。如《晋书·刑法志》说:"汉承秦制,萧何定律,除参夷连坐之罪,增部主见知之条,益事律《兴》《厩》《户》三篇,合为九篇。"[3]《唐律疏议》卷一说:"汉相萧何,更加悝所造《户》《兴》《厩》三篇,谓九章之律。"[4]但睡虎地秦简《内史杂》中出现了《厩律》篇名,《秦律十八种》中又有《厩苑律》,整理者认为此即《内史杂》所言《厩律》。[5]这说明《厩律》并非萧何首创,而是他根据秦《厩律》整理而成,这一

[1] 胡平生、张德芳编撰:《敦煌悬泉汉简释粹》,上海:上海古籍出版社,2001年,第 4 页。

[2] 于洪涛认为此简中所记"厩令"与汉代"厩律"存在演化上的一定关系,参于洪涛《论敦煌悬泉汉简中的"厩令"——兼谈汉代"诏"、"令"、"律"的转化》,《华东政法大学学报》2015 年第 4 期。

[3] 《晋书》卷三〇《刑法志》,第 922 页。

[4] [唐]长孙无忌等撰,刘俊文点校:《唐律疏议》卷一,北京:中华书局,1983年,第 2 页。

[5] 睡虎地秦墓竹简整理小组编:《睡虎地秦墓竹简》,北京:文物出版社,1990 年,释文第 23 页。

观点也得到大多数学者的认同。[1] 不过,睡虎地秦简《厩苑律》主要涉及官有耕牛的考课、对主管官吏和饲养者的奖惩,官有铁器的假借,官马牛死亡的上报、处理、考课等内容[2],与上引两条律文并无直接关系[3]。

汉代传世文献中并未出现《厩律》篇名,张家山汉简《二年律令》中也未出现《厩律》篇名,这使一些学者对汉初是否有《厩律》产生了怀疑。如张伯元认为,《二年律令》中本来就没有设《厩律》一目。[4] 宋洁认同此说,并认为《厩律》的制定当与汉武帝经略北方有莫大关系。[5] 初世宾则认为,"《二年律令》中,无厩律律名。可

[1] 高恒、吴树平、徐世虹、于振波、杨振红等皆持此说,参高恒《汉律篇名新笺》,《吉林大学社会科学学报》1980 年第 2 期,收入其著《秦汉简牍中法制文书辑考》,北京:社会科学文献出版社,2008 年,第 142—145 页;吴树平《从竹简本〈秦律〉看秦律律篇的历史源流》,《中华文史论丛》1983 年第 2、3 期,收入其著《秦汉文献研究》,济南:齐鲁书社,1988 年,第 77 页;徐世虹《居延新简汉律佚文考》,《政法论坛》1992 年第 3 期;徐世虹《九章律再认识》,"沈家本与中国法律文化国际学术研讨会"组委会编《沈家本与中国法律文化国际学术研讨会论文集》,北京:中国法制出版社,2005 年,下册,第 696—697 页;于振波《秦汉法律与社会》,长沙:湖南人民出版社,2000 年,第 22 页;杨振红《秦汉律篇二级分类说——论〈二年律令〉二十七种律均属九章》,《历史研究》2005 年第 6 期,收入其著《出土简牍与秦汉社会》,桂林:广西师范大学出版社,2009 年,第 10 页。
[2] 相关研究情况参见中国政法大学中国法制史基础史料研读会《睡虎地秦简法律文书集释(二):〈秦律十八种〉(〈田律〉〈厩苑律〉)》,中国政法大学法律古籍整理研究所编《中国古代法律文献研究》第 7 辑,北京:社会科学文献出版社,2013 年,第 93—102 页。
[3] 目前所见岳麓秦简、里耶秦简中有部分与汉代《厩律》相关的律令,但并未以《厩律》面目出现。从中亦可窥见《厩律》的形成过程。此问题拟另文详述。
[4] 张伯元:《出土法律文献研究》,北京:商务印书馆,2005 年,第 83—84 页。
[5] 宋洁:《西汉法制问题研究》,第 95 页。

能是萧何所作厩律已经析解为几个律令,也可能九章之一为厩置邮传事而无厩律之名。但武帝中期已确有《厩令》,推测其时也有《厩律》"[1]。宋洁、初世宾认为《厩律》可能迟至武帝时期才出现。不过,新近披露的云梦睡虎地 77 号西汉墓简牍、荆州胡家草场墓地 M12 西汉简牍和益阳兔子山汉简中均出现了明确的《厩律》篇名。睡虎地 77 号西汉墓简牍中还有《厩律》的部分律文。整理者推测墓主约在文帝后元七年(前 157)去世,墓葬年代应在文帝末年至景帝时期。[2] 荆州胡家草场墓地 M12 西汉简属西汉早期,不早于汉文帝前元十六年(前 164)。[3] 相信以上材料公布后,我们对秦汉时期的《厩律》会有更清楚的认识。

三　律文解析

《汉书补注》所引姚鼐注文曾对两条律文加以解析[4],但其说正误参半,现参照传世和出土文献,对第一条律文做一些纠正和补

---

[1]　初世宾:《悬泉汉简拾遗》,中国文物研究所编《出土文献研究》第 8 辑,第 96 页。

[2]　熊北生、陈伟、蔡丹:《湖北云梦睡虎地 77 号西汉墓出土简牍概述》,《文物》2018 年第 3 期。湖北省文物考古研究所、云梦县博物馆:《湖北云梦睡虎地 M77 发掘简报》,《江汉考古》2008 年第 4 期。

[3]　徐秀丽:《"考古中国"重大研究项目又获新发现》,《中国文物报》2019 年 5 月 7 日,第 2 版;李志芳、蒋鲁敬:《湖北荆州胡家草场西汉墓出土大批简牍》,《中国文物报》2019 年 12 月 13 日。

[4]　[汉]班固撰,[清]王先谦补注,上海师范大学古籍研究所整理:《汉书补注》卷一二《平帝纪》,上海:上海古籍出版社,2012 年,第 493 页。

充,并对律文中的一些信息略加解读[1]。

当乘传

此"乘传"与下文所言"乘传"含义不同,沈家本以为此"乘传""乃乘坐传车之谓,非律之所言乘传也"[2],甚确。下文的"乘传"则是传车的一种规格。《汉书补注》引姚鼐曰:"谓其爵位使命当乘也。"[3]侯旭东指出,"传信要求调动传车马为持传者服务,大体有送迎两种方式。一是由前一置或传舍派官吏马匹乃至传车将使者送至下一置或传舍,另一种则是后一置或传舍根据通知派官吏持传马及传车去前一置迎接使者。有关文书中常见'送'与'迎'之说,正是代表了这两种不同的方式"[4]。"当乘传"即侯旭东所说第一种方式。

---

[1] 已有学者对传信的使用制度加以关注,参见张德芳《悬泉汉简中的"传信简"考述》,中国文物研究所编《出土文献研究》第7辑,上海:上海古籍出版社,2005年,第65—81页,后收入郝树声、张德芳《悬泉汉简研究》第四章《交通与民族》第一节《悬泉汉简中的"传信简"》,兰州:甘肃文化出版社,2009年,第134—161页;侯旭东《西北汉简所见"传信"与"传"——兼论汉代君臣日常政务的分工与诏书、律令的作用》;初世宾《悬泉汉简拾遗(二)》,中国文化遗产研究院编《出土文献研究》第9辑,北京:中华书局,2010年,第187—191页;高荣《秦汉的传信——兼论传的演变》,张德芳主编《甘肃省第二届简牍学国际学术研讨会论文集》,上海:上海古籍出版社,2012年,第129—139页。

[2] [清]沈家本撰,邓经元、骈宇骞点校:《汉律摭遗》卷一三,收入其著《历代刑法考》,第1609页。

[3] [汉]班固撰,[清]王先谦补注,上海师范大学古籍研究所整理:《汉书补注》卷一二《平帝纪》,第493页。

[4] 侯旭东:《西北汉简所见"传信"与"传"——兼论汉代君臣日常政务的分工与诏书、律令的作用》。

发驾置传

《汉书补注》引姚鼐曰："谓其爵位非应乘传，特发传以往迎其人也。《儒林传》'以安车驷马迎申公，弟子二人乘轺传'。案，申公所乘则所云发者与？"[1]从目前所见传信简的使用事由来看，能否乘坐传车与乘者的爵位似无必然联系。悬泉汉简I01112:3简：

> 永光三年正月丁亥朔丁未，渊泉丞光移县(悬)泉置，遣厩佐贺持传车马迎使者董君、赵君，所将客柱(住)渊泉。留禀茭，今写券墨移书，受薄(簿)入，二月报，毋令谬。如律令。[2]

此简所言"遣厩佐贺持传车马迎使者董君、赵君"事，即是律文所说"发驾置传"的情形，也即侯旭东所说的第二种方式。

尺五寸木传信

《汉书补注》引姚鼐曰："《说文》'荣，传信也'，此即如淳所云

---

[1]　[汉]班固撰，[清]王先谦补注，上海师范大学古籍研究所整理：《汉书补注》卷一二《平帝纪》，第493页。上海古籍出版社点校本将此句与下文连读，断作："案，申公所乘则所云发者，与《说文》'荣，传信也'，此即如淳所云尺五寸木。"误。"与"当为语气词，表疑问。姚鼐之语出自其《惜抱轩笔记》，此书《续修四库全书》所收为影清同治五年(1866)省心阁刻本，其《说文》'荣，传信也'，此即如淳所云尺五寸木"一句为双排小字注文，亦可见"与"字当上属。参见姚鼐《惜抱轩笔记》卷四《史部一》"汉书"条，《续修四库全书》编纂委员会编《续修四库全书》，上海：上海古籍出版社，2002年，第1152册，第177页。

[2]　胡平生、张德芳编撰：《敦煌悬泉汉简释粹》，第72页，简八三。

尺五寸木。"[1]王国维《简牍检署考》认为：

> 传信有两种，一为乘驿者之传，上所云"尺五寸"者是也（按，指"尺五寸木传信"）。一为出入关门之传，郑氏《周礼》《注》所谓"若今过所文书"是也，其制则崔豹《古今注》云："凡传皆以木为之，长五寸，书符信于上。又以一板封之，皆封以御史印章。"此最短之牍也。此二者一为乘传之信，一为通行之信；一长尺五寸，一长五寸；一封以御史大夫印章，一封以御史印章。尊卑之别，显然可知。[2]

王国维所引《古今注》"长五寸"语可能有误。此段牟华林《〈古今注〉校笺》卷下作：

> 程雅问曰："凡传者，何也？"答曰："凡传皆以木为之，长尺五寸，书符信于上，又以一版封之，[皆]封以御史印章，所以为信也，如今之过所也。"

牟华林校：

---

[1]　[汉]班固撰，[清]王先谦补注，上海师范大学古籍研究所整理：《汉书补注》卷一二《平帝纪》，第493页。

[2]　王国维原著，胡平生、马月华校注：《〈简牍检署考〉校注》，上海：上海古籍出版社，2004年，第57—58页。

张校:"无'尺'字。"顾本、四库本、《玉海》引同张校。
马本"尺"上有"一"字。[1]

牟华林所据底本为《四部丛刊》三编子部影明嘉靖芝秀堂翻宋本，
是学界公认较好的本子。[2] 此本"长五寸"作"长尺五寸"。王国
维所引《古今注》则与顾本、四库本、《玉海》所引相同。大庭脩认
为，此处当有"尺"字，并指出，"《古今注》所记载的传制，实际是对
如淳注所见乘传者之棨的简单记述"[3]。大庭脩所言之"棨"即是
传信，《古今注》称之为"传"。不过，《古今注》对"传"形制的描述
与《厩律》所说"传信"并不完全相同。二者虽然皆为木制，长度亦
皆为一尺五寸，但《厩律》"传信"上所书并非"符信"，并且不用"一

[1] [晋]崔豹撰，牟华林校笺:《〈古今注〉校笺》，北京:线装书局，2015年，第
217—218页。按，"张校"指《四部丛刊》三编张元济《古今注校记》。"顾本"指顾震
福《古今注校正》。"四库本"指文渊阁《四库全书》本《古今注》。"马本"指马缟《中
华古今注》。张校本所谓"无'尺'字"，是指《顾氏文房》本、《古今逸史》本、《汉魏丛
书》本无"尺"字。参见《〈古今注〉校笺》凡例，第1页。
[2] 参见王朝客《〈古今注〉小考》，《贵州文史丛刊》2001年第3期;孔庆茂
《芝秀堂本〈古今注〉版本考》，《古籍整理研究学刊》2008年第3期;王欢《〈古今注〉
研究》，陕西师范大学硕士学位论文，2014年。
[3] 《简牍检署考》的早期版本曾由日人铃木虎雄博士翻译，在京都文学会的
杂志《艺文》上连载。该稿曾认为《古今注》的长五寸恐非，但王国维后来改变了自
己的认识。大庭脩在《秦汉法制史研究》注释中写道:"如果王国维未殉于清朝且看
到了《四部丛刊》乃至居延汉简，应该是回到最初的想法吧。"参见[日]大庭脩著，徐
世虹等译《秦汉法制史研究》，上海:中西书局，2017年，438页;王国维原著，胡平生、
马月华校注《〈简牍检署考〉校注》导言，第1—2页。

版封之"，封缄所用御史大夫印章也与《古今注》"传"之御史印章不同。

目前所见传信记录简皆非传信实物，其完整尺寸大多在汉尺1尺左右。[1] 初世宾认为，"传信之实物，见于1974年居延地区甲渠塞第四隧发掘所出之2枚实物。二者大小相似，高23厘米左右，约汉一尺。中有立柱，上套牛角状棨戟木，下为横木设二枚封检之印匣，下方立柱上嵌一封匣。木上有槽，印匣可嵌槽中"。（图7-3）

图7-3　甲渠候官第四燧出土木器[2]

初世宾还认为此物是与写有文字的"传牒"绑缚在一起使用的：

---

[1]　参见张德芳《悬泉汉简中的"传信简"考述》，中国文物研究所编《出土文献研究》第7辑，第65—81页，后收入郝树声、张德芳《悬泉汉简研究》，第134—161页。

[2]　甘肃居延考古队：《居延汉代遗址的发掘和新出土的简册文物》，《文物》1978年第1期。

传信之正、副可互相稽核，但不知有否刻齿。居延简所见一般传信过所在牍板中腰留空白，其一侧或两侧刻齿槽，供缚检匣，而不是为了合符验齿。估计三封以上的传信，由一传书（牍）和一有编码的木棨信结合而成。传牍为露布和捆扎、封印方便，板上必留出较大而整齐的空白不写文字，空白上下之文字可连读，两侧或有刻齿。空白处施检匣、书绳将传牍、木棨缚联一起，以待填封泥钤印。因此只有具备上述特征的传信，或连带检匣、封泥的传信是传信原件正本。[1]

他又结合《厩律》律文和《汉旧仪》"其以诏使案事御史为驾一封，行赦令驾二封"[2]的记载，认为：

据这些描述，结合居延所出土的二枚木棨，可定后者乃乘传所用三封木棨信。上端横木两端有二检匣槽，中柱有一检匣槽，槽中可嵌附木牍、检匣，用绳即可将传牍、检匣、木棨三者缚一起，检匣中施封泥钤印，即成三封传信。如果公务限日期，横木两端槽中各施二枚检匣，累封两次（方式待考），即成

[1]　初世宾：《悬泉汉简拾遗（二）》，中国文化遗产研究院编《出土文献研究》第 9 辑，第 188—189 页。

[2]　[清]孙星衍等辑，周天游点校：《汉官六种》，北京：中华书局，1990 年，第 69 页。

四封，即所谓"驰传"，而五封为"置传"。御史府所发传信最多五封，三封以下不用棨信木，因一封二封的方式简单，一封可将检匣捆于文字空白处，二封则背面累加一匣即可。三封以上较复杂特殊，故需借助木棨。棨信木高 23 厘米，当汉制一尺，小于记载半尺，不知何故。此器上设三方槽，有一枚出土时即嵌一方木检匣，中尚余封泥迹。又中柱上方作牛角斜出状，实戟枝形。汉制，吏二千石以上骑吏四人执棨戟先导，见《后汉书·舆服志》及画像石车马出行图资料。金关遗址曾出红色帛缯"张掖都尉棨信"，即棨戟之幡信。至隋唐流行权贵府衙列戟之制，可见棨戟之形象征权柄。故推断居延甲渠第四隧所出棨木决为传信无疑。[1]

此二物至今仅出土过一次，是否能确定为传信实物尚存疑问。初世宾也已指出，律文明确规定传信的长度为"尺五寸"（约 34.7 厘米），而此二物仅有 23 厘米，长度与传信不符。另外，此二物每个上面只有三个槽（横木上二槽是否为封泥槽也不能完全确定），四封、五封的传信如何加封封泥也是问题。《居延汉代遗址的发掘和新出土的简册文物》说此二物"可能就是棨，很象戟形"[2]。姚鼐所引《说

---

[1] 初世宾：《悬泉汉简拾遗（二）》，中国文化遗产研究院编《出土文献研究》第 9 辑，第 190 页。

[2] 甘肃居延考古队：《居延汉代遗址的发掘和新出土的简册文物》，《文物》1978 年第 1 期。此文执笔者为初世宾、任步云。

文》已指出,棨即传信。《后汉书·窦武传》:"(曹节)令帝拔剑踊跃,使乳母赵娆等拥卫左右,取棨信,闭诸禁门。"李贤注引《汉官仪》:"凡居宫中,皆施籍于掖门,案姓名当入者,本官为封棨传,审印信,然后受之。"[1] 类似记载又见胡广《汉官解诂》"卫尉"条:"凡居宫中者,皆施籍于门,案其姓名。若有医巫傜人当入者,本官长吏为封启传,审其印信,然后内之。"[2] 从《汉官仪》和《汉官解诂》的记载来看,棨或为木制,其上当有封泥槽,需加封封泥,以便检查时"审印信"。肩水金关遗址所出"张掖都尉棨信"为织物,发掘者认为其属于信幡之类,可能是缀在信使所执的棨上(或悬于车马仪仗的棨戟上),或单独持行。[3] 不过,不论是"棨信"还是"棨传",都应是出入门禁的凭证,与作为传车使用凭证的传信不同。[4]

"可能就是棨,很象戟形"的说法也很容易让人联想到棨戟。《汉书·韩延寿传》:"延寿衣黄纨方领,驾四马,傅总,建幢棨,植羽葆,鼓车歌车。功曹引车,皆驾四马,载棨戟。"[5]《后汉书·杜诗传》:"世祖召见,赐以棨戟",李贤注引崔豹《古今注》:"棨戟,前驱之器也,以木为之。后代刻伪,无复典刑,以赤油韬之,亦谓之油戟,

[1]　《后汉书》卷六九《窦武传》,第 2243、2244 页。
[2]　[清]孙星衍等辑,周天游点校:《汉官六种》,第 14 页。
[3]　甘肃居延考古队:《居延汉代遗址的发掘和新出土的简册文物》。需要注意的是,此二物出土于甲渠候官第四燧遗址烽台之内,与出土"张掖都尉棨信"的肩水金关相距甚远,因此二者并不能配套使用。
[4]　参见[日]冨谷至著,刘恒武、孔立波译《文书行政的汉帝国》,第 234—235 页。
[5]　《汉书》卷七六《韩延寿传》,第 3214 页。

亦曰棨戟，公王以下通用之以前驱也。"[1]崔豹以为棨戟由殳演化而来，材质为木质。从汉代出土文物和画像数据来看，此二物与汉代的戟、棨戟形象并不完全相符（图7-4）。[2] 并且，此二物的柄长度过短，柄下部能否再嵌套或捆绑长柄，因图片模糊，未见实物，也不能判断。[3]

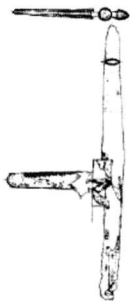

（1）河北满城汉墓出土"卜"字形铁戟（标本1：5023）[4]

---

[1]　《后汉书》卷三一《杜诗传》，第1094页。

[2]　参见杨泓《中国古代的戟》，收入其著《中国古兵器论丛（增订本）》，北京：中国社会科学出版社，2007年，第213—258页；孙机《汉代物质文化资料图说（增订本）》，上海：上海古籍出版社，2008年，第145—147页；沈融编著《中国古兵器集成》，上海：上海辞书出版社，2015年，第547—557页；李学勤《说"张掖都尉棨信"》，《文物》1978年第1期；徐志君《汉画所见棨戟研究——论使用、形制和意义》，《美术与设计》2015年第5期。

[3]　肖从礼认为此二物是居延汉简EPT65：167中提及的"牛头检"，或可备一说。另外，肖从礼指出，其中一件实物现陈列于甘肃省文物考古研究所标本陈列厅，名之为"封启"。参见肖从礼《西北汉简所见"偃检"蠡测》，张德芳主编《甘肃省第二届简牍学国际学术研讨会论文集》，第289—294页。

[4]　中国社会科学院考古研究所、河北省文物管理处编：《满城汉墓发掘报告》，北京：文物出版社，1980年，上册，第108页。

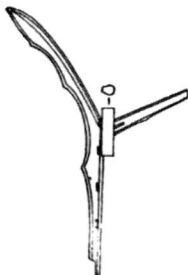

（2）山东临淄西汉齐王墓出土"鸡鸣"式戟（标本 5∶36）[1]

（3）四川德阳出土斧车画像砖上的棨戟[2]

图 7-4　汉代的戟与棨戟

《厩律》之所以规定传信用较长的"尺五寸"规格，就是为了方便设置封泥槽和书写文书内容。悬泉汉简中的"传信"记录简上的文字一般分上下两栏，带"承制诏侍御史"字样的"传信"记录简，其

[1]　山东省淄博市博物馆:《西汉齐王墓随葬器物坑》,《考古学报》1985 年第 2 期。

[2]　《中国画像砖全集》编辑委员会编:《中国画像砖全集·四川汉画像砖》,成都:四川美术出版社,2005 年,图版第 16 页,说明第 9 页。

"制"字大多另起一行顶格书写[1]，这些特征显示这些"传信"记录简很可能是按照传信实物上的书写格式来抄写的。传信实物很可能是长条状的木觚，根据规格不同设若干封泥槽（图 7-5）。试据律文复原如下：

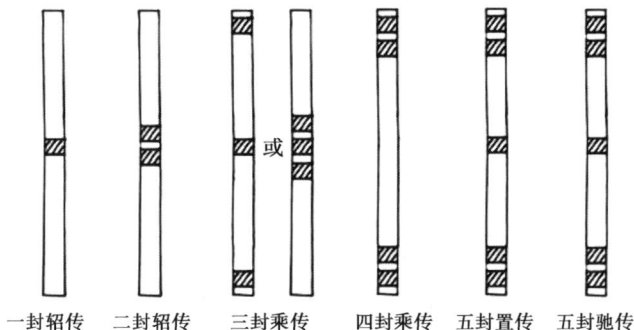

图 7-5　传信复原示意图

封以御史大夫印章

这是针对中央签发传信而言的。如悬泉汉简所见传信记录简：

建平四年五月壬子，御史中丞臣宪承

制　诏侍御史曰：敦煌玉门都尉忠之官。为驾一乘传，载从者。

（以上第一栏）

御史大夫延下长安，承书以次为驾，

[1]　如下文所引简 I90DXT0112②:18。

当舍传舍,如律令。六月丙戌,西。

(以上第二栏)
I90DXT0112②:18[1]

永光五年五月庚申,

守御史李忠监尝麦祠孝文庙。守御史任昌年

为驾一封轺传。　　　　　外百卌二

(以上第一栏)

御史大夫弘谓长安,以次

为驾,当舍传舍,如律令。

(以上第二栏)
II90DXT0216②:866[2]

中央签发的传信分为两类,一类为承制签发,如简 I90DXT0112②:

---

[1] 胡平生、张德芳编撰:《敦煌悬泉汉简释粹》,第38页,简三三;张德芳:《悬泉汉简中的"传信简"考述》,中国文物研究所编《出土文献研究》第7辑,第74—75页,简28,图版第8页,后收入郝树声、张德芳《悬泉汉简研究》,第150页,简28;参见曾磊《敦煌悬泉汉简"传信"简释文校补》,中国文化遗产研究院编《出土文献研究》第18辑,第268—269页。

[2] 胡平生、张德芳编撰:《敦煌悬泉汉简释粹》,第29页,简二六;张德芳:《悬泉汉简中的"传信简"考述》,中国文物研究所编《出土文献研究》第7辑,第77—79页,简38,图版第11页,后收入郝树声、张德芳《悬泉汉简研究》,第155页,简38。参见曾磊《敦煌悬泉汉简"传信"简释文校补》,中国文化遗产研究院编《出土文献研究》第18辑,第272页。

18，一类为非承制签发，如简 II90DXT0216②：866。[1] 两类传信的内容皆分为两部分，上半段包括传车的使用事由、使用人、传车规格和数量、传信编号等内容，下半段为御史大夫签发的公文书。无论哪一类传信，签发人皆为御史大夫。

简 I90DXT0112②：18 中的"承制诏侍御史"有时又写作"承制诏御史"。代国玺认为，"制诏御史"之"御史"，实际上是指"侍御史"。而"制诏御史"意指皇帝命令侍御史书记或抄录王言，并将其制成规范文书，反映的是诏令由皇帝自作，人臣负责"记王言"的制度。[2] 御史是御史大夫属下，《汉旧仪》载：

> 御史，员四十五人，皆六百石。其十五人衣绛，给事殿中，为侍御史，宿庐在石渠门外。二人尚玺，四人持书给事，二人侍前，中丞一人领。余三十人留寺，理百官事也。皆冠法冠。[3]

侍御史分曹办公，《晋书·职官志》载："侍御史，案二汉所掌凡有五

---

[1] 参见侯旭东《西北汉简所见"传信"与"传"——兼论汉代君臣日常政务的分工与诏书、律令的作用》。

[2] 代国玺：《说"制诏御史"》，《史学月刊》2017 年第 7 期。

[3] [清] 孙星衍等辑，周天游点校：《汉官六种》，第 63 页。《汉书》卷七八《萧望之传》："望之多使守史自给车马，之杜陵护视家事。"颜师古注引如淳曰："《汉仪注》御史大夫史员四十五人，皆六百石，其十五人给事殿中，其余三十人留守治百事，皆冠法冠。"（第 3281 页）

曹：一曰令曹,掌律令;二曰印曹,掌刻印;三曰供曹,掌斋祠;四曰尉马曹,掌厩马;五曰乘曹,掌护驾。"[1]其中的"尉马曹"和"乘曹"职事与传车使用有关。因此,乘传及发驾置传时封以御史大夫印章就不足为奇了(图7-6)。

《汉书补注》引姚鼐曰:"此三等(按,指置传、乘传和驰传)乃出使者及吏二千石所乘,故当用御史大夫印封也。若轺传则乘者事轻,所在为驾,固不必是御史大夫印矣。如梅福从县道求假轺传,司隶从事为申屠蟠封传是也。然则后世有以使臣出,当名乘传而称轺传者,乃是误也。"[2]此说有误。从悬泉汉简所见传信记录简来看,从中央签发的传信,无论哪种规格的传车都需以御史大夫印章封缄,上引简 II90DXT0216②:866 即是一封轺传,亦是御史大夫签发。

（1）"御史大夫"封泥　　　　（2）"御史大夫章"封泥

图7-6　汉代"御史大夫"及"御史大夫章"封泥[3]

---

[1]　《晋书》卷二四《职官志》,第 738 页。类似记载又见《宋书》卷四〇《百官志下》:"秦置侍御史,汉因之。二汉员并十五人。掌察举非法,受公卿奏事,有违失者举劾之。凡有五曹,一曰令曹,掌律令;二曰印曹,掌刻印;三曰供曹,掌斋祠;四曰尉马曹,掌官厩马;五曰乘曹,掌护驾。"(北京:中华书局,1974 年,第 1251 页)

[2]　[汉]班固撰,[清]王先谦补注,上海师范大学古籍研究所整理:《汉书补注》卷一二《平帝纪》,第 493 页。

[3]　[清]吴式芬、[清]陈介祺:《封泥考略》卷一,杭州:浙江人民美术出版社,2013 年,第 144、146 页。

　　地方发出传信则无法"封以御史大夫印章"，但因材料所限，地方发出传信的封缄形式、所用印章我们均不能确知。王国维指出："汉魏之制，传有御史印章，则在京由御史给之，在外则太守给之。"[1]王国维以为"传有御史印章"，或是受上引《古今注》影响，前已辩证。"在外则太守给之"的论断，则大体不误。汉代对传车的使用有严格的制度规定，目前所见地方发出的传信皆由地方郡级单位最高长官（包括都尉）签发，如：

　　　　建平三年六月壬寅，　　六月丁未北。啬夫□出。

　　　　张掖大守遣守属赵谊警戒肩水、居延，

　　　　以令为驾一封轺传。

　　　　　　　　　　　　　　　　　　　（以上第一栏）

　　　　张掖大守业、右部司马章行长史

　　　　事、丞咸谓觻得，以次为驾，如律令。

　　　　／掾敞、属□、书佐由丹。

　　　　　　　　　　　　　　　　　　　（以上第二栏）

　　　　　　　　　　　　　　　　　73EJT37:97[2]

---

　　[1]　罗振玉、王国维编著：《流沙坠简》，北京：中华书局，1993年，第264页。

　　[2]　甘肃简牍博物馆、甘肃省文物考古研究所、甘肃省博物馆、中国文化遗产研究院古文献研究室、中国社会科学院简帛研究中心编：《肩水金关汉简（肆）》，上海：中西书局，2015年，彩色图版见上册第48页，红外线图版见中册第48页，释文见下册第20页。

既然传信为地方郡级单位最高长官签发,推测其封印也当用地方郡级单位最高长官之印。[1]

另有两例需略作申说。一是姚萧所说梅福从县道求假轺传事,见《汉书·梅福传》:"(梅福)数因县道上言变事,求假轺传,诣行在所条对急政,辄报罢。"颜师古注:"附县道之使而封奏也。"[2] 侯旭东亦认为,梅福的上书是借助县里使者递到皇帝处的,他希望皇帝能批准他乘轺传至长安面见皇帝对策而遭到拒绝。[3] 其说或是。[4] 张家山汉简《二年律令》"置吏律"载:

郡守二千石官、县道官言边变事急者,及吏迁徙、新为官,

---

[1] 参侯旭东《西北汉简所见"传信"与"传"——兼论汉代君臣日常政务的分工与诏书、律令的作用》。

[2]《汉书》卷六七《梅福传》,第 2917 页。

[3] 参侯旭东《西北汉简所见"传信"与"传"——兼论汉代君臣日常政务的分工与诏书、律令的作用》。

[4] 关于汉代的"上言变事"制度,参看[清]沈家本撰,邓经元、骈宇骞点校《汉律摭遗》卷一三,收入其著《历代刑法考》,第 1616—1618、1623—1624 页;连劭名《汉律中的"上言变事律"》,《政法论坛》1988 年第 1 期;[英]迈克尔·鲁惟一著,于振波、车今花译《汉代行政记录》,桂林:广西师范大学出版社,2005 年,下册,第 330—332 页;[日]大庭脩著,徐世虹等译《秦汉法制史研究》,第 214—215 页;谢桂华《新旧居延汉简册书复原举隅(续)》,李学勤主编《简帛研究》第 1 辑,北京:法律出版社,1993 年,第 145—167 页,收入其著《汉晋简牍论丛》,桂林:广西师范大学出版社,2014 年,第 47—73 页;张博《"反书"、"变事"及"变告"》,《古籍整理研究学刊》1996 年第 3 期;李均明、刘军《简牍文书学》,南宁:广西教育出版社,1999 年,第 244—245 页;张伯元《居延"言变事"案复原》,收入其著《出土法律文献研究》,北京:商务印书馆,2005 年,第 197—207 页;吴方基《新出尚德街东汉简牍所见"上言变事"制度》,邬文玲、戴卫红主编《简帛研究二〇一九(春夏卷)》,桂林:广西师范大学出版社,2019 年,第 298—311 页。

属尉、佐以上毋乘马者，皆得为驾传。 　　　　　213—214[1]

又，张家山汉简《二年律令》"传食律"载：

丞相、御史及诸二千石官使人，若遣吏、新为官及属尉、佐

以上征若迁徙者，及军吏、县道有尤急言变事，皆得为传食。

232—233[2]

可见上言变事不仅可以调用传车，还可以享用传食。但需要强调的

事，从《二年律令》"言边变事急者""有尤急言变事"的表述来看，只

有在紧急情况下的上言变事才能够调用传车和享用传食权力。或

许正是因为出于紧急，"县道官言边变事急者"可能不需郡级单位

签发传信即可调用传车。

　　二是《史记·黥布列传》所载贲赫上书事。淮南王黥布怀疑中

大夫贲赫与自己幸姬有染，"赫恐，称病。王愈怒，欲捕赫。赫言变

事，乘传诣长安。布使人追，不及。赫至，上变，言布谋反有端，可先

---

　　[1]　彭浩、陈伟、[日]工藤元男主编：《二年律令与奏谳书——张家山二四七号汉墓出土法律文献释读》，上海：上海古籍出版社，2007 年，红外线图版见第 24 页，释文见第 174 页。
　　[2]　彭浩、陈伟、[日]工藤元男主编：《二年律令与奏谳书——张家山二四七号汉墓出土法律文献释读》，红外线图版见第 26 页，释文见第 184 页。

未发诛也"[1]。按照汉初"群卿大夫都官如汉朝"[2]的制度,贲赫上言变事所乘传车或为淮南国御史大夫签发。

需要注意的是,以上所言皆是西汉制度。汉代御史大夫一职曾几经变动。御史大夫本为秦官,位上卿,银印青绶,掌副丞相。成帝绥和元年(前8)更名为大司空,金印紫绶,禄比丞相,官职如故。哀帝建平二年(前5)复为御史大夫,元寿二年(前1)又改为大司空。东汉建武二十七年(51),光武帝改大司空为司空,其职权也发生根本变化,成为专管水土的职官。东汉末虽一度复置御史大夫,但已成摆设。[3] 既然东汉御史大夫已不存,自然也没有御史大夫印信。而目前所见有明确纪年的传信皆为西汉时期。因此,东汉时期由中央发出的传信究竟由谁签发,加盖谁的印信,目前难以确定,只能留待悬泉简全部公布后再作进一步讨论。

姚鼐所言"司隶从事为申屠蟠封传"事是东汉故事,见《后汉书·申屠蟠传》:"(申屠蟠)始与济阴王子居同在太学,子居临殁,以身托蟠,蟠乃躬推辇车,送丧归乡里。遇司隶从事于河巩之间,从事义之,为封传护送,蟠不肯受,投传于地而去。事毕还学。"[4]

---

[1] 《史记》卷九一《黥布列传》,第2603—2604页。

[2] 《汉书》卷一九上《百官公卿表上》,第741页。

[3] 参见安作璋、熊铁基《秦汉官制史稿》,济南:齐鲁书社,2007年,第47—54页。关于御史大夫的沿革、职掌、名称变化与属吏等问题的研究概况,参见侯旭东《西汉御史大夫寺位置的变迁:兼论御史大夫的职掌》,《中华文史论丛》2015年第1期。

[4] 《后汉书》卷五三《申屠蟠传》,第1752页。

"为封传护送"，当是为申屠蟠调用传车以运输王子居的灵柩。司
隶从事即司隶校尉之从事，李贤注："《百官志》曰'司隶从事史十二
人，秩百石'也。"[1]秩百石的司隶校尉从事本无权调用传车，不过
东汉时司隶校尉职权日益扩大，其从事或亦由此获得调用传车的特
权。申屠蟠之所以"投传于地而去"，也许正是出于对司隶校尉从
事滥用特权的厌恶。

**其乘传参封之，有期会累封两端，端各两封；乘置、驰传五封
之；轺传两马再封之，一马一封。**

这是对传车封印的具体制度规定。《汉书补注》引姚鼐曰："如
引律，以《高纪》注所引律合之，此所云五封者，即彼所引四马高足
为置传也，如《刘屈氂传》'长史乘疾置'是也。所云四封者，中足为
驰传也。所云三封者，下足为乘传也。以缓急别用马之上下。"[2]
姚鼐之说有误。按照律文规定，置传、驰传皆为五封，乘传则分为四
封与三封两种，四封乘传只有在"有期会"的特殊情况下才会使用。
根据两条律文可将汉代传车和传信规格列表如下：

---

[1] 《后汉书》卷五三《申屠蟠传》，第 1752 页。

[2] [汉]班固撰，[清]王先谦补注，上海师范大学古籍研究所整理：《汉书补
注》卷一二《平帝纪》，第 493 页。

表1　汉代传车规格和传信制度[1]

规格	用马数量	封印数量
一封轺传	一马	一封
二封轺传	二马	二封
乘传	四马下足	三封/四封
驰传	四马中足	五封
置传	四马高足	五封

从目前公布的悬泉汉简"传信"简来看，这些制度规定在汉代得到了较好的执行。如上引简 II90DXT0216②：866 中的"一封轺传"，即用"一马"牵引的一辆轺传，传信加封一枚御史大夫印的封泥；简 I90DXT0112②：18 的"一乘传"，即用"四马下足"牵引的一辆乘传，传信加封三枚御史大夫印的封泥。

需要注意的是，西汉刺史出行所乘传车为"四封乘传"，当是以"四马下足"牵引，传信封印或为"累封两端"的形式，但这里的"四封乘传"并不是"有期会"的情形。《汉书·武帝纪》："初置刺史部十三州。"颜师古注曰："《汉旧仪》云初分十三州，假刺史印绶，有常治所。常以秋分行部，御史为驾四封乘传。到所部，郡国各遣一吏迎之界上，所察六条。"[2] 刺史乘"四封乘传"的制度或源自汉武帝设十三州刺史时颁布的诏令。不过，刺史行部用"四封乘传"的规

---

[1]　相关表格参见初世宾《悬泉汉简拾遗（二）》，中国文化遗产研究院编《出土文献研究》第9辑，第189页；侯旭东《汉代律令与传舍管理》，卜宪群、杨振红主编《简帛研究二〇〇七》，第153页。

[2]　《汉书》卷六《武帝纪》，第197页。

定,后来又有所变化(详下节)。

诸乘轺传者,乘一封及以律令乘传起□……

此句下文残断,语义不明。从残存文字看,当是对轺传的进一步规定。

四　两汉的驿骑与传车

程树德据前引《魏律序》"后汉但设骑置而无车马,而律犹著其文,则为虚设"一句认为,上文所论两条《厩律》是"汉初旧制,至东汉已不行也"[1]。沈家本也以为"东汉厩无车马,事归省约"[2]。此说还可以继续讨论。

西汉厩置既有骑置又有车马。[3]《汉旧仪》载:"奉玺书使者乘驰传,其驿骑也,三骑行,昼夜千里为程。"[4]《汉旧仪》所记为西汉制度[5],说明当时确有传车和驿骑两种形式。《汉书·高帝纪下》:"(田)横惧,乘传诣雒阳。"颜师古注:"传者,若今之驿,古者以

---

[1]　程树德:《九朝律考》卷一《汉律考·律文考》,北京:中华书局,1963 年,第 75 页。

[2]　[清]沈家本撰,邓经元、骈宇骞点校:《汉律摭遗》卷一三,收入其著《历代刑法考》,第 1600 页。

[3]　王子今:《秦汉交通史稿(增订本)》,北京:中国人民大学出版社,2013年,第 457—458 页。

[4]　[清]孙星衍等辑,周天游点校:《汉官六种》,第 63 页。

[5]　《后汉书》卷七九下《儒林传下·卫宏》:"宏作《汉旧仪》四篇,以载西京杂事。"(第 2576 页)周天游在《汉官六种》"点校说明"中亦指出,"《汉旧仪》以载西汉之制为限"([清]孙星衍等辑,周天游点校:《汉官六种》,第 2 页)。

车,谓之传车,其后又单置马,谓之驿骑。"[1]《汉书·丙吉传》:"此驭吏边郡人,习知边塞发犇命警备事,尝出,适见驿骑持赤白囊,边郡发犇命书驰来至。驭吏因随驿骑至公车刺取,知虏入云中、代郡。"[2]《高帝纪下》和《丙吉传》所言即是传车和驿骑两种形式,一种传送人员,一种传递信息。

西北汉简中屡次出现的"县厩置驿骑行"的传递方式,应当就是《汉旧仪》与《丙吉传》所说的驿骑形式。悬泉汉简载:

☑守章诣阳关书一封,左将军印诣敦煌玉门都尉☑

☑□章都尉　县厩置驿骑行　元始元年三月庚 ☑

☑诣玉门都尉　　　　　　　　　　　　　☑

I90DXT0116S:21[3]

□使西或□□□□□　　　☑

□县厩置驿骑行。有请　　☑

□元寿二年六月丙子起治所写　☑

I90DXT0116②:151A[4]

---

[1]　《汉书》卷一下《高帝纪下》,第57—58页。

[2]　《汉书》卷七四《丙吉传》,第3146页。

[3]　甘肃简牍博物馆、甘肃省文物考古研究所、陕西师范大学人文社会科学高等研究院、清华大学出土文献研究与保护中心编:《悬泉汉简(壹)》,上海:中西书局,2019年,彩色图版见第265页,红外线图版见第574页。

[4]　甘肃简牍博物馆、甘肃省文物考古研究所、陕西师范大学人文社会科学高等研究院、清华大学出土文献研究与保护中心编:《悬泉汉简(壹)》,彩色图版见第270页,红外线图版见第569页。

又,居延汉简载:

　　及赍乘传者。南海七郡、牂柯、越巂、益州、玄免、乐狼至
旁近郡,以县厩置驿骑行。臣稽首请　　　　　　　EPF22:69
大司空罪别之。州牧各下所部,如诏书。书到言。
　　　　　　　　　　　　　　　　　　　　　　EPF22:67
八月戊辰,张掖居延城司马武以近秩次行都尉文书事,以
居延仓长印封,丞邯下官县。承书从事,下
　　当用者。上赦者人数罪别之,如诏书。书到言,毋出月廿
八。掾阳、守属恭、书佐况。　　　　　　　EPF22:68[1]

整理者认为此三简与下面几简相关:

　　甲渠言:府下赦令
　　　　　　　　　　　　　　　　　　　　　EPF22:162
　　诏书·谨案:毋应书。
　　建武五年八月甲辰朔甲渠鄣候敢言之。府下赦令
　　　　　　　　　　　　　　　　　　　　　EPF22:163
　　诏书曰:其赦天下,自殊死以下诸不当得赦者,皆赦除之。
　　上赦者人数罪别之。　　　　　　　　　　EPF22:164

―――――――――

[1]　张德芳主编,张德芳著:《居延新简集释(七)》,兰州:甘肃文化出版社,
2016年,彩色图版见第18—19页,红外线照片见第229—230页,释文见第450页。

会月廿八日。·谨案：毋应书。敢言之。　　EPF22：165[1]

整理者指出，EPF22：69、67、68 三简从书写形式、编绳、材质及内容上可知为同一简册，从简文文意可知有脱简。参 EPF22：163 和 EPF22：165 简文可名之为《建武五年八月赦令诏书》册。此三简所记为甲渠候官钞录由朝廷逐级下发至州牧至部至县的诏书之文。[2] 首简"及赍乘传者"虽语义不明，但当与传车使用相关。"南海七郡、牂柯、越巂、益州、玄菟、乐狼至旁近郡"的诏书传送采用"县厩置驿骑行"的方式，与《汉旧仪》所言"行赦令驾二封"制度有所不同。居延汉简又有：

　　爵疑者澉，作士督臧者考察，无令有奸。圣恩宜以时布，县
　　厩置驿骑行诏书。臣稽首以闻。　　　　　　EPF22：64A
　　十叅　　　　　　　　　　　　　　　　　　EPF22：64B[3]

此简为新莽时期诏书，亦用"县厩置驿骑行"的方式传送，全国各地传送方式并无二致。上引悬泉汉简一为元寿二年（前1），一为元始

---

［1］　张德芳主编，张德芳著：《居延新简集释（七）》，彩色图版见第36—37页，红外线图版见第246—247页，释文见第469—470页。

［2］　张德芳主编，张德芳著：《居延新简集释（七）》，第452页。

［3］　张德芳主编，张德芳著：《居延新简集释（七）》，彩色图版见第18页，红外线图版见第228页，释文见第447—448页。

元年(1)，时代皆为西汉末，与新莽诏书时代相近。悬泉汉简可见西北边地骑置的设置。[1] 骑置或即是"县厩置驿骑行"传送方式的具体承担者，而从上引两枚悬泉汉简来看，"县厩置驿骑行"似乎并不仅用于诏书的传递。

《建武五年八月赦令诏书》册所言南海七郡，即东汉交州刺史部下南海、苍梧、郁林、合浦、交址、九真、日南七郡[2]，是东汉南疆；牂柯、越嶲、益州，为益州刺史部三郡，在西南地区；玄菟、乐狼，属幽州刺史部，在东北地区[3]。残留的《建武五年八月赦令诏书》册并未言及其在河西地区的传送方式，但很可能与"县厩置驿骑"的方式不同。此时的河西地区仍在窦融势力掌控之下，窦融刚刚在此年四月"遣使贡献"[4]，传送方式的不同或许与窦融势力有关。

以上可见，两汉厩置皆有以驿骑传送的形式。顾炎武《日知录》卷二九"驿"条说："汉初尚乘传车，如郑当时、王温舒皆私具驿马，后患其不速，一概乘马矣。"[5] 驿骑轻快便捷，速度要远高于传车。两汉厩置的信息传送工具确实发生了由传车向驿马的转变，但传车并未完全退出历史舞台。

----

[1]　张俊民:《悬泉汉简所见"骑置"简及其他》，收入其著《敦煌悬泉置出土文书研究》，兰州：甘肃教育出版社，2015 年，第 147—167 页。

[2]　张德芳主编，张德芳著:《居延新简集释(七)》，第 450—451 页。

[3]　建武五年(29)二月，"彭宠为其苍头所杀"(《后汉书》卷一上《光武帝纪上》，第 38 页)，幽州基本平定，此时乐浪、玄菟二郡归附光武帝仅有半年。

[4]　《后汉书》卷一上《光武帝纪上》，第 38 页。

[5]　[清]顾炎武著，黄汝成集释，栾保群、吕宗力校点:《日知录集释》卷二九"驿"条，上海：上海古籍出版社，2006 年，第 1610 页。

　　《后汉书·宋均传》："会武陵蛮反,围武威将军刘尚,诏使均乘传发江夏奔命三千人往救之。"[1]此建武二十四年(48)事。《后汉书·邓训传》："元和三年,卢水胡反畔,以训为谒者,乘传到武威,拜张掖太守。"[2]此章帝时事。《后汉书·种暠传》："时永昌太守冶铸黄金为文蛇,以献梁冀,暠纠发逮捕,驰传上言,而二府畏懦,不敢案之,冀由是衔怒于暠。"[3]此为顺帝末年时事。《后汉书·王允传》载,王允年少知名,"刺史邓盛闻而驰传辟为别驾从事"[4]。此为桓帝时事。因此,《魏律序》所说"后汉但设骑置而无车马"应是仅针对信息传送而言,人员转送仍需使用传车,但传车的使用频率确实有所减少。正是因为传车使用频率的减少,《厩律》中有关传车使用规定的律文逐渐废弛,所以《魏律序》才会说"律犹著其文,则为虚设"。至于传车使用频率减少的原因,尚需进一步探讨。

第二节　刘贺"乘七乘传诣长安邸"考议

　　《汉书·武五子传》载,昭帝崩后,大将军霍光以太后名义征昌邑王刘贺赴长安典丧:

---

[1]　《后汉书》卷四一《宋均传》,第 1412 页。
[2]　《后汉书》卷一六《邓训传》,第 609 页。
[3]　《后汉书》卷五六《种暠传》,第 1827 页。
[4]　《后汉书》卷六六《王允传》,第 2172 页。

　　玺书曰："制诏昌邑王：使行大鸿胪事少府乐成、宗正德、光禄大夫吉、中郎将利汉征王，乘七乘传诣长安邸。"夜漏未尽一刻，以火发书。[1] 其日中，贺发，晡时至定陶，行百三十五里，侍从者马死相望于道。郎中令龚遂谏王，令还郎谒者五十余人。[2]

《汉旧仪》卷上："奉玺书使者乘驰传。其驿骑也，三骑行，昼夜行千里为程。"[3] 太后玺书若是以"驿骑"的方式传送至昌邑国，其速度可以达到惊人的一昼夜一千汉里。不过，负责迎立刘贺的"行大鸿胪事少府乐成、宗正德、光禄大夫吉、中郎将利汉"乘"驰传"赶赴昌邑国的可能更大。刘贺车驾自日中至晡时行"百三十五里"，以当时条件来看已属高速。[4] 而侍从者的马匹脚力不足，不能跟上刘贺车驾的速度，以致出现"马死相望于道"的情形。刘贺所乘之"七乘传"究竟是七匹马拉之传车，还是七辆传车呢？

---

　　[1] "夜漏未尽一刻，以火发书"，《资治通鉴》卷二四"汉昭帝元平元年"作："及征书至，夜漏未尽一刻，以火发书。"（北京：中华书局，1956年，第779页）王子今指出，这可以看出"玺书"传达到昌邑后刘贺反应的紧迫。见其《刘贺昌邑—长安行程考》，《南都学坛》2018年第1期。

　　[2]《汉书》卷六三《武五子传》，第2764页。

　　[3]［清］孙星衍等辑，周天游点校：《汉官六种》，第63页。

　　[4] 关于刘贺车驾速度的推算，参见王子今《刘贺昌邑—长安行程考》。

一 刘贺所乘"七乘传"

从马车的驾驶技术来看,马匹越多,对马匹的配合程度和驭者的技术要求就越高。如果马匹和驭者未经良好训练和磨合,马多反而可能更难以驾驭,车速亦未必最快。以当时的马匹系驾技术来看,无论是单辕车还是双辕车,七马驾车均难以想象。表示驾车之马的古文字中,"骖""驷""駗"可分别表示三马驾车、四马驾车和六马驾车,未见有"马+七"的组合。根据学者研究,车马配驾有一马、二马、四马、六马、八马之数,三马、五马驾车虽然少见,但仍有文献学和图像学证据,唯七马驾车没有相关资料支持。[1]

自昭帝崩至昌邑王贺即位,一说为 43 日,一说为 37 日。[2] 因霍光与群臣意见不合,确立王朝继承人的问题,已拖延月余。虽然刘贺接到消息后即刻启程,但霍光等迎立刘贺,首先要保障的是未来天子的人身安全,在此基础上再兼顾行车速度。即使当时存在七马驾车的技术,其危险系数也要比四马驾车高得多。从路上刘贺还

---

[1] 参见王振铎遗著,李强整理、补著《东汉车制复原研究》,北京:科学出版社,1997 年,第 86—88 页;郭宝钧《殷周车器研究》,北京:文物出版社,1998 年,第 68 页;萧圣中《曾侯乙墓竹简释文补正暨车马制度研究》,北京:科学出版社,2011 年,第 225—230 页;罗小华《战国简册所见车马及其相关问题研究》,武汉大学博士学位论文,2011 年,第 225—245 页;练春海《汉代车马形像研究——以御礼为中心》,桂林:广西师范大学出版社,2017 年,第 248—255 页。

[2] 廖伯源:《制度与政治——政治制度与西汉后期之政局变化》,北京:中华书局,2017 年,第 66 页。王子今:《刘贺昌邑—长安行程考》。

有时间"求长鸣鸡，道买积竹杖"[1]的行为来看，赶赴长安的日程似乎并不十分紧迫。可能在"龚遂谏王"后，刘贺车驾降低了速度。况且，对刘贺来说，当时朝廷的情况并不明晰，贸然赶赴长安其实也是一种冒险，而按辔徐行，亦可给人以稳重低调的印象。

二 "七乘传"当为七辆传车

与此类似的还有代王刘恒自代国"乘六乘传"赴长安即位故事。《史记·吕太后本纪》说：

> （诸大臣）乃相与共阴使人召代王。代王使人辞谢。再反，然后乘六乘传。

裴骃《集解》引张晏曰：

> 备汉朝有变，欲驰还也。或曰传车六乘。[2]

张晏提出了两种说法，"备汉朝有变，欲驰还也"，显然是认为六马驾车车速更快。"传车六乘"，则认为是六辆马车。裴骃《集解》对

---

[1]　《汉书》卷六三《武五子传》，第2764页。
[2]　《史记》卷九《吕太后本纪》，第411页。

两种观点并未轻易否定,而是两存之。《史记·袁盎晁错列传》所载袁盎之语说:

> 夫诸吕用事,大臣专制,然陛下从代乘六乘传驰不测之渊,虽贲育之勇不及陛下。[1]

"乘六乘传驰不测之渊"前的主语为"陛下","再反,然后乘六乘传"的主语承前省略,当为"代王",与"陛下"所指一致,皆为刘恒。但如果代王刘恒一人乘"传车六乘",未免浪费。袁盎此语似乎也支持"六乘传"为六马驾车的观点。

《史记·孝文本纪》的记载则与《吕太后本纪》和《袁盎晁错列传》有所不同:

> (代王)乃命宋昌参乘,张武等六人乘六乘传诣长安。至高陵休止,而使宋昌先驰之长安观变。[2]

---

[1] 《史记》卷一〇一《袁盎晁错列传》,第 2739 页。

[2] 《史记》卷一〇《孝文本纪》,北京:中华书局,2014 年修订本,第 520 页。"乘六乘传诣长安",中华书局 1959 年点校本作"乘传诣长安"(第 414 页)。2014 年修订本校勘记说:"'六乘'二字原无,据东北本补。按:本书卷九《吕太后本纪》、卷一〇一《袁盎晁错列传》、《汉书》卷四《文帝纪》、卷四九《爰盎传》皆云代王'乘六乘传'。"(第 547 页)王叔岷《史记斠证》卷一〇:"案古钞本乘上有'乘六'二字,《汉书》同。张晏注:'传车六乘也。'"(北京:中华书局,2007 年,第 381 页)

《汉书·文帝纪》的文字与此相同。从汉代传车规格来看，"六人乘六乘传"不太可能为六人乘坐一辆传车（详下文），暗示此"六乘传"非六匹马拉之车，当是"六人分乘六辆传车"之意，所以颜师古所引张晏的观点只取"传车六乘"一种，隐去了"备汉朝有变，欲驰还"之说。由此看来，《吕太后本纪》和《袁盎晁错列传》中的"代王"与"陛下"所指，不仅包括刘恒，还应包括与其一同奔赴长安的宋昌、张武等人。

　　吴楚七国之乱时周亚夫亦曾"乘六乘传"。《史记·吴王濞列传》载：

　　　　条侯将乘六乘传，会兵荥阳。[1]

《汉书·吴王刘濞传》的文字与此相同。此事发生的背景，是景帝遣周亚夫"将三十六将军，往击吴楚"[2]。不过，"条侯将乘六乘传"之"将"，是"将要"之意，不能理解为"将领"。此事《史记·游侠列传》就作："吴楚反时，条侯为太尉，乘传车将至河南。"[3]《汉书·游侠传》作："吴楚反时，条侯为太尉，乘传东，将至河南。"[4]《资治通鉴》的记载为：

---

　　[1]　《史记》卷一〇六《吴王濞列传》，第 2831 页。
　　[2]　《史记》卷一〇六《吴王濞列传》，第 2830 页。
　　[3]　《史记》卷一二四《游侠列传》，第 3184 页。
　　[4]　《汉书》卷九二《游侠传》，第 3700 页。

亚夫乘六乘传,将会兵荥阳。

"条侯将乘六乘传"与"陛下从代乘六乘传"文意类似,并非指周亚夫/刘恒一人乘六辆传车,而当指周亚夫/刘恒及其部属分乘六辆传车之意。胡三省注:"张晏曰:传车六乘也。"直接将张晏对代王乘六乘传的解释移植于此,看来也认为二者语义一致。胡三省又说:"余据汉有乘传、驰传;文帝之自代入立也,张武等乘六乘传,今亚夫乘六乘传,六乘传之见于史者二,盖又与乘传不同也。"[1]认为"乘传"与"六乘传"有所不同。这一理解有误,"六乘传"应是六辆"乘传"之意,二者并无根本不同。

上节已论,乘传是"四马下足"规格的传车,需加盖三封或四封印章。敦煌悬泉汉简中有一类"传信"简,其中亦涉及传车规格,可与以上两条律文对读。如:

元康元年十月乙巳,前将军臣增、大仆臣延年承

制　诏侍御史曰:将田车师军候强将士诣田所。

为驾二封诏传,载从者一人。　传第二百卅

（以上第一栏）

御史大夫吉下扶风厩,承

书以次为驾,当舍传舍,如律

---

[1]　《资治通鉴》卷一六《汉纪八》,第524页。

令。

（以上第二栏）

IIT0214③:45[1]

又如，

鸿嘉三年正月壬辰,遣守属田忠送

自来鄯善王副使姑龀、山王副使乌不膝奉献,诣

行在所。为驾一乘传。

（以上第一栏）

敦煌长史充国行太守事、丞晏谓敦煌,

为驾,当舍传舍、郡邸,如律令。

六月辛酉西。

（以上第二栏）

II0214②:78[2]

目前所见悬泉汉简中的传车规格有"为驾一封轺传""为驾二封轺

传""为驾一乘传""为驾二乘传""为驾四乘传""为驾一乘轺传"等

---

[1] 张俊民:《敦煌悬泉置出土文书研究》,第446页。"当舍传舍",张俊民释文作"当居传舍",疑误。

[2] 胡平生、张德芳编撰:《敦煌悬泉汉简释粹》,第108页,简一四三。此简现藏甘肃省博物馆。简文格式据原简照录。

格式,以前两种最多,其制度与上节所论《厩律》基本相合。因轺传分一马驾车和二马驾车两个规格,因此在传信文书中要明确到底是"一封轺传"还是"二封轺传"。而乘传的传信虽然有三封和四封之别,但日常使用应以三封传信为主,且只有"四马下足"一种规格,因此只需注明所用传车的数量即可。如"为驾一乘传","一"是数词,"乘传"是传车规格。悬泉汉简中的"为驾二乘传""为驾四乘传"亦可为证(例证详见下节)。

因此"乘六乘传""乘七乘传"也当是乘六/七辆乘传规格的传车之意。《汉书·高帝纪下》如淳注所引《厩律》中的"急者乘一乘传"[1],当即紧急者乘一辆乘传之意。《史记·孝文本纪》如淳注的"如置急者乘一马曰乘也"[2]一句,语义不通,文字或有遗漏。《汉书·郊祀志下》说:"及陈宝祠,自秦文公至今七百余岁矣,汉兴世世常来,光色赤黄,长四五丈,直祠而息,音声砰隐,野鸡皆雊。每见,雍太祝祠以太牢,遣候者乘一乘传驰诣行在所,以为福祥。"[3]"遣候者乘一乘传驰诣行在所"的行为,当即《厩律》所说的"急者乘一乘传"的情况。

[1] 《汉书》卷一下《高帝纪下》,第 57 页。
[2] 《史记》卷一〇《孝文本纪》,第 423 页。
[3] 《汉书》卷二五下《郊祀志下》,第 1258 页。

三 令刘贺"乘七乘传"的用意

据《汉书·王吉传》记载，刘贺"好游猎，驱驰国中，动作亡节"，曾经在巡幸方与县时"不半日而驰二百里"，其速度可能还高于日中至晡时"行百三十五里"的纪录。昌邑中尉王吉曾对此进行劝诫，无奈刘贺不听，"其后复放从自若"[1]。汉文帝也曾"从霸陵上，欲西驰下峻阪。"袁盎谏曰："臣闻千金之子坐不垂堂，百金之子不骑衡，圣主不乘危而徼幸。今陛下骋六騑，驰下峻山，如有马惊车败，陛下纵自轻，奈高庙、太后何？"文帝于是放弃了冒险。[2] 可见嗣继大统者应当沉着稳重、举动有节，以社稷为重。与文帝接到欲立其为天子消息时的沉稳谨慎相比，刘贺得知消息后即刻出发的行为就显得十分冒失。[3] 因此，班固记录刘贺驰行"百三十五里"的行为，似暗含贬意。[4]

《汉书·文帝纪》"乃令宋昌骖乘"，颜师古注曰："乘车之法，尊者居左，御者居中，又有一人处车之右，以备倾侧。是以戎事则称车

---

[1] 《汉书》卷七二《王吉传》，第3058—3061页。

[2] 《史记》卷一〇一《袁盎晁错列传》，第2740页。

[3] 相关记载详见《史记·孝文本纪》《汉书·文帝纪》。又参见王子今《刘贺昌邑—长安行程考》；刘新然《汉文帝登基与朝廷政局变动——围绕二代危机展开的思考》，华中师范大学硕士学位论文，2012年。

[4] 张敞在向宣帝报告废帝刘贺的精神状态时，称他"清狂不惠"。颜师古注引苏林曰："凡狂者，阴阳脉尽败。今此人不狂似狂者，故言清狂也。或曰，志理清徐而心不慧曰清狂。清狂，如今白痴也。"（《汉书》卷六三《武五子传》，第2769页）直言刘贺不通人事。

右,其余则曰骖乘。骖者,三也,盖取三人为名义耳。"[1]以为一车承载三人。其实颜师古所说为按礼法驾车的情形。汉代的传车以轻便的轺车为主,从大量汉画像所见汉代官吏乘车出行的画像来看,以二人共乘一车的画面最多(一为驭者,一为乘者)。肩水金关汉简:

<blockquote>

使者一人　　假司马一人　　骑士廿九人

吏八人　　厩御一人　　民四人

·凡卅四人　　传车二乘　　轺车五乘

官马卅五匹　　马七匹　　候临

元康二年七月辛未啬夫成佐通内

73EJT3:98[2]

</blockquote>

此简当为一队车驾经过肩水金关时的记录。"传车二乘"当是使者、假司马各乘一辆。"厩御一人"当来自厩置,驾一辆传车。另一位驾传车者或为"吏八人""民四人"中的一人。其余乘车者共 11 人,乘剩余 5 辆轺车,平均每车 2.2 人,即 1 车载 3 人,其余 4 车每车

[1]　《汉书》卷四《文帝纪》,第 107 页。

[2]　甘肃简牍保护研究中心、甘肃省文物考古研究所、甘肃省博物馆、中国文化遗产研究院古文献研究室、中国社会科学院简帛研究中心编:《肩水金关汉简(壹)》,上海:中西书局,2011 年,彩色图版见上册第 74 页,红外线图版见中册第 74 页,释文见下册第 35 页。

载 2 人。

　　元方回续《续古今考》卷二三"附论骖乘"条说:"文帝之诣长安,以宋昌骖乘,则文帝一车有三人,又张武等六人乘传车六乘,共为车七乘,一行二十一人、二十八马也。"[1]方回误将文帝一车重复计算,其实《史记》《汉书》皆明文说文帝等人"乘六乘传"[2]。即使以每车 3 人计,包括驭者在内,文帝一行也仅有 18 人。从这个角度考虑,袁盎说代王刘恒"乘六乘传驰不测之渊,虽贲育之勇不及陛下",不仅仅是强调其速度,更多的是赞颂他以单薄势力赶赴"不测之渊"的勇气。[3] 玺书要求刘贺"乘七乘传"赴长安,实际上限定了侍从者的数量(包括驭者在内,最多也仅有 21 人),其实也是对刘贺势力的限制。[4] 但从"令还郎谒者五十余人"的记载来看,从昌

---

　　[1]　[元]方回续:《续古今考》卷二三,文渊阁《四库全书》本。

　　[2]　韩兆琦《史记笺证》:"宋昌之与张武等所不同的,仅在于他是和文帝同乘一辆,为文帝'参乘'而已。此处似应作'宋昌参乘,与张武等乘六乘传诣长安'。"(南昌:江西人民出版社,2004 年,第 810 页)当是。

　　[3]　该句裴骃《集解》引臣瓒曰:"大臣共诛诸吕,祸福尚未可知,故曰不测也。"(《史记》卷一〇一《袁盎晁错列传》,第 2739 页)同句《汉书》颜师古注引郑氏曰:"大臣乱,乘传而赴之,故曰不测渊。"(《汉书》卷四九《爰盎传》,第 2270 页)《史记会注考证》卷九《吕太后本纪》引董份曰:"袁盎言帝乘六乘传,驰不测之渊,所云'六乘'者,盖文帝料汉事已定,止用六乘急赴,不多备耳。"([汉]司马迁撰,[日]泷川资言考证,杨海峥整理:《史记会注考证》,上海:上海古籍出版社,2015 年,第 581 页)按,从《史记·孝文本纪》《汉书·文帝纪》的记载来看,文帝赴长安时的举动十分谨慎,对朝廷戒心很重。他即位后与功臣集团也进行了持久的权力争夺。"文帝料汉事已定"之说恐不确。

　　[4]　《汉书》卷六八《霍光传》载,刘贺即位后,令"从官更持节,引内昌邑从官驺宰官奴二百余人,常与居禁闼内敖戏"(2940 页)。可见大多数昌邑国侍从是刘贺即位后方才召至长安的。此亦可旁证刘贺至长安时,随行人员确实不多。

邑出发的刘贺车队至少有 50 多人，可见刘贺一开始没有听从太后
玺书的命令，而郎中令龚遂之所以"谏王"，也许并非仅因为"侍从
者马死相望于道"，可能还有更深层次的考虑。

我们看到，《汉书》后文说刘贺到达霸上，"大鸿胪郊迎，驷奉乘
舆车。王使仆寿成御，郎中令遂参乘。"[1]刘贺这才坐上"乘舆
车"，依礼前行。

第三节　悬泉汉简"传信"简释文校补

敦煌悬泉汉简中有一类"传信"简，涉及汉代的传信制度和传
车使用制度，学者对此多有关注。[2]《文物》2000 年第 5 期发表

---

[1] 《汉书》卷六三《武五子传》，第 2765 页。

[2] 张德芳：《悬泉汉简中的"传信简"考述》，中国文物研究所编《出土文献研究》第 7 辑，上海：上海古籍出版社，2005 年，第 65—81 页，后收入郝树声、张德芳《悬泉汉简研究》第四章《交通与民族》第一节《悬泉汉简中的"传信简"》，第 134—161 页，以下简称《悬泉》；初世宾：《悬泉汉简拾遗》，中国文物研究所编《出土文献研究》第 8 辑，第 89—110 页；初世宾：《悬泉汉简拾遗（二）》，中国文化遗产研究院编《出土文献研究》第 9 辑，第 181—209 页；初昉、世宾：《悬泉汉简拾遗（三）》，中国文化遗产研究院编《出土文献研究》第 10 辑，北京：中华书局，2011 年，第 228—248 页；初昉、世宾：《悬泉汉简拾遗（四）——〈敦煌悬泉置汉简释粹〉例七七至一〇三之考释补》，中国文化遗产研究院编《出土文献研究》第 11 辑，上海：中西书局，2012 年，第 213—228 页；初昉、世宾：《悬泉汉简拾遗（五）》，中国文化遗产研究院编《出土文献研究》第 12 辑，上海：中西书局，2013 年，第 234—252 页；初昉、世宾：《悬泉汉简拾遗（六）》，中国文化遗产研究院编《出土文献研究》第 13 辑，上海：中西书局，2014 年，第 403—414 页；初昉、世宾：《悬泉汉简拾遗（七）》，中国文化遗产研究院编《出土文献研究》第 15 辑，上海：中西书局，2016 年，第 331—357 页；初昉、世宾：《悬泉汉简拾

《敦煌悬泉汉简释文选》一文[1]，公布了悬泉汉简部分有代表性的简文。随后，何双全《敦煌悬泉汉简释文修订》[2]和张俊民《〈敦煌悬泉汉简释文选〉校补》[3]二文对《敦煌悬泉汉简释文选》中的释文进行了校订。2001 年 8 月《敦煌悬泉汉简释粹》[4]出版，集中公布了一批简牍的释文。其后，张俊民《〈敦煌悬泉汉简释粹〉校读》[5]又对其释文加以校正。以上公布的悬泉汉简，含有少量"传信"简，而"传信"简的集中披露，见于张德芳《悬泉汉简中的"传信简"考述》，该文公布了部分与"传信"简有关的简牍图版，对此前公布的一些释文进行了调整，并对"传信"简进行了系统研究。其后，侯旭东收集了当时能见到的西北汉简中的"传信"与"传"，并对其详加探讨，发表《西北汉简所见"传信"与"传"——兼论汉代君臣日常政务的分工与诏书、律令的作用》一文。该文附录的《传文书分类汇总表》对包括悬泉汉简在内的"传信"简进行了分类汇总，相关释文和断句亦有所修订。

悬泉汉简尚未全部公布，一些简文散见于参与悬泉汉简整理

（接上页注 2）遗（八）》，中国文化遗产研究院编《出土文献研究》第 16 辑，上海：中西书局，2017 年，第 243—257 页。侯旭东：《西北汉简所见"传信"与"传"——兼论汉代君臣日常政务的分工与诏书、律令的作用》，以下简称《传信》。

　[1]　甘肃省文物考古研究所：《敦煌悬泉汉简释文选》，《文物》2000 年第 5 期。

　[2]　何双全：《敦煌悬泉汉简释文修订》，《文物》2000 年第 12 期。

　[3]　张俊民：《〈敦煌悬泉汉简释文选〉校补》，《敦煌学辑刊》2001 年第 1 期。

　[4]　胡平生、张德芳编撰：《敦煌悬泉汉简释粹》，以下简称《释粹》。

　[5]　张俊民：《〈敦煌悬泉汉简释粹〉校读》，简帛研究网，2007 年 1 月 31 日，以下简称《校读》。

的学者的论著中,且大多数尚未见到图版,无法进行更细致的校订。本文仅以郝树声、张德芳《悬泉汉简研究》第四章《交通与民族》第一节《悬泉汉简中的"传信简"》公布的"传信"简(简43-50为失亡传信的记录)释文为底本,据图版和相关学者的研究对其释文加以校补(若简文无误,则照录),并作初步讨论。[1]

敦煌悬泉汉简中的"传信"简其实是对传信的抄录,并非原件(有的简上还加有书写者的注记),但这些抄录简基本按照传信原格式抄写,有相对严格的文书格式[2],其中涉及的传车规格和传信制度也与汉代《厩律》相合。据此,我们可以推知"传信"简中的部分缺失文字,按照文书学的方法复原其文书格式,并对简文加以校订。

简1.

　　　　初元五年□月,左将军光録大夫臣嘉、右将军典属国臣奉世承

　　　　制诏侍御史曰:都护西域校尉军司马令史窦延年、武党∨充国∨良诣部。为驾一封

(以上第一栏)

　　　　御史大夫万年下扶▨

　　　　当舍传舍,如律令。　　　　(以上第二栏)

_____

[1]　部分参校简文还见张俊民《简牍学论稿——聚沙篇》,兰州:甘肃教育出版社,2014年(以下简称《简牍》);张俊民《敦煌悬泉置出土文书研究》(以下简称《文书》)。

[2]　参见《悬泉》,第137—138页。

V92DXT1512③:11[1]

　　"□月"，《悬泉》《文书》《传信》作"十一月"。此字图版为"▇▇"，竖笔未出头，疑当为"正"字（部分笔画可能墨迹脱落）或"二"字。《汉书·百官公卿表下》载，甘露三年（前51）"五月甲午，太仆陈万年为御史大夫，七年卒"。初元五年（前44）"六月辛酉，长信少府贡禹为御史大夫，十二月丁未卒"[2]。《悬泉》据此认为，初元五年（前44）十一月时，《百官公卿表下》所载御史大夫为贡禹，同简文记载不符。将"十一月"改释为"正月"或"二月"，简文与《百官公卿表下》记载相符。另，此传信月份后未书具体日期，疑书手漏抄。

　　"録"，《悬泉》《文书》《传信》作"禄"。此字图版为"▇"，左部为"金"旁。

　　"军"，《文书》漏释。此从《悬泉》《传信》释。

　　据文例，"为驾一封"后当有"轺传"等字。疑书手漏抄。

　　"扶"，《悬泉》《文书》《传信》未释，此字图版为"▇"，当是"扶"字的左部残存。"下扶风厩"文例，可参简12、19、22等。

　　"如律令"后《文书》衍一"□"。此从《悬泉》《传信》释。

　　简2.

　　　　▨夫臣商承　　　　御史大夫衡下右扶风厩，承书以次为驾，

---

　　[1]　《悬泉》，第136页，简1。《文书》，第436页。
　　[2]　《汉书》卷一九下《百官公卿表下》，第811页、816页。

| ☑ | 当舍传舍，如律令。 | ⼍ |

V92DXT1510②：161[1]

"夫"，《悬泉》《传信》未释。《汉书·百官公卿表下》载，永光三年（前41），"侍中中郎将王商为右将军，十一年迁"[2]。建始三年（前30），"右将军王商为左将军，一年迁"[3]。建昭二年（前37），"八月癸亥，诸吏散骑光禄勋匡衡为御史大夫，一年迁"[4]。《悬泉》据此认为，简文中的"商"即王商，"衡"即匡衡。此简为建昭二、三年间物。此说可从。又，《汉书·王商传》载："元帝时，至右将军、光禄大夫。"[5]据此，王商当时除任右将军外，还任光禄大夫。简文中"臣"前之字图版为"▇"。据文例，"臣"字前为职官名，此字当为"夫"之下半的残笔，则此简"夫"前至少还有"光禄大"三字。

简3.

> 甘露四年六月辛丑，
> 郎中马仓使护敦煌郡塞外漕作仓穿渠。
> 为驾一乘传，载从者一人。有请诏。　　　　外卅一
> 　　　　　　　　　　　　　　　　　　（以上第一栏）
> 御史大夫万年下谓，以次为驾，当舍传舍，从者

---

[1]　《悬泉》，第136页，简2。
[2]　《汉书》卷一九下《百官公卿表下》，第819页。
[3]　《汉书》卷一九下《百官公卿表下》，第824页。
[4]　《汉书》卷一九下《百官公卿表下》，第820—821页。
[5]　《汉书》卷八二《王商传》，第3369页。

如律令。　　　　　　　　　　七月癸亥食时西。

（以上第二栏）

II90DXT0115④:34[1]

简4.

黄龙元年四月壬申，

给事廷史刑寿为诏狱有逮捕弘农、河东、上党、云中、北

地、安定、金城、张掖、

酒泉、敦煌郡。为驾一封轺传。　　外二百卅七

（以上第一栏）

御史大夫万年谓胃成，以次为

驾，当舍传舍，如律令。

（以上第二栏）

II90DXT0114③:447A[2]

简5.

陇西、天水、金城、武威、张掖、酒泉、敦煌、□□东海、琅

琊、东来、勃海、济南、涿、常山、辽西、上谷郡。为驾一封轺

传。有请诏。　　　　外百卅五

（以上第一栏）

---

[1]　《悬泉》，第138页，简3。

[2]　《释粹》，第35—36页，简三一。《悬泉》，第138—139页，简4。

御史大夫望之下渭成，以次为驾，当舍传舍，如律令。

（以上第二栏）

I91DXT0309③：135A[1]

"□□东海琅琊东来"，《悬泉》《传信》作"□□□□□东来"，《简牍》作"安定、北地、东海、琅琊、东莱"。"海"字图版为"▨"，右部"每"字残存；"琅"字图版为"▨"，右部"良"字残存；"琊"字图版为"▨"右部"邪"字残存。东海、琅琊二地南北相接，据此，可推知"海"上一字为"东"。"来"字图版为"▨"，无草头。

"下"，《悬泉》《传信》未释。此简左右侧皆残损，此字图版为"▨"，"下"字的一点可见，此从《简牍》释。

简 6.

<blockquote>

五凤四年二月癸亥　　☑

大司农延□始行趣　　☑

为驾二封䋐传。外十一 ☑

</blockquote>

II90DXT0215S：399[2]

简 7.

<blockquote>

☑封䋐传。　　外二百　　·☑

</blockquote>

[1]　《悬泉》，第 139 页，简 5。《简牍》，第 168 页。

[2]　《悬泉》，第 140 页，简 6。

II90DXT0114⑥:32^[1]

    "封"，《悬泉》《传信》未释。此字图版为" "，残损严重，据文例可补释为"封"。

    "·"，《悬泉》《传信》未释。

简 8.

    元始二年二月癸未，

      西域都护守史猥、司马令史赵严罢，诣北军。为驾一封轺

  传。有请

    诏。

（以上第一栏）

    御☐

    律☐

（以上第二栏）
I90DXT0112①:58^[2]

    "守史"，《简牍》作"守受"。此从《悬泉》《传信》释。

    《简牍》"有请"后衍一"□"。此从《悬泉》《传信》释。

简 9.

为驾一封轺传,二□

I90DXT0116S:1[1]

简 10.

元始二年二月己亥,少傅左将军臣丰、右将军臣建承

制诏御史曰:候旦使送乌孙归义侯侍子。

为驾一乘轺传,得别驾载从者二人。　　御七十六

（以上第一栏）

大司□

如　□

（以上第二栏）

I90DXT0116S:14[2]

"候",《悬泉》作"侯"。此字图版为"候",当为"候"。此从
《释粹》《传信》释。

"候"前疑漏抄一"卫"字。简 IT0309③:19 有"御史守丞贺君

[1] 《悬泉》,第142页,简9。
[2] 《释粹》,第146页,简二一一。《悬泉》,第142页,简10。

为卫候王君副使送于阗王渠犁疏勒诸国客"[1]，《汉书·冯奉世传》："前将军增举奉世以卫候使持节送大宛诸国客。"[2]《后汉书·班超传》："别遣卫候李邑护送乌孙使者。"[3]可见卫候常承担护送西域诸国客人回程的任务。

"使"，《释粹》作"受"，《悬泉》作"□"，《校读》《传信》作"发"。此字图版为""，当是"使"字。有学者指出，汉简中"使"字与"受"字字形易混[4]。敦煌简中"使"字字形与此字相类，如敦40"遣使来食"之"使"字形作""，又如敦82A"奉使无状"之"使"字形作""。[5] 另外，文献中"使送"的文例颇多，上文已引，此不敷述。

"驾一乘轺传"，目前所见传车规格写作"驾一乘轺传"的仅此一例。《悬泉》断作"为驾一乘、轺传"，认为"即一乘传、一轺传，乘传为四马所驾，由归义候侍子所乘；轺传为从者二人所乘"。据上文所论汉代传车规格和传信制度，轺传以一马或二马牵引，乘坐轺传要以一封或二封传信（即加封一枚或两枚封泥的传信）为凭证。乘传以四马牵引，乘坐乘传要以三封或四封传信（即加封三枚或四枚封泥的传信）为凭证。两种传信使用的封印数量不同，因此不可能

---

［1］ 《文书》，第435页。

［2］ 《汉书》卷七九《冯奉世传》，第3294页。类似记载又见《汉书》卷九六上《西域传上》："会卫候冯奉世使送大宛客。"（第3898页）

［3］ 《后汉书》卷四七《班超传》，第1577页。

［4］ 参见李洪财《汉简草字整理与研究》，吉林大学博士学位论文，2014年，第120页。

［5］ 甘肃省文物考古研究所编：《敦煌汉简》，北京：中华书局，1991年，图版肆、捌。

在一枚传信上同时体现。两种传车规格只能分别制作两枚传信为凭证。另外，轺传与乘传所用马匹数量不同，车速亦不相同。如两种传车使用同一凭证，则沿途只能相伴而行，二者车速一致，难以发挥乘传的速度优势，不合常理。此简书手抄写字迹较为潦草，看来并不用心。这里的"驾一乘轺传"很可能是"驾一乘传"或"驾一封轺传"的误抄。

"大司"，《释粹》《悬泉》《传信》作"大……"，《校读》作"大□"。此字残笔作"▨"，《悬泉》指出，"王莽改御史大夫为大司空，后一'大'字当为大司空甄丰下某地等内容"。

此传信编号为"御七十六"，《悬泉》认为，"用'御'代替了'外'，不知何意"。带"御"字的编号，为目前仅见，既然当时已改御史大夫为大司空，此处为何仍用"御"字编号，原因不明。

简 11.

神爵四年十一月癸未，

丞相史李尊送获（护）神爵六年戍卒河东、南阳、颍川、上党、东郡、济阴、魏郡、淮阳国诣敦煌郡、

酒泉郡。因迎罢卒送致河东、南阳、颍川、东郡、魏郡、淮阳国，并督死卒传柩（槥）。为驾一封轺传。

（以上第一栏）

御史大夫望之谓高陵，以次为驾，当舍

传舍，如律令。

（以上第二栏）

I90DXT0309③:237[1]

两处"颖"字，《悬泉》《简牍》《传信》皆作"颖"。二字图版分别为"![图]""![图]"，此从《释粹》释。

简12.

制诏御史曰：都护西域骑都尉书佐薪温邮田□□□赏库车□□□□□□□□□□□

为驾一封轺传，驾八乘。

（以上第一栏）

御史大夫定国下扶风厩，承书以次为驾，

当舍传舍，如律令。　　　　　　　□

（以上第二栏）

II90DXT0214③:70[2]

"西域"，《悬泉》《传信》作"□□"，此二字图版不清。《悬泉》在讨论该简时说，"都护□□骑都尉"，当为"都护西域骑都尉"。当是。

---

[1]　《释粹》，第45页，简四〇。《悬泉》，第142页，简11。《简牍》，第424页。
[2]　《悬泉》，第143页，简12。

《悬泉》指出,此简"完整,但字迹浅淡,有些已不可得释"。此传信有"制诏侍御史曰"字样,又由御史大夫签发,当是由中央承制发出者。根据中央承制发出传信简的格式,"制诏侍御史曰"一行一般提格书写,此行文字前当还有时间、承制官员等信息(参简 1)。因此,此简右侧应有一行文字缺失。

简 13.

⊠永光元年二月庚子,左将军⊠

⊠侍御史曰:将田车师司马令⊠

⊠驾一封轺传,驾六乘。·传⊠

II90DXT0216②:805[1]

"左",《悬泉》《传信》作"右"。此字图版为"▨",右下部两横长短不一,非"口"字写法,当是"左"字。

"驾六乘·传",《悬泉》《传信》作"驾六乘传"。此处图版为"▨","传"字上部有一墨点。"·传"当为此传信编号的起首。类似文例见简 16:"为驾一封轺传,驾六乘。·传百八十八。"

简 14.

为驾一封轺传。有请⊠

---

[1]《悬泉》,第 143—144 页,简 13。

诏。　　　　　　　　☑

II90DXT0113②:49[1]

简15.

为驾一封轺传,二乘,二人共载☑

II90DXT0113④:108A[2]

简16.

车师已校候令史敞、相、宗、禹、福、置诣田所。

为驾一封轺传,驾六乘。　　·传百八十八　　　……☑

II90DXT0215③:11[3]

简17内容与此相关:"☑师已校候令史敞√相√宗√禹福置诣田所。为驾,当舍传舍,从者如律令。"[4]《悬泉》指出,两简字迹书体不同,发掘时不在同一位置。此外,二简格式亦不相同。简16是

————————————

[1]《悬泉》,第144页,简14。

[2]《悬泉》,第144页,简15,原编号为"II90DXT0113④:108"。

[3]《释粹》,第132页,简一八六。《悬泉》,第144页,简16。

[4]《释粹》,第132页,简一八七。《悬泉》,第145页,简17。《简牍》,第256页。"师",《悬泉》作"□",《简牍》作"戍"。此从《释粹》《传信》释。《释粹》"禹""福"后各衍一"√"。此从《悬泉》《传信》释。"置",《简牍》作"彊"。此从《释粹》《悬泉》《传信》释。

严格按照传信简格式抄录的,而简 17 并未严格按照传信简格式抄
录,语句亦有所省略,或是悬泉置为制作其他簿籍而抄录。"√"或
为核查记录。"敞、相、宗、禹、福、置",《悬泉》断作"敞、相、宗、禹福
置",或是受简 17 三个"√"的影响。阎步克认为,简 16 中"为驾一
封轺传,驾六乘"是指使用六辆一马轺传,恰与"敞、相、宗、禹、福、
置"六人相对。[1]　其说可从。

简 18.

　　　　车师己校尉书佐襃　　☐

　　　　为驾一封轺传,驾八　☐

II90DXT0216②:405A[2]

"八",《悬泉》《传信》未释。此字图版为"☐",下部残损,据文
例当为数字。此简与简 16 书写风格相同,字迹类似,当为一人书写
(如"驾",两简图版分别作"☐""☐",又如"传",两简图版分别作
"☐""☐")。简 16"·传百八十八"中第二个"八"字图版为
"☐",与此类似。

---

[1]　参见阎步克《乐府诗〈陌上桑〉中的"使君"与"五马"——兼论两汉南北
朝车驾等级制的若干问题》,《北京大学学报(哲学社会科学版)》2011 年第 2 期。

[2]　《悬泉》,第 145 页,简 18,原编号为"II90DXT0216②:405"。

简 19.

五凤四年六月丙寅，使主客散骑光禄大夫臣扶承

制诏御史曰：☐云中大守安国、故教未央仓龙屯卫司马苏于、武强

使送车师王、乌孙诸国客，与军候周充国、载先俱。

为驾二封轺传，二人共载。

（以上第一栏）

御史大夫延年下扶风☒

厩，承书以次为驾，

当舍传舍，如律令。

（以上第二栏）

II90DXT0113③:122+151A[1]

"臣"，《释粹》作"田"。《悬泉》《校读》《传信》未释。此字图版为"▨"。《校读》指出，按照文书格式，此字可作"臣"。可从。职官后当接"臣某"。

"承"，《释粹》《悬泉》作"韦"。《校读》《传信》作"群承"。据文例应为"承"。此字图版为"▨"，本简同字图版为"▨"，简21、简

---

[1] 《释粹》，第151页，简二一五。《悬泉》，第145—146页，简19，原编号为"II90DXT0113③:122A"。

22"承"图版为"▮""▮"，可参。

"□云中大守"，《释粹》作"使云中太守"，《悬泉》《传信》作"使云中大守"。"大"字图版为"▮"，"太"字为误释。"□"字图版为"▮"，同简两处"使"字作"▮""▮"，前者与后二者明显不同，当非"使"字。

"教"，《释粹》《悬泉》未释。此从《校读》《传信》释。

"屯"，《释粹》《悬泉》未释。此从《传信》释。《汉书·冯逡传》："功次迁长乐屯卫司马。"[１]可参。

"于"，《释粹》未释。此从《悬泉》《校读》《传信》释。

"载先"，《校读》《传信》作"载屯"。"先"反相图版为"▮"，与"屯"字图版"▮"不同。此从《释粹》《悬泉》释。"载先"应为人名。

"下扶风厩"，《释粹》未释，此从《悬泉》《传信》释。

简 20.

永始四年九月甲子，医能治病 ▱

守部候李音以诏书诣　　　　 ▱

大医。为驾二封轺传，载从者 ▱

II90DXT0111①:51[２]

---

[１]　《汉书》卷七九《冯逡传》，第 3305 页。

[２]　《悬泉》，第 146 页，简 20。

"大"，《悬泉》《传信》作"太"。此字图版为" "，当据原字作"大"。

简21.

> 元康三年四月戊寅，前将军臣增、后将☑
>
> 臣舜、长罗侯臣惠承　　　　　　　☑
>
> 制诏侍御史曰：军司马憙与校尉襃　　☑
>
> 为驾二封轺传，载从者一人。　　　☑

II90DXT0213③:5[1]

"校尉襃"，《悬泉》作"校尉马襃"，误增一字。

简22.

> 甘露二年十一月丙戌，富平侯臣延寿、光禄勋臣显，承
>
> 制诏侍御史曰：穿治渠军猥候丞☐万年、漆光、王充诣校
>
> 尉作所。
>
> 为驾二封轺传，载从者各一人，驾二乘。传八百冊四。
>
> （以上第一栏）
>
> 御史大夫定国下扶风厩，承书
>
> 以次为驾，当舍传舍，如律令。

---

[1] 《悬泉》，第146页，简21。

（以上第二栏）

IIDXT0214③:73A[1]

"显"，《释粹》作"宪"。此从《悬泉》《简牍》《传信》释。

"曰"，《释粹》未释。此从《悬泉》《校读》《简牍》《传信》释。

"穿"，《释粹》《简牍》作"闻"。此从《悬泉》《校读》《传信》释。

"猥"，《悬泉》未释。此从《释粹》《校读》《简牍》《传信》释。

"候"，《释粹》作"侯"。此从《悬泉》《校读》《简牍》《传信》释。

"□"，《释粹》作"承"。此从《悬泉》《校读》《简牍》《传信》释。据下"漆光""王充"的人名格式，此字当为姓氏。

"漆"，《释粹》《简牍》作"汉"，《悬泉》未释。此从《校读》《传信》释。

"尉"，《释粹》作"属"。此从《悬泉》《校读》《简牍》《传信》释。

"驾二乘"，《释粹》《悬泉》《简牍》《传信》作"轺传二乘"。查图版，"二乘"上一字为墨团所覆，难以辨认，据文例当为"驾"字。参前引简16"为驾一封轺传，驾六乘"。简12"为驾一封轺传，驾八乘"。

简23.

甘露三年四月己未，富平侯臣延寿、光禄勋臣显承

---

[1]　《释粹》，第40页，简三五。《悬泉》，第147页，简22。《简牍》，第256页。

制诏侍御史曰：营军司马王章诣部。

为驾二封轺传，载从者一人。五月丙午过，东。

（以上第一栏）

御史大夫定国下扶风厩，承书以

次为驾，当舍传舍，如律令。

（以上第二栏）

V92DXT1312③:2A[1]

“部”，《悬泉》《传信》未释。此字图版为“🅰”，此从《文书》释。简1有“都护西域校尉军司马令史窦延年武党√充国√良诣部”，可参。

“五”，《文书》作“正”。此从《悬泉》《传信》释。此字图版为“🅱”。此传信甘露三年四月己未签发，至五月丙午为47天，从长安至敦煌路程看，“五月”较“正月”合理。上文简3“郎中马仓使护敦煌郡塞外漕作仓穿渠”，所用为四马下足的“乘传”，自长安至悬泉置时间为22天，下文简28“敦煌玉门都尉忠之官”，所用亦为四马下足的“乘传”，自长安至悬泉置时间为34天。此简王章自扶风厩诣部，所用为二马的“二封轺传”，速度可能慢于“乘传”。不过，此简所记的王章行进方向为向东而去，按照常理，自长安出发经过

---

[1] 《悬泉》，第148页，简23。《文书》，第446页。此简图版与简24倒置，原编号为"V92DXT1311③:2"。

悬泉置当为向西。因此,如果简文无误,颇怀疑王章此前已经路过
悬泉置,五月丙午为第二次经过悬泉置向东而去。由此可见,王章
自扶风厩至第一次经过悬泉置的时间可能还要短于 47 天。若
"▓▓"字释作"正",则"正月丙午过,东"或为王章自"部"返回长安。
不过,目前所见"传信"简中,成边军吏自成所返回长安不会使用原
传信,而是再次签发新的传信以资证明(如简 8)。"东"不排除有误
书的可能。

简 24.

　　甘露二年三月丙午,使主客郎中臣超,承

　　制诏侍御史曰:□都内令霸、副候忠使送大月氏诸国客,
与庠候张寿、侯尊俱。

　　为驾二封轺传,二人共载。

(以上第一栏)

　　御属臣弘行御史大夫事,下扶风厩,承

　　书以次为驾,当舍传舍,如律令。

(以上第二栏)

V92DXT1411②:35[1]

"□",《传信》作"顷"。此从《悬泉》释。

------

[1]　《悬泉》,第 148 页,简 24。此简图版与简 23 倒置。

"副候"，《悬泉》《传信》作"副候"。此字图版为""。《汉书·西域传下》："汉使卫司马魏和意、副候任昌送侍子。"[1]可知当作"副候"。

简25.

> 甘露三年十月辛亥，丞相属王彭护乌孙公主及将军、贵人、从者。道上
>
> 传车马为驾二封轺传。有请诏。

（以上第一栏）

> 御史大夫万年下谓成，以次为驾，当
>
> 舍传舍，如律令。

（以上第二栏）

V92DXT1412③:100[2]

"有请诏"，《释粹》作"□请部"。此从《悬泉》《校读》《传信》释。

简26.

> ……　　　　　　　□

---

[1]　《汉书》卷九六下《西域传下》，第3906页。
[2]　《释粹》，第138页，简一九五。《悬泉》，第149页，简25。

制诏侍御史曰:将田车师　　☑

☑驾一封轺传,一乘。　　　☑

II90DXT0215②:198[1]

　　此简右侧缺失,左上角残断。"驾一"《悬泉》《传信》作"二",并在"一"前补二"□□"。此处图版为"𝄡",根据"传信"简文例,最右侧简文一般以"为驾……"起始,具体到该简则当为"为驾×封轺传","封"字之上当有"为驾×"三字。从该简图版来看,若将"𝄡"释为"二",则其上空间仅能容纳一个"驾"字,起始的"为"字没有书写空间。"𝄡"上面一笔有回锋,应非"二"字,据文例当是"驾"字右下角的残笔。下面横笔为"一"字。

　　"一乘",为"驾一乘"之省语,即所用传车数量为一辆。类似文例又见简15:"为驾一封轺传,二乘,二人共载。"

简 27.

以令为驾二封轺传☑

II90DXT0215②:372[2]

[1]《悬泉》,简26,第149—150页。

[2]《悬泉》,简27,第150页。

简 28.

建平四年五月壬子，御史中丞臣宪承

　制　诏侍御史曰：敦煌玉门都尉忠之官。为驾一乘传，载

从者。

（以上第一栏）

御史大夫延下长安，承书以次为驾，

当舍传舍，如律令。六月丙戌，西。

（以上第二栏）

I90DXT0112②：18[1]

"六月丙戌西"，《校读》《简牍》《传信》作"六月丙戌过西"。此

从《释粹》《悬泉》释。

简 29.

永始四年五月壬子，符节令臣放行御史☑

　制　诏侍御史曰：敦煌中部都尉晏之官。　☑

　　为驾一乘传，载从者一人。　☑

I90DXT0114②：1[2]

---

[1] 《释粹》，第 38 页，简三三。《悬泉》，第 150 页，简 28。《简牍》，第 420—
421 页。

[2] 《悬泉》，第 150—151 页，简 29。

简 30.

元平元年十一月己酉,□司□使户籍民迎天马敦煌郡。
为驾一乘传,载奴一人。御史
大夫广明下右扶风,以次为驾,当舍传舍,如律令。

II90DXT0115④:37[1]

此简因字迹模糊,释文出入较大,《悬泉》认为此简抄录比较随
意,书写不分栏,书写格式不同于其他传信简。

"□司□使户籍民",《释粹》作"□□诏使甘□□"。《校读》
《传信》作"□彭祖使户籍民"。此从《悬泉》释。

"奴",《释粹》作"御"。此从《悬泉》《传信》释。

简 31.

使大宛车骑将军长史尊使庎候□☑
行在所。以令为驾一乘传　　　☑

II90DXT0314②:121[2]

---

[1]《释粹》,第 104 页,简一三八。《悬泉》,第 151 页,简 30。
[2]《悬泉》,第 152 页,简 31。

"候"，《悬泉》《传信》作"侯"，此字图版为""，当为"候"。"庠候"，即"斥候"。

简32.

> 尉头蒲离匿皆奉献诣　　☐
> 行在所。以令为驾四乘传☐

V92DXT1311③:146[1]

简33.

> ☐年☐月壬午，凉州刺史臣☐
> ☐侍御史曰：赏使行部奏事☐
> ☐驾一乘传，载从者一人得☐

V92DXT1309③:29[2]（削衣）

"年☐"，《悬泉》《传信》释作"☐☐"，第一个"☐"图版为""，据文例当为"年"字。第二个"☐"图版为""，左半笔画残存，或为"六"字。《续汉书·百官志五》："初，（刺史）岁尽诣京都奏事，中兴但因计吏。"[3]可见刺史当在岁末才至京都奏事，此简中凉州刺史

---

［1］《悬泉》，第152页，简32。

［2］《悬泉》，第153页，简33。

［3］《续汉书·百官志五》，第3617页。

赏六月行部奏事（说见下），与文献记载不同。

"臣"，《悬泉》《传信》未释，此字图版为"▨"，当为"臣"字上部残笔。据文例，职官名后一字应为"臣"字，简1、简28"臣"字作"▨""▨"，可参。

"一人"，《悬泉》《传信》未释，此处图版为"▨"，当为"一人"的残笔。

《汉书·武帝纪》载，元封五年（前106），"初置刺史部十三州"。颜师古注："《汉旧仪》云初分十三州，假刺史印绶，有常治所。常以秋分行部，御史为驾四封乘传。到所部，郡国各遣一吏迎之界上，所察六条。"[1]《悬泉》据此提出疑问："刺史行部应驾四乘传，简中所言只驾一乘传，何者为是，因简文残缺而无法判断。"按，《汉旧仪》原文为"驾四封乘传"，与"驾四乘传"不同。按照上引汉代《厩律》规定，"乘传"是"四马下足"规格的传车，以三封为常置，有期会时则用四封乘传。在传信简的格式中，使用乘传会直接写作"驾×乘传"，"×"即用车数量，传信之上再加封三枚或四枚封泥以示区别。因此，此简中的"驾一乘传"，或即一辆四封乘传，与《汉旧仪》所言并不矛盾。[2]

《汉书·鲍宣传》载，鲍宣任豫州牧时，"行部乘传去法驾，驾一

---

[1]　《汉书》卷六《武帝纪》，第197页。

[2]　参见曾磊《刘贺"乘七乘传诣长安邸"考议》，《石家庄学院学报》2019年第2期。

马，舍宿乡亭，为众所非"。颜师古注："言其单率不依典制也。"[1]
后来鲍宣因此坐免。可见刺史乘传车出行，有严格的典制遵循。刺
史行部用"四封乘传"的规定，后来又有所变化。《后汉书·贾琮
传》说："旧典，传车骖驾，垂赤帷裳，迎于州界。"[2]类似记载又见
《续汉书·舆服志上》刘昭注补："旧典，传车骖驾，乘赤帷裳。"[3]
《三国志·蜀书·刘焉传》说刘焉"领益州牧"，裴松之注引《续汉
书》："旧典：传车参驾，施赤为帷裳。"[4]以上三例文句略有不同，
但可以看出刺史所乘传车的形式应有详细规定。笔者推测，刺史因
每年都需在外巡行，其所乘传车后来可能已成为一种专车。

　　《传信》认为，"刺史从所部奏事京师亦需要传信，从残存格式
推断，要承制签发"，又指出，"此类传信仅此一件，且残损不全，难
以窥测具体签发步骤"。不过，从"传信"简文例来看，简文中的"凉
州刺史"当为承制官员。《后汉书·李云传》："后冀州刺史贾琮使
行部，过祠云墓，刻石表之。"[5]文例与简文"赏使行部"类似，因此
"赏"疑为人名。而"赏"前未加身份，或是承前省略。因此，简文中
的"凉州刺史"或即"赏"，即"赏"为此传信的实际使用人。《传信》

　　[1]　《汉书》卷七二《鲍宣传》，第153页。
　　[2]　《后汉书》卷三一《贾琮传》，第1112页。
　　[3]　《续汉书·舆服志上》，第3648页。
　　[4]　《三国志》卷三一《蜀书·刘焉传》，北京：中华书局，1959年，第865、866
页。
　　[5]　《后汉书》卷五七《李云传》，第1852页。

还举出数例刺史奏事的实例，如何武为扬州刺史，"每奏事至京师"[1]；谷永迁为凉州刺史，"奏事京师讫，当之部"[2]。此简中凉州刺史赏在行部后奏事京师，完毕后又为自己申请传信以便离开。

孙星衍辑《汉旧仪》较颜师古注《汉旧仪》有更多的内容，其文作："丞相、刺史常以秋分行部，御史为驾四封乘传。到所部，郡国各遣吏一人迎界上，得载别驾。自言受命移郡国，与刺史从事尽界罢。行载从者一人，得从吏所察六条。"[3]基于此，简文言"载从者一人"，与此相合。"得"字之后的内容残断，但仍可做进一步推测。《释粹》公布的《元康四年鸡出入簿》中，简199作："出鸡一只（双），以食刺史，从事吏一人，凡二人，一食，东。""从事吏"，《释粹》："吏，通史。《续汉书·百官志五》曰：刺史'皆有从事史、假佐'。从事史为刺史之佐吏。"[4]汉简中"吏""史"写法不分，"从事史"写作"从事吏"，或是书手习惯所致。《续汉书·百官志四》又说，司隶校尉有"从事史十二人"，其中一人为"别驾从事"，本注曰："别驾从事，校尉行部则奉引，录众事。"[5]刺史亦有"别驾从事"，后汉陈蕃即曾被刺史周景辟为别驾从事。[6]　因此，《元康四年鸡出入簿》简

[1]　《汉书》卷八六《何武传》，第3482—3483页。

[2]　《汉书》卷八五《谷永传》，第3458页。

[3]　纪昀辑《汉官旧仪》与此同。参见[清]孙星衍等辑，周天游点校《汉官六种》，第68、36—37页。

[4]　《释粹》，第80页。

[5]　《续汉书·百官志四》，第3613、3614页。

[6]　《后汉书》卷六六《陈蕃传》，第2159页。

199 中的"刺史"或即凉州刺史，"从事吏"或为凉州刺史的别驾从事。上论简 10 有"得别驾载从者二人"的文例，结合《汉旧仪》"得载别驾"的说法，则此简"得"字之后的内容或与"载别驾从事"有关。

简 34.

　　□军豊（典）属国奉世承

　　□……

　　　　　　　　　　　　　　（以上第一栏）

　　御史大夫玄成下扶风厩，承书以次

　　……

　　　　　　　　　　　　　　（以上第二栏）

　　　　　　　　　　　Ⅱ90DXT0115③:211[1]

　　"军豊（典）属国"，《悬泉》《传信》未释。据《汉书·百官公卿表下》，初元三年（前 46），"执金吾冯奉世为右将军，三年为诸吏典属国，二年为光禄勋"[2]。永光三年（前 41），"右将军奉世为左将军光禄勋"[3]。同书《冯奉世传》又载，昭帝末，"右将军典属国常

----

[1]　《悬泉》，第 153 页，简 34。
[2]　《汉书》卷一九下《百官公卿表下》，第 814 页。
[3]　《汉书》卷一九下《百官公卿表下》，第 818 页。

惠蔍,奉世代为右将军典属国,加诸吏之号"[1]。所载与《百官公卿表》一致,则此简中的"奉世"当为冯奉世,永光元年至二年(前43—前42)时任右将军诸吏典属国。此四字图版为"""""""",第三、四字当为"属国"。从字形看,第二字为"豐",但据上所述,此"豐"字当为"典"字。又据简1"初元五年正月,左将军光録大夫臣嘉、右将军典属国臣奉世",简35"☑军卫尉臣嘉、右将军典属国臣奉世"的文例,则知此简"国"后书手漏抄一"臣"字,"典属国"前一字可补为"军",前面残断的简文至少还有"右将"二字。

简35.

　　☑军卫尉臣嘉、右将军典属国臣奉世承
　　☑……

　　　　　　　　　　　　　　　　　(以上第一栏)

御史大夫玄成下右扶风厩,承书以次为驾,当舍传舍

　　　　　　　　　　　　　　　　　(以上第二栏)

　　　　　　　　　　　II90DXT0115②:48[2]

---

[1]　《汉书》卷七九《冯奉世传》,第3295—3296页。
[2]　《悬泉》,第154页,简35。此简《传信》遗漏。

简36.

　　☒御史大夫衡下右扶风厩,承书以次为驾

V92DXT1712②:55[1]

简37.

　　☒御史大夫谭下渭成,以次为驾,当　　　　☒

　　☒□□□□□给敦煌、张掖属国、武威、金城☒

V90DXT1610②:60[2]

简38.

　　永光五年五月庚申,

　　守御史李忠监尝麦祠孝文庙。守御史任昌年

　　为驾一封轺传。　　　　外百卌二

（以上第一栏）

　　御史大夫弘谓长安,以次

　　为驾,当舍传舍,如律令。

―――――――――――

[1] 《悬泉》,第 154 页,简 36。

[2] 《悬泉》,第 154—155 页,简 37。

（以上第二栏）

II90DXT0216②：866[1]

"监尝麦"，《释粹》作"随当祀"。此从《悬泉》《传信》释。

《释粹》"长安"后衍一"长"字，此从《悬泉》《传信》释。

简43.

　　丞相守少史护之　征和元年八月辛巳，假一封传信，案上
书事。盗，传信亡。　　外七十五

I90DXT0112④：2[2]

"传信亡"，《悬泉》《传信》作"传失亡"，中间一字图版为
"▨"，"亻"旁左上部和"言"字上部残存，当是"信"。

简44.

　　守御史少史……　征和元年九月甲寅，假三封传信，案
事。亡传信。　　外十二

I90DXT0112④：5[3]

　　［ 1 ］《释粹》，第 29 页，简二六。《悬泉》，第 155 页，简 38。《悬泉》简 38—42
为"失亡传信简册"，本文仅对其中涉及传信原文的简 38 进行校补。

　　［ 2 ］《释粹》，第 34 页，简二八。《悬泉》，第 159 页，简 43。

　　［ 3 ］《悬泉》，第 159 页，简 44。

简45.

　　▨▨▨陈留当市里王定德　征和二年九月丁酉，假三封传信，与郡大守杂治诏狱▨

I90DXT0112④:4[1]

　　"陈留"，《悬泉》《传信》作"□留"。此二字图版为"▨"，残损严重，"留"仅余下部。据文例，"□留"当为县名，检《汉书·地理志》，带"留"字的县名有上党郡屯留县、郁林郡中留县、楚国留县和陈留郡陈留县。从残存笔画来看，此字当非"屯""中"二字，楚国留县县名为单字，且下文言王定德"与郡大守杂治诏狱"，可知留县亦不相符。此字左部似为"阝"残笔，则此字当为"陈"。

简46.

　　尚□为琅邪尉庞舜　征和三年十一月壬寅，假二封传信，送迎戍田卒。盗，□□亡。　外□百二十

I90DXT0112④:3[2]

　　"尚"，《悬泉》《传信》未释，此字图版为"▨"，当为"尚"字。
　　"邪"，《悬泉》《传信》作"琊"，此字图版为"▨"，当为"邪"字。
　　"□□亡"，《悬泉》《传信》作"传失亡"，前二字图版不清，此简

［1］《悬泉》，第159页，简45。
［2］《悬泉》，第159页，简46。

为失亡"传信"的记录,并非失亡"传"的记录,释作"传失亡"疑误。
据简43、简49文例,"□□"或为"传信"二字。

简47.

御史守属大原王凤　元凤元年九月己巳,假一封传信,行
磨(历)日诏书。亡传信。　　外二百七十九

I90DXT0112④:1[1]

"大",《释粹》作"太",《悬泉》《传信》作"大"。此字图版为
"█",此从《悬泉》《传信》释。

"磨",《释粹》《悬泉》《传信》作"历",此字图版为"█"。"磨"
即"历"。[2]

简48.

☒国　大始三年五月己卯,假一封传信,案事。亡传信☒

II90DXT0114④:19[3]

"己卯",《悬泉》《校读》《传信》作"乙卯"。此从《释粹》释。

---

[1]　《释粹》,第35页,简三〇。《悬泉》,第159页,简47。
[2]　关于"磨"字的写法,参张再兴《秦汉简帛中的"曆"和"磨"》,邬文玲、戴
卫红主编《简帛研究二〇一八(春夏卷)》,桂林:广西师范大学出版社,2018年,第
130—141页。
[3]　《释粹》,第34页,简二七。《悬泉》,第160页,简48。

此字图版为" "，《释粹》注释说："据《二十史朔闰表》，太始三年五月癸巳朔，无己卯，或书写有误。"此简为失亡传信的记录，当是书手将"乙"误抄为"己"。

简49.

    御史□□常山平□□并　大始五年五月甲寅，假一封传信，案上书事。盗，传信亡。　外三百五十五

I90DXT0114③:50[1]

"盗传信亡"，《悬泉》《传信》作"□亡传信"，"盗，传信亡"文例可参简43。另，"盗"字图版为" "，简43"盗"字作" "，可参。"传信亡"三字图版分别为" "" "" "，墨迹隐约可辨。

简50.

    □□□史冯贵　元始元二年四月，假一封传信，迎罢戍田卒。溺死，亡传信。　外□百□十一

II90DXT0113⑥:4[2]

"□□□"，《释粹》漏释。此从《悬泉》《校读》《传信》释。

"元"，《释粹》作"之"。此从《悬泉》《校读》《传信》释。

［1］《悬泉》，第160页，简49。

［2］《释粹》，第34页，简二九。《悬泉》，第160页，简50。

"四"，《释粹》作"正"。此从《悬泉》《校读》《传信》释。

"外□百□十一"，《释粹》作"外第十五"。《悬泉》《传信》作"外传第十一"。《校读》亦认为"十五"应作"十一"。"百"字图版为"▓▓"，不是"传"或"第"字。从已公布传信简简文看，编号起首有"外+数字""传+数字""传第+数字""御+数字"等格式，无作"外第+数字""外传+数字"者。

第八章 "苻信"制度与边塞巡查

西晋元康三年"苻信"是目前发现的唯一完整的西晋"苻信"实物,包含信息十分丰富,具有重要研究价值。该"苻信"上的封泥文字或为"塞曹印信"。"塞曹"是汉晋边郡的地方行政机构,在护乌桓校尉营府(或称幕府)、边郡都尉府和边县县廷中都有可能设置。通过对"苻信"文本的释读,可以初步了解西晋边塞巡查制度。该"苻信"所见交通地理信息为相关地名的推定提供了新的线索。

第一节 "苻信"正名

2004 年敦煌市博物馆工作人员于敦煌小方盘城遗址西南 65 千米处发现一处烽燧遗址。遗址地处戈壁沙漠腹地,远离居民点,地表目标不甚突出,一直未被发现。2004 年 8 月,敦煌市博物馆在检查小方盘遗址西段长城烽燧时首次发现该烽燧遗址,之后博物馆又多次进行勘察保护,并采集到数枚汉简。2008 年,敦煌市博物馆工作人员对该遗址进行了抢救性发掘。[1]

据发掘者称,此次发掘出土了十余枚简牍,其中最为重要的是一件完整的封检(图8-1)。[2] 该封检出土于编号为 F5 的房屋建筑遗址西南角,系胡杨木质,长 44.3 厘米,宽 6 厘米,厚 2.2 厘米。正面为竖长方形,上半部中间挖有供缠绳打封泥用的凹槽,凹槽略呈方形,外长、宽 6.1 厘米×5.5 厘米,内长、宽 3.2 厘米×2.5 厘米。凹槽上端正面竖书三行,下端并排竖书五行,上端字体较大,下端字体稍小,字迹清楚。封泥保存完整,呈暗红色,上有篆书阳文钤印。[3] 凹槽底部横向刻等距离的三道小槽,为封泥结绳头处,制作得极为精致、规矩。三道缠书麻绳保存也完好。

[1] 相关资料参见杨俊《敦煌一棵树汉代烽燧遗址出土的简牍》,《敦煌研究》2010 年第 4 期。后石明秀《敦煌一棵树烽燧新获简牍释考》(《中国国家博物馆馆刊》2012 年第 6 期)一文公布了其清晰图版,并对释文进行了修订。

[2] 此简最初编号为 2008DYF5:1,后编号为 09dh-0,已收录于《玉门关汉简》(编号 DYK:9)。参见张德芳、石明秀主编,敦煌市博物馆、甘肃简牍博物馆、陕西师范大学人文社会科学高等研究院编《玉门关汉简》,上海:中西书局,2019 年,彩色图版见第 92 页,红外线图版见第 228 页。

[3] 杨俊以为此印为篆书阳刻。其实,此印为阴刻,钤于封泥上笔画凸出,成为阳文。

图 8-1　简 DYK：9[1]

　　杨俊认为，文末所书元康三年是汉宣帝元康三年（前 63）。但此简文字书体与汉隶有明显区别，而与楼兰、尼雅出土魏晋简纸文书相似。李正宇、李永平、李岩云和石明秀均指出，此元康当为晋惠

　　[1]　张德芳、石明秀主编，敦煌市博物馆、甘肃简牍博物馆、陕西师范大学人文社会科学高等研究院编：《玉门关汉简》，彩色图版见第 92 页，红外线图版见第228 页。

帝元康年号,并非汉宣帝元康年号,元康三年即公元293年。[1]

　　杨俊将此简定为"封检",并认为此简"是重要的檄书,还有封泥钤印,为的是引起重视和传递保密"。这一观点似可商榷。杨俊认为,封检的作用"类似今日的信封","是夹在文书外面的两面简牍"。但此简仅有一件,且已经缠绑编绳,加盖封泥,中间无法再夹藏文书。还有一种封检是用一枚木牍制成的,用来捆系在囊橐的端口,其上加盖封泥,以防其中物品泄漏。但这样的封检一般较小,不会长达40余厘米。楼兰简纸文书中"马厉印信"(L.A.Ⅱ.ⅱ—孔木119)[2]封检为我们提供了西晋封检的实物例证(图2),与此简有明显差别。[3]

图2　简 L.A.Ⅱ.ⅱ—孔木119

　　[1]　李永平:《敦煌出土西晋"元康三年侦候符信"考略》,甘肃省第二届简牍学国际学术研讨会会议论文,兰州,2011年;李正宇:《敦煌一棵树烽燧新获汉简初识》,收入张德芳主编《甘肃省第二届简牍学国际学术研讨会会议论文集》,上海:上海古籍出版社,2012年,第157—161页。李岩云:《敦煌西湖一棵树烽燧遗址新获简牍之考释》,《敦煌研究》2012年第5期;石明秀:《敦煌一棵树烽燧新获简牍释考》。

　　[2]　引自侯灿、杨代欣编著《楼兰汉文简纸文书集成》,成都:天地出版社,1999年。以下除特别标注外,本文所引楼兰汉文简纸文书图版及释文均出自该书。

　　[3]　关于封检的研究情况可参看[日]大庭脩《再论"检"》,收入[日]大庭脩著,徐世虹译《汉简研究》,桂林:广西师范大学出版社,2001年,第176—204页。

其实，封泥槽之上的文字"领校龙勒令印至煎都南曲苻信"已经明确告诉我们，此简当为"苻信"。其上加盖封泥，并不是为了保密，而是为了证明"苻信"的真实性。"苻信"上缠绳是为了增加摩擦力，防止封泥风干后遗失。

"苻信"即"符信"，汉代多称作"符"[1]。符有许多种类和用

[1] 关于汉代的符，学者多有研究，参见陈槃《汉晋遗简偶述》"符传"条，《汉晋遗简偶述之续》"汉符传六寸本古制"条，均收入其著《汉晋遗简识小七种》，上海：上海古籍出版社，2009年，第42—43页，第81页；劳榦《居延汉简考证》"符券"条，台北："中研院"历史语言研究所，1960年，第3—5页；陈直《符传通考》，收入其著《居延汉简研究》，北京：中华书局，2009年，第45—47页；傅振伦《西汉始元七年出入六寸符券》，《文史》第10辑，北京：中华书局，1980年，第174页；薛英群《汉代符信考试（上、下）》，《西北史地》1983年第3、4期；李均明《汉简所见出入符、传与出入名籍》，《文史》第19辑，北京：中华书局，1983年，第27—35页；徐乐尧《汉简所见信符辨析》，《敦煌学辑刊》1984年第2期；何智霖《符传述略——简牍制度举隅》，《简牍学报》第7期，1980年，第283—292页；胡平生《木简出入取予券书制度考》，《文史》第36辑，北京：中华书局，1992年，第145—156页；李均明、刘军《简牍文书学》，南宁：广西教育出版社，1999年，第418—421页；汪桂海《汉符余论》，甘肃省文物考研究所、西北师范大学文学院历史系《简牍学研究》第3辑，兰州：甘肃人民出版社，2002年，第295—300页；朱翠翠《秦汉符信制度研究》，上海师范大学硕士学位论文，2009年；乐游、谭若丽《敦煌一棵树烽燧西晋符信补释——兼说汉简中"符"的形态演变》，《中国国家博物馆馆刊》2016年第5期；[日]大庭脩《汉代的符与致》，收入[日]大庭脩著，徐世虹译《汉简研究》，第134—149页；[日]伊藤瞳《汉代符の形态と机能》，《史泉》第116号，2012年，第1—17页；[日]鹰取祐司《漢代における符の展开》，《東アジア簡牍學と社会—東アジア簡牍學の検討》报告集，2012年；[日]冨谷至著，刘恒武、孔李波译《文书行政的汉帝国》，南京：江苏人民出版社，2013年，第253—257页；[日]藤田胜久《肩水金关汉简与汉代交通——传与符之用途》，中共金塔县委、金塔县人民政府、酒泉市文物管理局、甘肃简牍博物馆、甘肃敦煌学会编《金塔居延遗址与丝绸之路历史文化研究》，兰州：甘肃教育出版社，2014年，第606—614页。参见戴卫红《汉末魏晋时期县级主官加领校探讨》，《中国史研究》2019年第4期。

途,其中一种专门用作吏卒日迹,陈直称作"缴巡省查之符"[1],李均明称作"日迹符"和"警候符"[2]。如:

1. 十二月戊戌朔博望隧卒旦徼迹西与青堆隧卒会界上刻
   券\≠   1392A[3]

   十二月戊戌朔青堆隧卒旦徼迹东与博望隧卒会界上刻

   券\显明   1392B

2. ■平望青堆隧惊候符左券齿百   1393

3. 四月威胡隧卒旦迹西与玄武隧迹卒会界上刻券   2296

4. 九月辛亥步昌候长持第七符过田   1579

5. 八月庚申候史持第卌符东迹   1602

6. 正月乙卯候长持第十五符东迹   ☑   1763

7. 第廿三候长迹符左   ☑   E.P.T44:21

8. 第廿三候长迹符右   ☑   E.P.T44:22

9. □第六平旦迹符   E.P.T49:69

10. 第□□□□□旦符

---

[1] 陈直:《符传通考》,收入其著《居延汉简研究》,第45—47页。

[2] 李均明:《秦汉简牍文书分类辑解》,北京:文物出版社,2009年,第434—435页。

[3] 除特别标注外,本文所引简牍图版及释文均出自甘肃省文物考古研究所编《敦煌汉简》,北京:中华书局,1991年;胡平生、张德芳编撰《敦煌悬泉汉简释粹》,上海:上海古籍出版社,2001年;张德芳《敦煌马圈湾汉简集释》,兰州:甘肃文化出版社,2013年;张德芳主编《居延新简集释》,兰州:甘肃文化出版社,2016年。

弛刑朝文山迹持出入 （简截面为半圆形）

E.P.T49:70A、B

11. 鉼庭月廿三日隧长日 □ E.P.T65:159
迹符以夜半起行诣官

以上几符按照形制可分为三类:

第一类,有刻齿符。如简 2、3。简 1 虽无刻齿,但简文也明确提到"刻券",可能是未经使用的符。简 1、3 是戍卒巡查时所用。相邻两座烽燧戍卒在各自辖区尽头会面,合符后刻划契口,即所谓"会界上刻券",以备核检,证明二人确实完成巡查。简 2 是戍卒候望时所用,其下有圆孔,穿有绳索,当是当值吏卒佩带使用的实物。

第二类,无刻齿符。如简 4—8。持这种符的人身份多是候长或候史,地位稍高。这种符一半留在候官,一半巡查时携带。

第三类,有封泥之符。如简 9—11。这类符的形制与这件"符信"最为接近(图 8-3)。其上没有刻齿,但有封泥槽,使用时其中加盖封泥,以作凭证。

（1）E. P. T49:69　　（2）E. P. T49:70A、B　　（3）E. P. T65:159

图 8-3　汉代的符

以上我们在汉简中找到了形制上与此"符信"类似的符，在与该"符信"年代相近的楼兰魏晋简纸文书中，我们又找到了与该"符信"文书格式类似的材料：

12.　　　温？伯？兵张远马始今当上堤勅到具粮食作物

将勅　诣部会被勅时不得替留设解　　　　（正面）

五月三日未时起　　　　（背面）

L. A. Ⅵ. ⅱ .0204—沙木 769

柳洪亮将十六国时期高昌郡的下行公文书分作教、符、敕三类。[1]
侯灿、杨代欣以为西晋的制度也与此类似，简12"将敕"即是"敕"的
实物例证。[2] 本文所论"苻信"的文书格式与"将敕"大致相似，简
首为公文书类型，其下详述公文书内容，最后标注公文书发送时间。

综上所述，此件"苻信"形制与汉代的符类似，文书格式符合西
晋下行公文书的特征，当是西晋边县将民巡查时所用的凭证。

第二节　封泥及简文考释

因封泥字迹模糊不清（图 8-4），不易释读。石明秀认为此印为
龙勒县令之钤印，李正宇直接释作"龙勒令信"，李岩云则释作"龙
勒信使"。从字形来看，前二字显非"龙勒"。现对该封泥文字加以
释读。

---

[1]　柳洪亮：《吐鲁番文书中所见高昌郡官僚机构的运行机制》，收入其著《新
出吐鲁番文书及其研究》，乌鲁木齐：新疆人民出版社，1997 年，第 298—307 页。
[2]　侯灿、杨代欣编著：《楼兰汉文简纸文书集成》，第 439 页。

图 8-4 "塞曹印信"封泥[1]

　　仔细辨别图版可知,此封泥为四字,无界格,自右上至左下竖读为"□□印信"。左上"印"为"㊞"形,是汉晋玺印习见的字形,下半部的"㐄"依然清晰。左下"信"字为"㕼"形,也是汉晋玺印习见字形,左半"亻"字,右半下部"口"字,尚可分辨。"印信"的文字组合,也是当时常见的形式。

　　封泥前两字因印文漫漶,不易分辨。右上字宝盖下"共"部分的横画依稀可辨,或为"塞"字,右下字下部的"曰"依然清晰,或为"曹"字。则此封泥文字可释读为"塞曹印信"。封泥上的"塞曹"二字,可与简文末尾"元康三年三月廿三日子时,起塞曹"对应,是说此"符信"在元康三年三月廿三日子时由塞曹发出。

　　下面将传世和出土玺印中的"塞""曹""印信"几字举例如下。

　　"塞"(图 8-5):

---

　　[1]　2011 年笔者写作此文时,此二图曾承杨俊转由马怡惠示。

（1）汉保塞乌桓率众长　　　　　　（2）高柳塞尉

图 8-5　玺印中的"塞"字举例

"曹"（图 8-6）：

（1）曹子孺　　　　（2）曹风私印　　　　（3）曹彦堰印

图 8-6　玺印中的"曹"字举例

"印信"（图 8-7）：

（1）曹宪印信　　　　（2）文武印信　　　　（3）中厨印信

图 8-7　玺印中的"印信"举例[1]

笔者对该封泥的文字考订得到乐游、谭若丽的肯定，但乐游、

---

[1]　"汉保塞乌桓率众长""高柳塞尉""中厨印信"引自罗福颐主编，故宫博物院研究室玺印组编《秦汉南北朝官印征存》，北京：文物出版社，1987 年，第 220、62、38 页，编号：1253、345、210。"曹子孺""曹风私印""曹彦堰印""曹宪印信""文武印信"引自周晓陆主编《二十世纪出土玺印集成》，北京：中华书局，2010 年，第 291、261、531、293、529 页，编号：三 -SY-1195、三 -SY-0866、四 -SY-0022、三 -SY-1229、四 -SY-0003。

谭若丽同时指出，

此四字并非均分印面，而是"塞"与"信"高度相当，"宀"形下有五道等距横划，下两道明显较长，第三道也比较平直，再参照其他点划特征，可拟补作近似 的形体。汉晋印章较为繁的塞字作 形，与小篆 形同构。受到通行隶书与印面布局影响或简省作 者。在本封泥中，或因"曹"字横划多，挤占空间，故 旁亦被省去。"曹"字上部的笔画亦经过了比较强烈的简省，近于 形。[1]

乐游、谭若丽将此封泥复原如下（图8-8）：

图8-8 "塞曹印信"封泥复原[2]

乐游、谭若丽还指出：

[1] 乐游、谭若丽：《敦煌一棵树西晋符信补释——兼说汉简中"符"的形态演变》，《中国国家博物馆馆刊》2016年第5期。后乐游、谭若丽对此封泥的复原有所修订，参见乐游、谭若丽《河西汉晋边塞出土散见印章封泥辑考》，西泠印社编《第五届"孤山证印"西泠印社国际印学峰会论文集》，杭州：西泠印社出版社，2017年，233页。

[2] 乐游、谭若丽：《河西汉晋边塞出土散见印章封泥辑考》，西泠印社编《第五届"孤山证印"西泠印社国际印学峰会论文集》，233页。

今见汉晋无界格四字官印中，朝廷颁发的实用长吏官印无论笔画简繁是否悬殊，皆尽可能四字均分，应与制度有关。私印与乡里、祭尊类基层吏员则时见随简繁排布的现象，该封泥显近于此。基层属吏由主官在辖区自行辟除黜免（安作璋、熊铁基：《秦汉官制史稿》，齐鲁书社 2007 年，第 546—548 页——原注），职权不出辖境，显非由朝廷而是由主官自行制作颁发印章，形式上较自由并受私印影响是不奇怪的，此印亦可为例证。又居延汉简中有抄录基层属吏印文的邮书记录：

1. 印曰："尉史胜之印"，五月乙巳，尉史胜之以来

EPT56：283B

2. 二月十四日，南单檄诣城官，"都吏郝卿印"，受沙头卒张诩，人定时

505·19

这些带私名的印章自非朝廷颁发，亦可见属吏印章形式较长吏官印灵活多样（除此二例外，居延旧简 506·19 还有"左掾私印"。汉世郡县诸曹掾史有分左右者，"左掾"很可能是某曹左掾，但因难以排除"左掾"为人名，故不引。赵平安曾举第一条以探讨属吏印章的问题，见赵平安：《秦西汉印章研究》，上海古籍出版社 2012 年版，第 119—120 页——原注）。[1]

---

[1] 乐游、谭若丽：《河西汉晋边塞出土散见印章封泥辑考》，西泠印社编《第五届"孤山证印"西泠印社国际印学峰会论文集》，233—234 页。

笔者同意乐游、谭若丽的说法。"塞曹印信"或即非朝廷正式颁发的官印,因此印章的文字形式和布局较为灵活。

杨俊的释文发表后,曾引起简帛网论坛网友关注,指出其中误释之处。[1] 张俊民、李永平、李正宇、李岩云、石明秀亦撰文对此简进行过相关讨论。[2] 笔者也曾综合当时见到的各家意见对简文进行过校读[3],此后,赵宁、乐游、谭若丽对简文做了集释和进一步校读。[4] 现据各家意见重新释读如下:

领校龙勒令印

至煎都南曲侦▢

候符信

（以上第一栏）

今遣将张鲜、民吕埋子至煎都南曲,将张廖、民赵靖至且

禽五亭诸

---

[1] 参与网友有 zhangjm4261、铁血丹心、班图、步笈、亦趋、鼎元等人,凌文超也曾对释文提出修订意见。参见 http://www. bsm. org. cn/bbs/read. php? tid = 1601&fpage=2&page=1。

[2] 邓天珍、张俊民:《敦煌汉简札记》,《敦煌研究》2012 年第 2 期;李永平:《敦煌出土西晋"元康三年侦候符信"考略》;李正宇:《敦煌一棵树烽隧新获汉简初识》;李岩云:《敦煌西湖一棵树烽隧遗址新获简牍之考释》;石明秀:《敦煌一棵树烽燧新获简牍释考》。

[3] 曾磊:《敦煌出土西晋元康三年"符信"考释》,《敦煌研究》2012 年第4 期。

[4] 赵宁:《散见汉晋简牍的搜集与整理》,吉林大学硕士学位论文,2014 年,第 420—423 页。乐游、谭若丽:《敦煌一棵树烽燧西晋符信补释——兼说汉简中"符"的形态演变》。

　　水泉要道南北贼所过之处。鲜等当兼道速行，若有纵迹入出，便□

　　靡速还白消息；若无纵迹，取前符信，以所赍符明作封表。

狸诣营

　　白消息，还会月廿八日，廖还会廿七日。明如茆度奉行。

　　　　　元康三年三月廿三日子时，起塞曹。[1]

　　　　　　　　　　　　　　　　　　（以上第二栏）

　　"领校"，杨俊释作"领报"，邓天珍、张俊民释作"领护"，凌文超、李永平释作"领拔"，李正宇、李岩云、石明秀、乐游、谭若丽均释作"领扳"，分歧都在"校"字上。

　　该字字形为"**扳**"，明显不是"护""拔"二字。属于魏晋时期的楼兰简纸文书中，"报"字写作"**𣸣**"（L.A.Ⅱ.ⅱ—孔纸 7）、"**𢰆**"（L.A.Ⅵ.ⅱ.016—沙木 762），与该字也不相同。李正宇认为"扳"与"板、版"相通，谓板授之官，非出自朝命。并以为版授"领龙勒令"者为赵王伦，而身任"领龙勒令"者，其人原官固在县令之上。[2] 李永平认为"拔"或为"绂"，并举敦煌汉简"持校尉印绂"（981）为例，认为"领拔"为领官印或持官印之意。[3] 以上解释都显牵强。李正宇将"领龙勒令印"与"领扳龙勒令印"等同，并不合适，简文也

　　［1］　新近出版的《玉门关汉简》释文与笔者的校补释文一致。

　　［2］　李正宇：《敦煌一棵树烽隧新获汉简初识》。

　　［3］　李永平：《敦煌出土西晋"元康三年侦候符信"考略》。

与任授官职无关。李永平将"领拔"与"持……印绶"等同,解释也不能贴合文意。

笔者亦曾认同此字为"扳",并认为"扳""返"皆据"反"得音,"扳"可读作"返"。乐游、谭若丽亦认同笔者的观点。[1] 戴卫红认为,此字当为"校"字。前凉建兴廿四年(336)周振妻孙阿惠墓出土墓券上亦有"领校"二字,相关简文作:"建兴廿四年三月癸亥朔廿三日乙酉,直执。凉州建康表是县显平亭部前玉门主领校周振妻孙阿惠……"其中"校"字写作"𣎴"。[2]

"领校"一词始见于汉碑。《汉故领校巴郡太守樊府君碑》中有"领校巴郡太守"[3],《巴郡太守都亭侯张府君功德叙》中有"领校安汉长江州上官旦"[4],《安平相孙根碑》中有"博昌领校""益□领校孙夷叔""□□领校终利士杨""□□领校卢□□"[5]等文例,与"领校龙勒令""玉门主领校"类似。

---

[1] 曾磊:《敦煌出土西晋元康三年"符信"考释》。乐游、谭若丽:《敦煌一棵树烽燧西晋符信补释——兼说汉简中"符"的形态演变》。

[2] 曹国新:《骆驼城出土珍贵文物》,《丝绸之路》1999年第3期;何双全、狄晓霞:《甘肃省近年来新出土三国两晋简帛综述》,《西北师大学报(社会科学版)》2007年第5期;赵雪野、赵万钧:《甘肃高台魏晋墓墓券及所涉及的神祇和卜宅图》,《考古与文物》2008年第1期;刘卫鹏:《甘肃高台十六国墓券的再释读》,《敦煌研究》2009年第1期;李并成:《甘肃省高台县骆驼城遗址新考》,《中国历史地理论丛》2006年第1期;戴卫红:《汉末魏晋时期县级主官加领校探讨》,《中国史研究》2019年第4期。

[3] [宋]洪适:《隶释》卷一一,北京:中华书局,1985年,第128—129页。

[4] [宋]洪适:《隶释》卷五,第61—64页。

[5] [宋]洪适:《隶释》卷一〇,第115—118页。

对"领校"一词的含义,学界有不同的认识。《汉故领校巴郡太守樊府君碑》碑额有"领校巴郡太守"的称谓,洪适认为"其额以领校巴郡太守称之者。朝无成命也"[1]。严耕望认为,"'领校'犹史传中守相权命属吏守诸县长吏者,是亦暂署也"。又认为,"晋及南朝仍承此制,唯不常见耳。其性质类以下级官暂行上级官事,与前考'领'者殊异"[2]。安作璋、熊铁基则认为,"领或以领护、领校为称"。不过他们亦认为领校为"暂署"[3]。戴卫红则认为,"领校龙勒令""玉门主领校"均为县级主官加领校,即领校尉之省。郡县级主官加"领校",是地方主官"领"某校(尉)以行领兵之名。三国时因战事紧急,县令加领校尉多带兵,而西晋、前凉时因边地郡县多有军情,县令前加领校,在管理民政外,亦涉及遣将、民巡查边塞等军政。[4]

"龙勒令",汉代称龙勒长,悬泉汉简和敦煌汉简皆有"龙勒长印"(Ⅴ1611③:308、1975A)的简文,是为明证。《晋书·职官志》载:"县大者置令,小者置长。"[5]与汉制相同。看来,西晋时龙勒县的规模有所扩张,故改称龙勒令。

---

[1]　[宋]洪适:《隶释》卷一一,第129页。

[2]　严耕望:《中国地方行政制度史甲部——秦汉地方行政制度》,上海:上海古籍出版社,2007年,第390页;严耕望:《中国地方行政制度史乙部——魏晋南北朝地方行政制度》,上海:上海古籍出版社,2007年,第379页。

[3]　安作璋、熊铁基:《秦汉官制史稿》,济南:齐鲁书社,2007年,第859页。

[4]　以上讨论参见戴卫红《汉末魏晋时期县级主官加领校探讨》。

[5]　《晋书》卷二四《职官志》,北京:中华书局,1974年,第746页。

　　"侦候",杨俊释作"侦侯",张俊民释作"侦候",凌文超释作"值侯"。从"侦"字字形来看,该字右下两点连为一条直线,但并不平直,释作"值"不妥。"侦候"即"侦候",侦查候望之意。

　　"将",楼兰西晋简有"将张金部见兵廿一人……""将梁衰部见兵廿六人……"(L.A.VI.ii.0107—沙木 753A、B),乐游、谭若丽据此认为这里的将应当是魏晋常见的"部曲将"这类基层军官。[1]

　　"且禽",杨俊、张俊民皆释作"会",李永平未释。李正宇、石明秀释作"禽"。笔者亦曾赞同"会"字的释读。乐游、谭若丽认为,此字与同简"会"字字形不相类,下部明显是"禽"字的特征笔画。

　　"贼",凌文超、李永平释作"贼",李正宇释作"贱",张俊民认为该字字形为"贝+多"。笔者认为,楼兰文书中"贼"有写作"𧵃"者(L.K—橘木西图史图版(1)2),与该字字形不同。但从文意来看,释作"贼"较为合适。乐游、谭若丽则直接将其释作"贼"字。

　　"便□",杨俊释作"使之",张俊民释作"便白",李正宇释作"便回"。据文意疑为"便当"。乐游、谭若丽认为可释作"便可"。

　　"封表",杨俊释作"对□",张俊民释作"封表",石明秀释作"封度",并认为"度"字当下属。据图版,"封"字无误,"封"下一字模糊不清,凌文超以为当作"差",与下文"吕埋子"连读。乐游、谭若丽认为"封表"意见可从,并认为"明作封表"应是"明白地加封印

---

　　[1] 乐游、谭若丽:《敦煌一棵树烽燧西晋符信补释——兼说汉简中"符"的形态演变》。

并说明情况"，由此可知当时的符信是要有封、表这两个要素的。具体到本符信，封泥槽中"塞曹印信"封泥即是"封"，而从"今遣将"自"塞曹"这一段陈述事由、申明规定的文字即是"表"。

"狸"，凌文超以为即上文出现的"吕埋子"，当是。

"营"，《续汉书·百官志一》云"（将军）领军皆有部曲。大将军营五部，部校尉一人，比二千石"[1]。可见"营"是汉代军队的建制。尼雅文书有"西域长史营写鸿胪书到如书罗捕言会十一月廿日如诏书律令"（N.XV.328及75）[2]，可见西域长史之下设有营。有学者指出，楼兰文书中的"营"也是西域长史下属[3]。据楼兰文书，营下又有属吏及将、兵。此"符信"中的"营"或受塞曹节制。

"明如茚度奉行"，当如汉代公文书中常见的"如律令"一样，是固定的文书格式。"茚度"即"节度"。乐游、谭若丽指出，"节度"一词汉时始通行，魏晋常指军事指令，如《三国志·魏书·武帝纪》裴松之注："临事又手为节度，从令者克捷，违教者负败。"[4]又《蜀书·诸葛亮传》："谡违亮节度，举动失宜。"[5]简文盖用此义，文中对四人如何侦候及返回的规定即是"节度"。

"元康三年三月廿三日子时，起塞曹"，楼兰文书中有："泰始五

[1]　《续汉书·百官志一》，第3565页。
[2]　孟凡人：《楼兰鄯善简牍年代学研究》，乌鲁木齐：新疆人民出版社，1995年，第261页。
[3]　侯灿、杨代欣编著：《楼兰汉文简纸文书集成》，第95页。
[4]　《三国志》卷一《魏书·武帝纪》，北京：中华书局，1959年，第55页。
[5]　《三国志》卷三五《蜀书·诸葛亮传》，第923页。

年五月一日辛卯起仓曹。"(L.A.Ⅵ.ⅱ.047—马木 229)泰始是晋武帝年号,泰始五年(269)与元康三年(293)年代接近,其句式与该"符信"文末的句式也十分相似。可见也是西晋签发文件的习用格式。

该"符信"的大意是,塞曹派将张鲜、民吕埋子和将张廖、民赵靖分别前往煎都南曲和且禽五亭侦候。如果发现敌人踪迹,就飞速返回报告。如没有发现敌人踪迹,张鲜、吕埋子到达煎都南曲后,以此为凭信领取之前的符信,由吕埋子在规定时间内带回出发地。此件符信应是将张鲜、民吕埋子携带的,其目的地是煎都南曲。将张廖、民赵靖可能携带另一件符信,到达且禽五亭。

该"符信"所反映的西晋边塞巡查制度亦值得注意。通过上面的分析可知,边塞巡查人员进行巡查时要携带符信。符信之上写明巡查的目的地和返回时间,并加盖封泥,以证明符信的真实有效。巡查人员只有到达目的地,才能凭原符信换取另一件符信,然后返回。通过这样的制度,可以防止巡查人员弄虚作假,保证巡查的有效进行。

该符信所言"将某+民某"的巡查形式与汉代并不相同。汉代边塞的日常巡行一般为戍卒完成,各部候长也会定期巡查所辖烽燧。边郡都尉府只负责屯戍防御事务,调用的人员也仅限于戍卒和刑徒,一般不会使用"民"进行巡查。从该"符信"来看,西晋的边塞巡查制度与汉代相比已经发生了很大的变化,可惜因材料限制,我们不能做更深入的探讨。

第三节 "塞曹"考论

内蒙古和林格尔壁画墓护乌桓校尉幕府画面中出现了"塞曹"府舍(图 8-9)。整理者说:

> 前室东、南两壁转角处,也画了幕府的情况。东壁上为"幕府东门",门扇上画着青龙、白虎,门两旁竖建鼓,武士执戟守卫。几道平行的粗大线条,表示是府门的台阶,有人正匍伏在阶沿上等候参见。下方画着"右贼曹""左贼曹"等三所属曹府舍。转到南壁,一座与幕府东门相对称的大型府舍,榜题"功曹",下方亦有三所属曹府舍,分别为"尉曹""右仓曹""左仓曹"。此图上方,南壁上有一单檐三间府舍,榜题"金曹""阁曹""塞曹";东壁上相对称的建筑榜题"兵弩库"。[1]

《续汉书·百官志五》说:"使匈奴中郎将一人,比二千石。本注曰:主护南单于。置从事二人,有事随事增之,掾随事为员。护羌、乌桓校尉所置亦然。"其下又说:"护乌桓校尉一人,比二千石。本注曰:

---

[1]　内蒙古自治区文物考古研究所编:《和林格尔汉墓壁画》,北京:文物出版社,2007 年,第 18 页。

主乌桓胡。"刘昭注补引应劭《汉官》曰:"拥节。长史一人,司马二人,皆六百石。并领鲜卑。客赐质子,岁时胡市焉。"[1]可见护乌桓校尉的属官除了长史、司马外,还有从事和掾。护乌桓校尉于武帝时始设,西汉末罢置,东汉光武帝"复置校尉于上谷宁城,开营府,并领鲜卑,赏赐质子,岁时互市焉"[2]。可见护乌桓校尉有固定治所,其所开"营府",和林格尔汉墓壁画榜题作"幕府"。从壁画内容来看,前室东壁和南壁的右贼曹、左贼曹、功曹、尉曹、右仓曹、左仓曹、金曹、阁曹、塞曹,以及中室东壁的营曹,反映的正是《续汉书·百官志五》所说"掾随事为员"的情形。对于塞曹的执掌,整理认为可能是主障、塞之事务。[3] 林幹则以为塞曹掌塞卒。[4] 两说均是针对护乌桓校尉下塞曹的职责而言。

---

[1] 《续汉书·百官志五》,第 3626 页。

[2] 《后汉书》卷九○《乌桓传》,第 2982 页。李贤注:"宁城,县名。《前书》宁县作'宁',《史记》宁城亦作'宁',宁宁两字通也。"

[3] 内蒙古自治区文物考古研究所编:《和林格尔汉墓壁画》,第 18 页。

[4] 林幹:《两汉时期"护乌桓校尉"略考》,《内蒙古社会科学(汉文版)》1987 年第 1 期。

图 8-9　和林格尔汉墓壁画"幕府东门诸曹"摹本（局部）[1]

传世文献和出土文献中亦有几例与塞曹有关的材料，现将目见文献材料布列如下：

13.……故贼曹史王授文博。┘故金曹史精畅文亮。┘故集曹史柯相文举千。┘故贼曹史赵福文祉。┘故法曹史王敢文国。┘故塞曹史杜苗幼始。┘故塞曹史吴产孔才五百。┘……[2]

14.（正始）八年，（带方）太守王颀到官……遣塞曹掾史

————————

[1]　中国内蒙古自治区文物考古研究所、日本幼学会、中国内蒙古博物院编著，陈永志、[日]黑田彰、傅宁主编：《和林格尔汉墓壁画孝子传图摹写图辑录》，北京：文物出版社，2015 年，第 56 页。

[2]　引自高文《汉碑集释》，开封：河南大学出版社，1997 年，第 476 页。

张政等因赉诏书、黄幢,拜假难升米为檄告喻之。[1]

15. 元始三年八月甲辰朔丁巳累虏候长□塞曹□史塞曹
史塞曹史塞☒

兼仓曹塞曹史并再再拜言肩水☒   155.14 A、B[2]

16. 塞曹言守候长顿嘉劾亡卒杨豊兰越塞移龙勒   518

17. ☒之乃癸卯直符尽其夜时毋盗

☒内户封皆完以符属次塞曹史云敢言之

II98DYT5:4[3]

其中,材料 13 引自汉《曹全碑》碑阴,曹全曾任郃阳令,塞曹史与贼
曹史、金曹史、集曹史、法曹史并列,当都是他的属史。材料 14 出自
《三国志·魏书·东夷传》,带方太守王欣所遣塞曹掾史张政当是
其属吏。

严耕望认为,汉代在郡府和县廷两级行政组织中分别设有塞
曹。他据材料 14 和简 15 认为,西汉末,边郡有塞曹史,当为掌边塞
之职。三国时的塞曹掾史是继承汉制而来。[4] 这是郡府组织中郡

[1] 《三国志》卷三〇《魏书·东夷传》,第 857—858 页。

[2] 简牍整理小组编:《居延汉简(贰)》,台北:"中研院"历史语言研究所,
2015 年,第 133 页。

[3] 张德芳、石明秀主编,敦煌市博物馆、甘肃简牍博物馆、陕西师范大学人
文社会科学高等研究院编:《玉门关汉简》,彩色图版见第 39 页,红外线图版见第
175 页。

[4] 严耕望:《中国地方行政制度史甲部——秦汉地方行政制度》,第 135 页;
严耕望:《中国地方行政制度史乙部——魏晋南北朝地方行政制度》,第 283 页。

守下设的塞曹。严耕望又根据材料 13 提出这样的假设："其时（汉末）西北诸郡多沦陷，郃阳已常有烽火，故如边县设置塞曹欤？"[1]汉代郃阳县治在今陕西合阳东南。严耕望认为塞曹应为边县所设，郃阳虽不是边县，但因常有烽火，故也置有塞曹。这是县廷组织中县令长下设的塞曹。

严耕望的观点大体不误，但仍可继续讨论。对于简 15，劳榦《居延汉简考证》有专门论述：

此简为任意书写者，然所言各曹，则当时应太守都尉府中实有之，非向壁虚造也。汉世言郡府诸曹者，以《隶释》五《巴郡太守张纳碑》为最详。计有：议曹，尉曹，金曹，漕曹，法曹，集曹，兵曹，比曹，功曹，奏曹，户曹，献曹，辞曹，贼曹，决曹，仓曹。其不以曹名者则有从掾位，主簿，主计掾，录事掾，文学主事掾，文学掾，督邮，市掾，案狱，府后督盗贼，府属等。其未见于《张纳碑》而见于他处者，则有：五官掾、门下掾、门下督、医曹等。而其与张纳碑所据，疑为同实异名者，如道桥掾、主计掾、供曹之属，今不传举。其县廷吏职则以《曹全碑》所列为详，然，皆无塞曹。是塞曹者盖亦边郡所特有者矣。又有督蓬掾，亦为边郡所特有者，或为都尉属官，省察烽燧，犹太守之督

---

[1]　严耕望：《中国地方行政制度史甲部——秦汉地方行政制度》，第 232 页。

邮,省察诸县也。[1]

可见劳榦推测塞曹为边郡所特有,且认为其为都尉属官。从简 15
来看,汉代边郡设有塞曹是没有疑问的,但这里的塞曹究竟属于太
守府还是都尉府,因材料所限无法作出准确判断。不过,陈梦家曾
考证汉代边郡和都尉府所设诸曹,近年来学者又作了进一步研
究[2]。简 15 为习字简,书写者写完后可能即废弃,并保留在原地,
不太可能是由别处送达。而简 15 出土于 A21[3],A21 应是居延都
尉府下的卅井候官下某燧[4],因此,简 15 中的塞曹属于居延都尉
府的可能性更大。

简 16 出自敦煌马圈湾汉简。张德芳认为,此简中的塞曹当为
专门负责塞防的官员。[5] 从简文来看,塞曹所上报的"守候长赵嘉
劾亡卒杨豊兰越塞"一事,确与塞防事务有关。郭小青认为,此简
"守候长"可能是玉门候官下属的守候长。由"移龙勒"推测杨豊可

[1] 劳榦:《居延汉简考证》,台北:"中研院"历史语言研究所,1960 年,第
17 页。
[2] 陈梦家:《汉简缀述》,北京:中华书局,1980 年,第 120—124 页;郭小青:
《从"某曹言"简看汉代玉门都尉府下的"分曹治事"》,"居延遗址学术研讨会"会议
论文,内蒙古自治区额济纳,2019 年。
[3] 谢桂华、李均明、朱国炤:《居延汉简释文合校》,北京:文物出版社,1987
年,第 757 页。
[4] 参见中国社会科学院考古研究所编《额济纳河流域障隧述要》,《居延汉
简甲乙编》,北京:中华书局,1980 年,下册,第 308 页;吴礽骧《河西汉塞调查与研
究》,北京:文物出版社,2005 年,第 142、146 页。
[5] 张德芳:《敦煌马圈湾汉简集释》,第 511 页。

能是逃入龙勒县境内，或杨豊的籍贯在龙勒县。此简中的塞曹或为玉门都尉府下诸曹之一。[1]

简 17 出自小方盘城遗址。小方盘城遗址的性质尚存争议，一种说法认为小方盘城曾设有汉代玉门都尉府。简 17 中的塞曹可能即玉门都尉府所辖。此简涉及汉代的直符制度[2]，与此类似的简文如：

18.更始二年正月丙午朔庚申，令史□敢言之。乃己未直符，谨行视诸臧内，户封皆完，时毋水火盗贼发者，即日付令史严。敢言之。　　　　　　　　　　　　　　E.P.T48：132[3]

---

[1] 郭小青：《从"某曹言"简看汉代玉门都尉府下的"分曹治事"》。

[2] 相关研究参见于豪亮《居延汉简校释》，《考古》1964 年第 3 期，收入其著《于豪亮学术文存》，北京：中华书局，1985 年，第 207—212 页；陈梦家《汉简缀述》，第 102—103 页；裘锡圭《汉简零拾》，《文史》第 12 辑，北京：中华书局，1981 年，第 1—37 页；陈直《居延汉简综论》，收入其著《居延汉简研究》，第 65—66 页；薛英群《居延汉简通论》，兰州：甘肃教育出版社，1991 年，第 140 页；李均明、刘军《简牍文书学》，南宁：广西教育出版社，1999 年，第 240—241 页；黎明钊《汉代居延地区的"水火盗贼"》，本书编委会编《安作璋先生史学研究六十周年纪念文集》，济南：齐鲁书社，2007 年，第 386—405 页；沈刚《居延汉简语词汇释》，北京：科学出版社，2008 年，第 134—135 页；李均明《长沙五一广场出土东汉木牍"直符"文书解析》，《齐鲁学刊》2013 年第 4 期；杨小亮《略论东汉"直符"及其举劾犯罪的司法流程》，中国政法大学法律古籍整理研究所编《中国古代法律文献研究》第 9 辑，北京：社会科学文献出版社，2015 年，第 176—186 页；[美]马增荣《汉代地方行政中的直符制度》，武汉大学简帛研究中心主办《简帛》第 16 辑，上海：上海古籍出版社，2018 年，第 253—277 页；姜守诚《秦汉"直符"观念的神秘化》，"秦史与秦文化"学术讨论会会议论文，北京，2019 年。

[3] 张德芳主编，杨眉著：《居延新简集释（二）》，兰州：甘肃文化出版社，2016 年，彩色图版见第 79 页，红外线图版见第 217 页，释文见第 455 页。

19.直符户曹史宋奉、书佐丞谭符书。直月十七日。

永初五年七月丁未朔十八日甲子,直符史奉、书佐谭敢言之。直月十七日循行寺内狱司空、仓、库,后尽其日夜无诣告当举劾者。以符书属户曹史陈躬、书佐李宪。敢言之。

CWJ1③:325-1-26AB[1]

简 17 性质与简 18、19 相同,皆为诸曹属吏值守完毕后呈报的"符书"(值守记录)。据简 18、19 格式可知,简 17 中的"塞曹史云"即将在下一日轮值,可见塞曹属吏与其他诸曹一样,还承担了直符任务。

通过以上讨论可知,汉代在护乌桓校尉营府(或称幕府)、边郡都尉府和边县县廷中分别设有塞曹,只是这一机构并不常置,而是按需设置。三国时,边郡郡府亦有设塞曹者。从元康三年"符信"来看,西晋县廷设有塞曹,但《晋书·职官志》所载县令长的常置属吏中未见塞曹,可见晋代县廷的塞曹亦并不是常设机构。塞曹主要负责边塞巡查和纠劾逃亡人员,平时亦承担直符任务。三国时郡府的塞曹掾史还要负责处理与周边民族相关的事务。塞曹的长官为掾,属下有"塞曹史",其下可能还有"书佐"(西晋称"书史")之类小吏。

---

[1] 长沙市文物考古研究所、清华大学出土文献研究与保护中心、中国文化遗产研究院、湖南大学岳麓书院编:《长沙五一广场东汉简牍选释》,上海:中西书局,2015 年,第 189 页。

关于"塞曹印信"封泥，亦值得进一步讨论。

汉代官印大致可以分吏员印和官署印两类。吏员印是二百石以上官吏佩戴使用的官印，专官专印。官署印则是各官署所有掾史等百石以下少吏共同使用的官印，这种印应是由专门的监印官吏监管，使用时需白请，用毕交回。二百石以上长吏是国家统一选举除调的，故有专门颁授的官印；百石以下少吏由各官署自行辟除，非国家任命，故无专授官印。汉初吏员印与官署印在形制上无严格区别，皆为方寸印。武帝元狩四年（前119），为严格百官印的等级划分，对官印制度做了改革，其中规定吏员印为方寸印，即通官印，官署印大小为通官印之半，名半通印，又名小官印。自此，官印有了通官印与半通印之别。[1]

汉代州郡县的属吏一般为百石、斗食、佐史之类小吏[2]，塞曹的主官即在此列。按照汉代制度，他们只能使用半通小官印，也就是官署印。不过，实际文书行政运作要远比制度规定复杂，汉代郡县属吏在处理公务时，对制度的规定也会有一些变通，"以私印行

---

[1] 参见王献唐《五镫精舍印话》"官名官署印制之变迁"条，济南：齐鲁书社，1985年，第388—420页；叶其峰《西汉官印丛考》，《故宫博物院院刊》1986年第1期；汪桂海《汉代官文书制度》，南宁：广西教育出版社，1999年，第128—144页。此段论述引自汪桂海《汉印制度杂考》，《历史研究》1997年第3期，修订稿收入其著《秦汉简牍探研》，台北：文津出版社，2009年，第47—66页。

[2] 参见严耕望《中国地方行政制度史甲部——秦汉地方行政制度》，第398—402页。

事"即是其中一种。[1] 此外，汉代诸曹还出现了一种介于正式与非正式之间的职官印。乐游、谭若丽指出：

汉晋官府诸曹属吏数量庞大，但其印章至今却似罕见，之前仅见如鉴印山房藏"太守功曹印""太守五官掾印""尉曹书佐印"等寥寥几例实用封泥，且皆非经过科学发掘的汉代封遗物，魏晋时期科学发掘且年代明确之实用印，此当为首例。汉晋官印多"职官名"或"职官名+印/章/之印/印章"几种格式，缀"印信"者出现在东汉以后，除此印与故宫藏"中厨印信"外基本为私印。至于故宫藏"中厨印信"，罗福颐先生据《汉书·百官公卿表》"詹事，掌皇后、太子家，属官有厨，厩长、丞"同书《戾太子传》"发中厩车"等记载推断中厨当是詹事所属皇后之厨（罗福颐《秦汉南北朝官印征存》，文物出版社1987年版，第

[1] 参见马衡《居延汉简考释两种》，《考古通讯》1957 年第 1 期；王廷洽《居延汉简印章资料研究》，《青海师范大学学报（哲学社会科学版）》1999 年第 3 期；[日]大庭脩著，徐世虹译《汉简研究》，第 192—197 页；汪桂海《汉代官文书制度》，南宁：广西教育出版社，1999 年，第 128—144 页；汪桂海《汉印制度杂考》，《历史研究》1997 年第 3 期，修订稿收入其著《秦汉简牍探研》，第 47—66 页；侯旭东《西汉张掖郡肩水候系年初编——兼论候行塞时的人事安排与用印》，甘肃简牍博物馆、西北师范大学大学历史文化学院编《简牍学研究》第 5 辑，兰州：甘肃人民出版社，2014年，第 180—198 页；宋艳萍《汉简所见"以私印行事"研究》，中共金塔县委、金塔县人民政府、酒泉市文物局、甘肃简牍博物馆、甘肃敦煌学学会编《金塔居延遗址与丝绸之路历史文化研究》，兰州：甘肃教育出版社，2014 年，第 132—142 页；杜晓《汉代官用私印小议——以职官姓名印和"名印"私印为中心》，李学勤主编《出土文献》第14 辑，上海：中西书局，2019 年，第 391—406 页。

38 页——原注)。但此印文字散乱不整，不类汉世宫官之印，《百官公卿表》中也未明确记录中厨之名。魏晋时"中厨"多指贵族、官员所属之厨。文献时有其例，如曹植《箜篌引》"中厨办丰膳，烹羊宰肥牛"。《与丁廙诗》"嘉宾填城阙，丰膳出中厨"。庾信《谢赵王赉雉启》"仰费中厨，来供下客"。《晋书·陆晔传》"(桓)温及宾客并叹其率素，更敕中厨设精馔，酣饮极欢而罢"等。颇疑该印为魏晋时此类机构之用印，而非朝廷颁发的官印，故格式亦不同。[1]

乐游、谭若丽已指出，与诸曹有关的汉代印章寥寥无几。并认为"塞曹印信"是"首例""魏晋时期科学发掘且年代明确之实用印"。乐游、谭若丽所引"太守功曹印"[2]"太守五官掾印"[3]"尉曹书佐印"[4]封泥据传近年出土于河南平舆，类似封泥还有"铁曹卒史信

———————————

　[1]　乐游、谭若丽：《河西汉晋边塞出土散见印章封泥辑考》，西泠印社编《第五届"孤山证印"西泠印社国际印学峰会论文集》，第 233 页。

　[2]　路东之编著：《问陶之旅——古陶文明博物馆藏品掇英》，北京：紫禁城出版社，2008 年，第 199 页；王玉清、傅春喜编著：《新出汝南郡秦汉封泥集》，上海：上海书店出版社，2009 年，第 58—59 页；杨广泰编：《新出封泥汇编》，杭州：西泠印社，2010 年，第 2 册，第 226 页；许雄志编：《鉴印山房藏古封泥菁华》，郑州：河南美术出版社，2011 年，第 56 页。

　[3]　路东之编著：《问陶之旅——古陶文明博物馆藏品掇英》，第 199 页；王玉清、傅春喜编著：《新出汝南郡秦汉封泥集》，第 58—59 页；杨广泰编：《新出封泥汇编》，第 2 册，第 226—228 页；许雄志编：《鉴印山房藏古封泥菁华》，第 57 页。

　[4]　许雄志编：《鉴印山房藏古封泥菁华》，第 58 页。

印"一例[1]（图 8-10）。孙慰祖将"太守功曹印"和"太守五官掾印"
的时代定为新莽,其理由如下:

> 印文冠以"太守",意在表出其辖属。功曹、五官掾秩级较
> 低,而印文为五字,规格与汉制不符。两汉时代五字印限于比
> 二千石以上秩级的官吏,王莽变乱汉法,官名、印制均以复古
> 为旨归,表现于官印形式方面则是提升一般官吏的用印等级,
> 取消四字规格,中、低级官吏印文均改为五字以上,其印文排
> 列亦具有特征,末字独立一行。故据此即可知封泥属新莽
> 时代。[2]

杨广泰编《新出封泥汇编》亦将其时代定为新莽,路东之编著《问陶
之旅——古陶文明博物馆藏品掇英》断为汉代,许雄志编《鉴印山
房藏古封泥菁华》则将四种封泥笼统定为秦汉时期。杜晓指出,长
沙尚德街东汉简又有"☐守监临湘市掾印"的用印记录,性质与此类
似。[3] 可见这类半正式职官印并不仅存于新莽一朝,在东汉时代
可能也有使用。

---

[1] 许雄志编:《鉴印山房藏古封泥菁华》,第 62 页。

[2] 孙慰祖:《新出汝南郡秦汉封泥群研究(代序)》,王玉清、傅春喜编著《新
出汝南郡秦汉封泥集》,上海:上海书店出版社,2009 年,第 6 页。

[3] 长沙市文物考古研究所编:《长沙尚德街东汉简牍》,长沙:岳麓书社,
2016 年,第 226 页。参见杜晓《汉代官用私印小议——以职官姓名印和"名印"私印
为中心》,李学勤主编《出土文献》第 14 辑,第 406 页。

（1）"太守功曹印"封泥（编号110）　　　（2）"太守五官掾印"封泥（编号112）

（3）"尉曹书佐印"封泥（编号114）　　　（4）"铁曹卒史信印"封泥（编号121）

图 8-10　与诸曹有关的封泥[1]

以上所言都是汉代制度，至于"塞曹印信"所在的西晋时期，其用印制度可能已经有所变化，但因材料所限，其中的变化目前尚不能明晰。

还有一点需要注意，简文起首为"领校龙勒令印"，封泥却为"塞曹印信"，二者显然有所矛盾。如何解释这一矛盾呢？

笔者推测，此类符信因使用量较大，可能为批量制作。符信制作者或提前批量书写了简首"领校龙勒令印至煎都南曲"的文字，待具体使用时再填写下部的文字。这也可以解释为什么简首只写"至煎都南曲侦侯"，简文下部却有另有将张廖和民赵靖一队至"且禽五亭"。按照当时制度，这类符信应当加封"领校龙勒令印"的印

----

[1]　以上四枚封泥皆引自许雄志编《鉴印山房藏古封泥菁华》，第 56—58，62 页。

章,但因某种未知的原因,这枚符信无法加封这一印章,于是改用了"塞曹印信"。当然不排除另一种可能,即笔者对"塞曹"二字的释读有误,此封泥为领校龙勒令的私印,前二字为领校龙勒令的姓名。"姓名+印信"的组合,为汉晋常见的私印格式。"以私印行事"的制度在西晋元康年间或仍继续沿用。对这两种猜测,笔者更倾向于将此封泥释读为"塞曹印信"的说法。

第四节 "符信"所见汉晋交通地理信息

吴礽骧通过实地调查,指出汉代河西驿道的南道路线至敦煌郡治敦煌县后分为两道,北道向西北,进入塞防辖区烽燧沿线,经过今大方盘城、小方盘城(玉门都尉府)后西行,再转向西南,至大煎都候官;南道向西南,沿党河北岸,经南湖乡(汉龙勒县)西行,至多坝沟乡北上,转西北至大煎都候官与北道汇合(图8-11)。其中,南道自龙勒县到煎都区域的青山梁墩(D92)、海子湾墩(D93)、崔木土沟南口东墩(D96)、崔木土沟南口墩(D97)为魏晋时期的烽燧。[1] 结合一棵树烽燧"符信"的年代来看,此线在晋代依然沿用。

---

[1] 吴礽骧:《河西汉塞调查与研究》,第19、87—89页;吴礽骧在《河西汉代驿道与沿线古城小考》(李学勤、谢桂华主编:《简帛研究二〇〇一》,桂林:广西师范大学出版社,2001年,第336—357页)一文中认为有五座晋代烽燧,分别为青山梁墩(D90)、海子湾东墩(D94)、海子湾东山墩(D91)、崔木土沟口东墩(D94)、崔木土沟口墩(D95)。其烽燧编号与《河西汉塞调查与研究》多有不符,疑误。

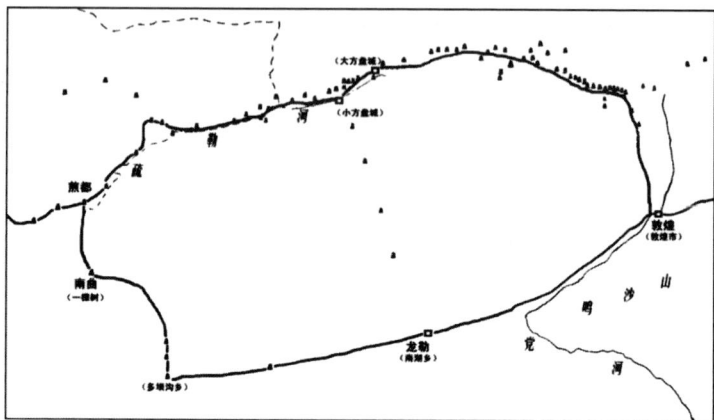

图 8-11　汉晋龙勒县区域交通示意图[1]

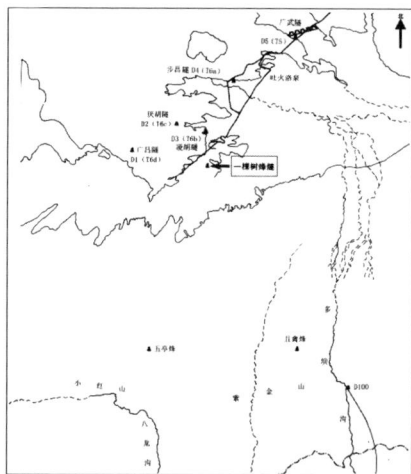

图 8-12　一棵树烽燧位置示意图[2]

[1]　据甘肃省文物局编，岳邦湖、钟圣祖著《疏勒河流域汉代长城考察报告》（北京：文物出版社，2001 年）图 1 改绘。括号内为今地名。

[2]　李岩云：《敦煌西湖一棵树烽隧遗址新获简牍之考释》。

简文中提及的几处地名的地望(图 11),已有学者加以关注,现略作申说。

龙勒县,《汉书·地理志下》《续汉书·郡国志五》《晋书·地理志上》皆载为敦煌郡所辖。《旧唐书·地理志三》寿昌条载:"汉龙勒县地,属敦煌郡。县南有龙勒山。后魏改为寿昌县。"[1]《新唐书·地理志四》寿昌条又载:"武德二年析燉煌置,永徽元年省,乾封二年复置,开元二十六年又省,后复置,治汉龙勒城。"[2]关于龙勒古城的位置,吴礽骧认为在今敦煌南湖乡政府东北 1.75 千米处[3],岳邦湖、钟圣祖认为在敦煌南湖乡政府东北约 5 千米处[4]。两处均有古城遗址,究竟哪座是汉晋龙勒城,还需要进一步的考古调查工作。目前我们虽不能确定龙勒城旧址,但其地在敦煌南湖乡附近当无疑义。

煎都,汉代有"大煎都候官",属敦煌郡玉门都尉,位于当时龙勒县北境。学界一般认为斯坦因编号 T6b,甘肃省文物考古研究所编号 D3 的烽燧是汉大煎都候官所在地,王国维又以为其为汉代"凌胡燧"。1907 年,斯坦因曾在此烽燧屋内灰堆中采集汉简 200余枚,以及封泥柙、木梳、辟邪用人面画杙、绘有人面的画板、麻鞋、丝织品残片等。1979 年调查时,在烽燧西北小屋内,出汉简 1 枚,铁

---

[1] 《旧唐书》卷四〇《地理志三》,北京:中华书局,1975 年,第 1644 页。

[2] 《新唐书》卷四〇《地理志四》,北京:中华书局,1975 年,第 1042 页。

[3] 吴礽骧:《河西汉代驿道与沿线古城小考》,李学勤、谢桂华主编《简帛研究二〇〇一》,第 336—357 页。

[4] 甘肃省文物局编,岳邦湖、钟圣祖著:《疏勒河流域汉代长城考察报告》,第 97 页。

钻头 1 件。[1] 西晋时的煎都也当在此附近，但当时是否仍设候官，尚待考证。

南曲，杨俊指出，一棵树烽燧应当就是南曲燧（图 8-12）。或是。一棵树烽燧遗址位于西湖湾窑盆地中部，方位为东经 93°14′10″，北纬 40°07′43″。烽燧周围地势低洼，视野辽阔，东北临小马迷兔，南通南湖乡多坝沟，西越大片草滩为库木塔格沙漠，北近榆树泉盆地约 6 千米处即为 D3。[2]

且禽，李正宇认为，"且禽、五亭是龙勒县西南二烽隧名。'且禽烽'所在失载，前此亦不见此烽名，余推测在大煎都之南、紫金烽之北，或即今敦煌市阳关镇西南多坝沟北口西北之古烽隧遗址"[3]。

五亭，《沙洲图经卷第五》"黑鼻山"条载："黑鼻山，右在（寿昌）县西南五十里，东接县南沙山，其沙山至山阙涧即绝。其黑鼻山连延西至紫金，即名紫金山，至五音，亦名五亭山。又西出一百余里即绝。"（P.5034）李正宇据此以为，"此简之'五亭'当为五亭山所置烽，即五亭烽。五亭山在黑鼻山及紫金山之西，余考为今之小红山。此山北麓今存烽火台一座，当即五亭烽"[4]。小红山在今多坝沟乡附近，其北麓的烽火台是否为五亭烽还应需考古调查的进一步证实。不过五亭烽的大体位置当如李正宇考证，在今小红山附近。

---

[1] 吴礽骧：《河西汉塞调查与研究》，第 48、51 页。

[2] 杨俊：《敦煌一棵树汉代烽燧遗址出土的简牍》。

[3] 李正宇：《敦煌一棵树烽隧新获汉简初识》。

[4] 李正宇：《敦煌一棵树烽隧新获汉简初识》。又可参看李正宇《敦煌古本乡土志八种笺证》，兰州：甘肃人民出版社，2008 年，第 169—171 页。

参考文献

一、传世文献

［汉］班固：《汉书》，北京：中华书局，1962 年。

［汉］班固撰，［清］王先谦补注，上海师范大学古籍研究所整理：《汉书补注》，上海：上海古籍出版社，2012 年。

［汉］蔡邕：《蔡中郎集》，文渊阁《四库全书》本。

［汉］何休注，［唐］徐彦疏：《春秋公羊传注疏》，［清］阮元校刻《十三经注疏》，北京：中华书局，1980 年。

［汉］贾谊撰，阎振益、钟夏校注：《新书校注》，北京：中华书局，2000 年。

［汉］刘熙撰，［清］毕沅疏证，王先谦补，祝敏彻、孙玉文点校：《释名疏证补》，北京：中华书局，2008 年。

［汉］刘向撰，向宗鲁校证：《说苑校证》，北京：中华书局，1987 年。

［汉］毛公传，郑玄笺，［唐］孔颖达等正义：《毛诗正义》，［清］阮元校刻《十三经注疏》，北京：中华书局，1980 年。

［汉］司马迁:《史记》,北京:中华书局,1959 年。

［汉］司马迁:《史记》,北京:中华书局,2014 年修订本。

［汉］司马迁撰,［日］泷川资言考证,杨海峥整理:《史记会注考证》,上海:上海古籍出版社,2015 年。

［汉］许慎撰,［清］段玉裁注:《说文解字注》,上海:上海古籍出版社,1988 年。

［汉］郑玄注,［唐］贾公彦疏:《周礼注疏》,［清］阮元校刻《十三经注疏》,北京:中华书局,1980 年。

［三国魏］嵇康著,戴明阳校注:《嵇康集校注》,北京:中华书局,2014 年。

［晋］常璩撰,任乃强校注:《华阳国志校补图注》,上海:上海古籍出版社,1987 年。

［晋］陈寿:《三国志》,北京:中华书局,1959 年。

［晋］崔豹撰,牟华林校笺:《〈古今注〉校笺》,北京:线装书局,2015 年。

［晋］杜预注,［唐］孔颖达等正义:《春秋左传正义》,［清］阮元校刻《十三经注疏》,北京:中华书局,1980 年。

［南朝宋］范晔:《后汉书》,北京:中华书局,1965 年。

［南朝梁］任昉:《述异记》,丛书集成初编本,北京:中华书局,1985 年。

［南朝梁］沈约:《宋书》,北京:中华书局,1974 年。

［南朝梁］萧子显:《南齐书》,北京:中华书局,1972 年。

［南朝梁］萧统编,［唐］李善注:《文选》,北京:中华书局,1977 年。

［南朝陈］徐陵撰,许逸民校笺:《徐陵集校笺》,北京:中华书局,2008 年。

［北魏］郦道元注,杨守敬、熊会贞疏,段熙仲点校,陈桥驿复校:《水经注疏》,南京:江苏古籍出版社,1989 年。

［北周］庾信撰,［清］倪璠注,许逸民校点:《庾子山集注》,北京:中华书局,1980 年。

［唐］陈子昂:《陈拾遗集》,文渊阁《四库全书》本。

［唐］独孤及撰,刘鹏、李桃校注:《毗陵集校注》,沈阳:辽海出版社,2006 年。

［唐］杜佑撰,王文锦、王永兴、刘俊文、徐庭云、谢方点校:《通典》,北京:中华书局,1988 年。

［唐］房玄龄等:《晋书》,北京:中华书局,1974 年。

［唐］李白著,［清］王琦注:《李太白全集》,北京:中华书局,1977 年。

［唐］李百药:《北齐书》,北京:中华书局,1972 年。

［唐］李贺著,吴企明笺注:《李长吉歌诗编年笺注》,北京:中华书局,2012 年。

［唐］李吉甫撰,贺次君点校:《元和郡县图志》,北京:中华书局,1983 年。

［唐］李延寿:《南史》,北京:中华书局,1975 年。

［唐］林宝撰，岑仲勉校记：《元和姓纂》，北京：中华书局，1994 年。

［唐］刘禹锡撰，《刘禹锡集》整理组点校，卞孝萱校订：《刘禹锡集》，北京：中华书局，1990 年。

［唐］柳宗元：《柳宗元集》，北京：中华书局，1979 年。

［唐］骆宾王著，［清］陈熙晋笺注：《骆临海集笺注》，上海：上海古籍出版社，1985 年。

［唐］孟浩然著，佟培基笺注：《孟浩然诗集笺注》，上海：上海古籍出版社，2000 年。

［唐］欧阳询撰，汪绍楹校：《艺文类聚》，北京：中华书局，1965 年。

［唐］韦应物撰，孙望校笺：《韦应物诗集系年校笺》，北京：中华书局，2002 年。

［唐］魏征等：《隋书》，北京：中华书局，1973 年。

［唐］徐坚：《初学记》，北京：中华书局，1962 年。

［唐］徐夤：《钓矶文集》，《四部丛刊》三编影清述古堂钞本，上海：商务印书馆，1936 年。

［唐］姚思廉：《陈书》，北京：中华书局，1972 年。

［唐］姚思廉：《梁书》，北京：中华书局，1973 年。

［唐］虞世南编：《北堂书钞》，北京：中国书店，1989 年。

［唐］长孙无忌等撰，刘俊文点校：《唐律疏议》，北京：中华书局，1983 年。

［后晋］刘昫等:《旧唐书》,北京:中华书局,1975 年。

［宋］晁补之:《鸡肋集》,文渊阁《四库全书》本。

［宋］晁冲之:《晁具茨诗集》,海山仙馆丛书本。

［宋］陈棣:《蒙隐集》,文渊阁《四库全书》本。

［宋］陈渊:《默堂集》,文渊阁《四库全书》本。

［宋］程俱:《北山集》,文渊阁《四库全书》本。

［宋］邓明世撰,王力平点校:《古今姓氏书辩证》,南昌:江西人民出版社,2006 年。

［宋］高似孙:《纬略》,文渊阁《四库全书》本。

［宋］郭茂倩编:《乐府诗集》,北京:中华书局,1979 年。

［宋］洪适:《隶释》,北京:中华书局,1985 年。

［宋］洪兴祖撰,白化文、许德楠、李如鸾、方进点校:《楚辞补注》,北京:中华书局,1983 年。

［宋］黄庭坚撰,［宋］任渊等注,刘尚荣校点:《黄庭坚诗集注》,北京:中华书局,2003 年。

［宋］李昉等:《太平御览》,北京:中华书局,1960 年。

［宋］李昉等编:《文苑英华》,北京:中华书局,1966 年。

［宋］欧阳修、宋祁:《新唐书》,北京:中华书局,1975 年。

［宋］欧阳修著,李逸安点校:《欧阳修全集》,北京:中华书局,2001 年。

［宋］司马光:《资治通鉴》,北京:中华书局,1956 年。

［宋］苏籀:《双溪集》,文渊阁《四库全书》本。

［宋］苏轼著，［清］冯应榴辑注，黄任轲、朱怀春校点：《苏轼诗集合注》，上海：上海古籍出版社，2001 年。

［宋］王安石：《临川先生文集》，北京：中华书局，1959 年。

［宋］王庭珪：《卢溪集》，文渊阁《四库全书》本。

［宋］夏竦：《文庄集》，文渊阁《四库全书》本。

［宋］徐铉：《骑省集》，文渊阁《四库全书》本。

［宋］杨亿：《武夷新集》，文渊阁《四库全书》本。

［宋］乐史撰，王文楚等点校：《太平寰宇记》，北京：中华书局，2007 年。

［宋］张方平：《乐全集》，文渊阁《四库全书》本。

［宋］赵明诚撰，金文明校证：《金石录校证》，桂林：广西师范大学出版社，2005 年。

［宋］郑樵：《通志》，北京：中华书局，1987 年。

［宋］郑樵：《通志》，文渊阁《四库全书》本。

［金］元好问编：《中州集》，北京：中华书局，1959 年。

［元］方回续：《续古今考》，文渊阁《四库全书》本。

［元］顾瑛辑，杨镰、祁学明、张颐青整理：《草堂雅集》，北京：中华书局，2008 年。

［元］刘秉忠：《藏春集》，文渊阁《四库全书》本。

［元］骆天骧撰，黄永年点校：《类编长安志》，北京：中华书局，1990 年。

［元］佚名编：《元赋青云梯》，清嘉庆宛委别藏本。

［明］陈继儒:《陈眉公集》,明万历四十三年(1615)刻本。

［明］程嘉燧:《松圆偈庵集》,明崇祯刻本。

［明］程嘉燧:《松圆浪淘集》,明崇祯刻本。

［明］蓝仁:《蓝山集》,文渊阁《四库全书》本。

［明］李光先修,焦希程纂:嘉靖《宁海州志》,上海书店辑《天一阁藏明代方志选刊续编》,上海:上海书店,1990年。

［明］李梦阳:《空同集》,文渊阁《四库全书》本。

［明］林鸿:《鸣盛集》,文渊阁《四库全书》本。

［明］陆釴等纂修:嘉靖《山东通志》,上海书店辑《天一阁藏明代方志选刊续编》,上海:上海书店,1990年。

［明］唐顺之:《荆川集》,文渊阁《四库全书》本。

［明］王恭:《白云樵唱集》,文渊阁《四库全书》本。

［明］谢肃:《密庵稿》,张元济辑《四部丛刊》三编影明洪武刻本,上海:商务印书馆,1936年。

［明］张峰纂修,陈复亨补辑:隆庆《海州志》,上海书店辑《天一阁藏明代方志选刊》,上海:上海古籍书店,1981年。

［清］陈文述:《颐道堂集》,清嘉庆十二年(1807)刻道光增修本。

［清］方汝翼、贾瑚修,周悦让、慕容籁纂:光绪《增修登州府志》,《中国地方志集成·山东府县志辑》,南京:江苏古籍出版社,上海:上海书店,成都:巴蜀书社,2004年。

［清］顾蔼吉编撰:《隶辨》,北京:中华书局,1986年。

[清]顾炎武:《天下郡国利病书》,张元济辑《四部丛刊》三编影昆山图书馆藏稿本,上海:商务印书馆,1936年。

[清]顾炎武:《肇域志》,上海:上海古籍出版社,2004年。

[清]顾炎武著,黄汝成集释,栾保群、吕宗力校点:《日知录集释》,上海:上海古籍出版社,2006年。

[清]顾祖禹撰,贺次君、施和金点校:《读史方舆纪要》,北京:中华书局,2005年。

[清]和珅等纂修:乾隆《大清一统志》,文渊阁《四库全书》本。

[清]胡秉虔:《汉西京博士考》,丛书集成初编,北京:中华书局,1985年。

[清]黄丕烈:《汪本隶释刊误》,新文丰出版公司编辑部辑《石刻史料新编》第1辑,台北:新文丰出版公司,1977年。

[清]黄叔琳注,李详补注,杨明照校注拾遗:《增订文心雕龙校注》,北京:中华书局,2000年。

[清]李天骘修,岳赓廷纂:道光《荣成县志》,《中国地方志集成·山东府县志辑》,南京:江苏古籍出版社,上海:上海书店,成都:巴蜀书社,2004年。

[清]凌廷堪著,王文锦点校:《校礼堂文集》,北京:中华书局,1998年。

[清]刘荣等纂修:光绪《广昌县志》,台北:成文出版社有限公司,1969年。

[清]彭定求等编:《全唐诗》,北京:中华书局,1960年。

［清］沈家本撰，邓经元、骈宇骞点校：《汉律摭遗》，收入其著《历代刑法考》，北京：中华书局，1985 年。

［清］舒位著，曹光甫点校：《瓶水斋诗集》，上海：上海古籍出版社，2009 年。

［清］孙星衍等辑，周天游点校：《汉官六种》，北京：中华书局，1990 年。

［清］唐仲冕修，汪梅鼎等纂：嘉庆《海州直隶州志》，《中国地方志集成·江苏府县志辑》，南京：江苏古籍出版社，上海：上海书店，成都：巴蜀书社，1991 年。

［清］田雯：《古欢堂集》，文渊阁《四库全书》本。

［清］吴式芬、［清］陈介祺：《封泥考略》，杭州：浙江人民美术出版社，2013 年。

［清］吴云藏集：《汉东海庙碑残字》，新文丰出版公司编辑部辑《石刻史料新编》第 2 辑，台北：新文丰出版公司，1979 年。

［清］王鸣盛：《十七史商榷》，北京：商务印书馆，1958 年。

［清］王培荀著，蒲泽校点，严薇青审定：《乡园忆旧录》，济南：齐鲁书社，1993 年。

［清］王先谦：《后汉书集解》，北京：中华书局，1984 年。

［清］谢元淮总修，许乔林纂辑：道光《云台新志》，《中国地方志集成·江苏府县志辑》，南京：江苏古籍出版社，上海：上海书店，成都：巴蜀书社，1991 年。

［清］徐渭仁辑：《仲瞿诗录》，清咸丰元年（1851）徐渭仁刻本。

［清］杨宾：《铁函斋书跋》，丛书集成初编本，北京：中华书局，1985年。

［清］姚鼐：《惜抱轩笔记》，《续修四库全书》编纂委员会编《续修四库全书》，上海：上海古籍出版社，2002年。

［清］叶昌炽：《语石》，北京：中华书局，1994年。

［清］岳浚等监修，杜诏等编纂：乾隆《山东通志》，文渊阁《四库全书》本。

［清］赵宏恩：乾隆《江南通志》，文渊阁《四库全书》本。

［清］赵翼著，王树民校证：《廿二史札记校证》，北京：中华书局，1984年。

［清］赵之谦：《补寰宇访碑录》，新文丰出版公司编辑部辑《石刻史料新编》第1辑，台北：新文丰出版公司，1977年。

［清］曾燠编：《江西诗徵》，清嘉庆九年（1804）刻本。

［清］张金吾：《两汉五经博士考》，丛书集成初编，北京：中华书局，1985年。

［清］张穆：《殷斋诗文集》，清咸丰八年（1858）祁寯藻刻本。

［清］朱彝尊选编：《明诗综》，北京：中华书局，2007年。

陈直校证：《三辅黄图校证》，西安：陕西人民出版社，1980年。

何宁：《淮南子集释》，北京：中华书局，1998年。

何清谷：《三辅黄图校释》，北京：中华书局，2005年。

刘学锴、余恕诚：《李商隐诗歌集解》（增订重排本），北京：中华书局，2004年。

汪荣宝撰，陈仲夫点校：《法言义疏》，北京：中华书局，1987 年。

王利器校注：《盐铁论校注》，北京：中华书局，1992 年。

杨镰主编：《全元诗》，北京：中华书局，2013 年。

张沛：《中说校注》，北京：中华书局，2013 年。

二、文物考古资料

长沙市文物考古研究所编：《长沙尚德街东汉简牍》，长沙：岳麓书社，2016 年。

长沙市文物考古研究所、清华大学出土文献研究与保护中心、中国文化遗产研究院、湖南大学岳麓书院编：《长沙五一广场东汉简牍选释》，上海：中西书局，2015 年。

甘肃简牍保护研究中心、甘肃省文物考古研究所、甘肃省博物馆、中国文化遗产研究院古文献研究室、中国社会科学院简帛研究中心编：《肩水金关汉简（壹）》，上海：中西书局，2011 年。

甘肃简牍保护研究中心、甘肃省文物考古研究所、甘肃省博物馆、中国文化遗产研究院古文献研究室、中国社会科学院简帛研究中心编：《肩水金关汉简（贰）》，上海：中西书局，2012 年。

甘肃简牍博物馆、甘肃省文物考古研究所、甘肃省博物馆、中国文化遗产研究院古文献研究室、中国社会科学院简帛研究中心编：《肩水金关汉简（叁）》，上海：中西书局，2013 年。

甘肃简牍博物馆、甘肃省文物考古研究所、甘肃省博物馆、中国文化遗产研究院古文献研究室、中国社会科学院简帛研究中心编：《肩水金关汉简（肆）》，上海：中西书局，2015 年。

甘肃简牍博物馆、甘肃省文物考古研究所、甘肃省博物馆、中国文化遗产研究院古文献研究室、中国社会科学院简帛研究中心编：《肩水金关汉简（伍）》，上海：中西书局，2016 年。

甘肃简牍博物馆、甘肃省文物考古研究所、陕西师范大学人文社会科学高等研究院、清华大学出土文献研究与保护中心编：《悬泉汉简（壹）》，上海：中西书局，2019 年。

甘肃省文物局编，岳邦湖、钟圣祖著：《疏勒河流域汉代长城考察报告》，北京：文物出版社，2001 年。

甘肃省文物考古研究所编：《敦煌汉简》，北京：中华书局，1991 年。

国家文物局主编，山东省文物局编制：《中国文物地图集·山东分册》，北京：中国地图出版社，2007 年。

侯灿、杨代欣编著：《楼兰汉文简纸文书集成》，成都：天地出版社，1999 年。

胡平生、张德芳编撰：《敦煌悬泉汉简释粹》，北京：上海古籍出版社，2001 年。

简牍整理小组编：《居延汉简（壹）》，台北："中研院"历史语言研究所，2014 年。

简牍整理小组编：《居延汉简（贰）》，台北："中研院"历史语言研究所，2015 年。

简牍整理小组编：《居延汉简（叁）》，台北："中研院"历史语言研究所,2016 年。

简牍整理小组编:《居延汉简(肆)》,台北:"中研院"历史语言研究所,2017 年。

里耶秦简博物馆、出土文献与中国古代文明研究协同创新中心中国人民大学中心编著:《里耶秦简博物馆藏秦简》,上海:中西书局,2016 年。

刘庆柱、白云翔主编,中国社会科学院考古研究所编著:《中国考古学·秦汉卷》,北京:中国社会科学出版社,2010 年。

路东之编著:《问陶之旅——古陶文明博物馆藏品掇英》,北京:紫禁城出版社,2008 年。

罗福颐主编,故宫博物院研究室玺印组编:《秦汉南北朝官印征存》,北京:文物出版社,1987 年。

内蒙古自治区文物考古研究所编:《和林格尔汉墓壁画》,北京:文物出版社,2007 年。

彭浩、陈伟、[日]工藤元男主编:《二年律令与奏谳书——张家山二四七号汉墓出土法律文献释读》,上海:上海古籍出版社,2007 年。

睡虎地秦墓竹简整理小组编:《睡虎地秦墓竹简》,北京:文物出版社,1990 年。

王献唐:《五镫精舍印话》,济南:齐鲁书社,1985 年。

王玉清、傅春喜编著:《新出汝南郡秦汉封泥集》,上海:上海书店出版社,2009 年。

吴礽骧：《河西汉塞调查与研究》，北京：文物出版社，2005 年。

谢桂华、李均明、朱国炤：《居延汉简释文合校》，北京：文物出版社，1987 年。

许雄志编：《鉴印山房藏古封泥菁华》，郑州：河南美术出版社，2011 年。

杨广泰编：《新出封泥汇编》，杭州：西泠印社，2010 年。

张德芳：《敦煌马圈湾汉简集释》，兰州：甘肃文化出版社，2013 年。

张德芳主编，孙占宇著：《居延新简集释（一）》，兰州：甘肃文化出版社，2016 年。

张德芳主编，杨眉著：《居延新简集释（二）》，兰州：甘肃文化出版社，2016 年。

张德芳主编，李迎春著：《居延新简集释（三）》，兰州：甘肃文化出版社，2016 年。

张德芳主编，马智全著：《居延新简集释（四）》，兰州：甘肃文化出版社，2016 年。

张德芳主编，肖从礼著：《居延新简集释（五）》，兰州：甘肃文化出版社，2016 年。

张德芳主编，张德芳、韩华著：《居延新简集释（六）》，兰州：甘肃文化出版社，2016 年。

张德芳主编，张德芳著：《居延新简集释（七）》，兰州：甘肃文化出版社，2016 年。

张德芳、石明秀主编,敦煌市博物馆、甘肃简牍博物馆、陕西师范大学人文社会科学高等研究院编:《玉门关汉简》,上海:中西书局,2019 年。

张在明主编:《中国文物地图集·陕西分册》,西安:西安地图出版社,1998 年。

中国国家博物馆田野考古研究中心、南京博物院考古研究所、连云港市文物管理委员会办公室、连云港市博物馆编著:《连云港孔望山》,北京:文物出版社,2010 年。

《中国画像砖全集》编辑委员会编:《中国画像砖全集·四川汉画像砖》,成都:四川美术出版社,2005 年。

中国社会科学院考古研究所编:《居延汉简甲乙编》,北京:中华书局,1980 年。

中国社会科学院考古研究所、河北省文物管理处编:《满城汉墓发掘报告》,北京:文物出版社,1980 年。

周晓陆主编:《二十世纪出土玺印集成》,北京:中华书局,2010 年。

曹国新:《骆驼城出土珍贵文物》,《丝绸之路》1999 年第 3 期。

甘肃居延考古队:《居延汉代遗址的发掘和新出土的简册文物》,《文物》1978 年第 1 期。

甘肃省文物考古研究所:《敦煌悬泉汉简释文选》,《文物》2000 年第 5 期。

何双全:《敦煌悬泉汉简释文修订》,《文物》2000 年第 12 期。

何双全、狄晓霞：《甘肃省近年来新出土三国两晋简帛综述》，《西北师大学报（社会科学版）》2007 年第 5 期。

湖北省文物考古研究所、云梦县博物馆：《湖北云梦睡虎地 M77 发掘简报》，《江汉考古》2008 年第 4 期。

李志芳、蒋鲁敬：《湖北荆州胡家草场西汉墓出土大批简牍》，《中国文物报》2019 年 12 月 13 日。

李仲立、刘得祯：《甘肃庆阳地区秦直道调查记》，《考古与文物》1991 年第 5 期。

李仲立、刘得祯：《甘肃庆阳地区秦直道考察报告》，《甘肃社会科学》1991 年第 3 期，又载《社科纵横》1991 年第 2 期。

洛阳市文物考古研究院、新安县文物管理局：《河南新安县汉函谷关遗址 2012～2013 年考古调查与发掘》，《考古》2014 年第 11 期。

洛阳市文物考古研究院、陕县崤函古道文物保护管理所：《陕县崤函古道遗址考古调查与试掘的初步收获》，《洛阳考古》2016 年第 1 期。

三门峡市文物考古研究所：《崤函古道石壕段遗址考古调查述略》，《洛阳考古》2014 年第 2 期。

山东省淄博市博物馆：《西汉齐王墓随葬器物坑》，《考古学报》1985 年第 2 期。

石明秀：《敦煌一棵树烽燧新获简牍释考》，《中国国家博物馆馆刊》2012 年第 6 期。

唐晓峰：《内蒙古西北部秦汉长城调查记》，《文物》1997 年第 5 期。

王有为、张在明：《富县车路梁秦直道发掘简报》，收入张在明、王有为、陈兰、喻鹏涛著《岭壑无语——秦直道考古纪实》，西安：陕西师范大学出版社，2018 年。

王有为、张在明：《富县大麦秸沟梁秦直道调查简报》，收入张在明、王有为、陈兰、喻鹏涛著《岭壑无语——秦直道考古纪实》，西安：陕西师范大学出版社，2018 年。

西北大学文化遗产学院、咸阳文物考古研究所：《陕西三原县天井岸村汉代礼制建筑遗址调查简报》，《考古与文物》2017 年第 1 期。

西北大学文化遗产学院、陕西省考古研究院、咸阳市文物考古研究所、三原县文化和旅游局：《陕西三原天井岸汉代礼制建筑遗址（天井坑遗址）勘探简报》，《文物》2019 年第 12 期。

信立祥、王睿：《连云港孔望山遗址群的调查与发掘》，国家文物局主编《2001 中国重要考古发现》，北京：文物出版社，2002 年。

熊北生、陈伟、蔡丹：《湖北云梦睡虎地 77 号西汉墓出土简牍概述》，《文物》2018 年第 3 期。

徐秀丽：《"考古中国"重大研究项目又获新发现》，《中国文物报》2019 年 5 月 7 日，第 2 版。

严辉、王咸秋：《洛阳新安汉函谷关遗址考古工作综述》，《洛阳考古》2014 年第 2 期。

杨俊:《敦煌一棵树汉代烽燧遗址出土的简牍》,《敦煌研究》2010 年第 4 期。

榆林市古道研究会:《〈直道图志〉课题组得出阶段性研究结果》,《榆林报》1994 年 10 月 25 日,第 2 版。

喻鹏涛、张在明:《旬邑县秦直道调查钻探简报》,收入张在明、王有为、陈兰、喻鹏涛著《岭壑无语——秦直道考古纪实》,西安:陕西师范大学出版社,2018 年。

张在明:《2+2=4:秦直道发现道路四叠层与东西线之争——2010 年秦直道考古收获之一》,收入张在明、王有为、陈兰、喻鹏涛著《岭壑无语——秦直道考古纪实》,西安:陕西师范大学出版社,2018 年。

张在明:《陕西富县秦直道考古取得突破性成果》,收入张在明、王有为、陈兰、喻鹏涛著《岭壑无语——秦直道考古纪实》,西安:陕西师范大学出版社,2018 年。

张在明、喻鹏涛:《黄陵秦直道五里墩南探沟发掘简报》,收入张在明、王有为、陈兰、喻鹏涛著《岭壑无语——秦直道考古纪实》,西安:陕西师范大学出版社,2018 年。

中国社会科学院考古研究所洛阳汉魏故城队:《河南洛阳汉魏故城北魏宫城阊阖门遗址》,《考古》2003 年第 7 期。

三、论著论集

安作璋、熊铁基:《秦汉官制史稿》,济南:齐鲁书社,2007 年。

［澳］文青云（Aat Vervoorn）著，徐克谦译：《岩穴之士：中国早期隐逸传统》，济南：山东画报出版社，2009年。

陈江风：《天文与人文——独异的华夏天文文化观念》，北京：国际文化出版公司，1988年。

陈梦家：《汉简缀述》，北京：中华书局，1980年。

陈槃：《汉晋遗简识小七种》，上海：上海古籍出版社，2009年。

陈直：《居延汉简研究》，北京：中华书局，2009年。

程树德：《九朝律考》，北京：中华书局，1963年。

丁义娟：《肩水金关汉简初探》，北京：中国农业科学技术出版社，2019年。

高文：《汉碑集释》，开封：河南大学出版社，1997年。

郭宝钧：《殷周车器研究》，北京：文物出版社，1998年。

郭伟涛：《肩水金关汉简研究》，上海：上海古籍出版社，2019年。

韩兆琦：《史记笺证》，南昌：江西人民出版社，2004年。

郝树声、张德芳：《悬泉汉简研究》，兰州：甘肃文化出版社，2009年。

侯仁之主编：《中国古代地理名著选读》第1辑，北京：学苑出版社，2005年。

胡翼鹏：《中国隐士——身份建构与社会影响》，北京：社会科学文献出版社，2011年。

黄盛璋：《历史地理论集》，北京：人民出版社，1982年。

蒋波:《秦汉隐逸问题研究》,湘潭:湘潭大学出版社,2014年。

劳榦:《居延汉简考证》,台北:"中研院"历史语言研究所,1960年。

雷戈:《秦汉之际的政治思想与皇权主义》,上海:上海古籍出版社,2006年。

雷虹霁:《秦汉历史地理与文化分区研究:以〈史记〉、〈汉书〉、〈方言〉为中心》,北京:中央民族大学出版社,2007年。

李均明:《秦汉简牍文书分类辑解》,北京:文物出版社,2009年。

李均明、刘军:《简牍文书学》,南宁:广西教育出版社,1999年。

李久昌主编:《崤函古道研究》,西安:三秦出版社,2009年。

李正宇:《敦煌古本乡土志八种笺证》,兰州:甘肃人民出版社,2008年。

练春海:《汉代车马形像研究——以御礼为中心》,桂林:广西师范大学出版社,2017年。

廖伯源:《制度与政治——政治制度与西汉后期之政局变化》,北京:中华书局,2017年。

刘汝霖:《汉晋学术编年》,北京:中华书局,1987年。

刘瑞:《汉长安城的朝向、轴线与南郊礼制建筑》,北京:中国社会科学出版社,2011年。

刘庆柱编著:《长安春秋》,北京:人民出版社,1988年。

刘庆柱、李毓芳:《汉长安城》,北京:文物出版社,2003年。

卢云:《汉晋文化地理》,西安:陕西人民教育出版社,1991 年。

罗振玉、王国维编著:《流沙坠简》,北京:中华书局,1993 年。

马啸、雷兴鹤、吴宏岐编著:《秦直道线路与沿线遗存》,西安:陕西师范大学出版社,2018 年。

孟凡人:《楼兰鄯善简牍年代学研究》,乌鲁木齐:新疆人民出版社,1995 年。

柳洪亮:《新出吐鲁番文书及其研究》,乌鲁木齐:新疆人民出版社,1997 年。

[日]大庭脩著,林剑鸣等译:《秦汉法制史研究》,上海:上海人民出版社,1991 年。

[日]大庭脩著,徐世虹等译:《秦汉法制史研究》,上海:中西书局,2017 年。

[日]大庭脩著,徐世虹译:《汉简研究》,桂林:广西师范大学出版社,2001 年。

[日]冨谷至著,刘恒武、孔立波译:《文书行政的汉帝国》,南京:江苏人民出版社,2013 年。

沈刚:《居延汉简语词汇释》,北京:科学出版社,2008 年。

沈融编著:《中国古兵器集成》,上海:上海辞书出版社,2015 年。

宋超、孙家洲:《秦直道与汉匈战争》,西安:陕西师范大学出版社,2018 年。

孙机:《汉代物质文化资料图说(增订本)》,上海:上海古籍出版社,2008 年。

孙闻博编:《秦直道研究论集》,西安:陕西师范大学出版社,2018 年。

谭其骧主编:《中国历史地图集》,北京:地图出版社,1982 年。

谭宗义:《汉代国内陆路交通考》,香港:香港新亚研究所,1967 年。

丘述尧:《史记新探》,台北:明文书局,1992 年。

汪桂海:《汉代官文书制度》,南宁:广西教育出版社,1999 年。

王国维原著,胡平生、马月华校注:《〈简牍检署考〉校注》,上海:上海古籍出版社,2004 年。

王慧芬主编:《中国文物地图集·江苏分册》,北京:中国地图出版社,2008 年。

王开主编:《陕西航运史》,北京:人民交通出版社,1997 年。

王开主编:《陕西省志·航运志》,西安:陕西人民出版社,1996 年。

王叔岷:《史记斠证》,北京:中华书局,2007 年。

王振铎遗著,李强整理、补著:《东汉车制复原研究》,北京:科学出版社,1997 年。

王子今:《门祭与门神崇拜》,西安:陕西人民出版社,2006 年。

王子今:《秦汉交通史稿(增订版)》,北京:中国人民大学出版社,2013 年。

王子今:《秦汉区域文化研究》,成都:四川人民出版社,

1998 年。

王子今:《秦始皇直道考察与研究》,西安:陕西师范大学出版社,2018 年。

王子今:《史记的文化发掘——中国早期史学的人类学探索》,武汉:湖北人民出版社,1997 年。

西安市交通局史志编纂委员会编:《西安古代交通志》,西安:陕西人民出版社,1997 年。

萧圣中:《曾侯乙墓竹简释文补正暨车马制度研究》,北京:科学出版社,2011 年。

信立祥:《汉代画像石综合研究》,北京:文物出版社,2000 年。

徐君峰:《秦直道道路走向与文化影响》,西安:陕西师范大学出版社,2018 年。

徐君峰:《秦直道考察行纪》,西安:陕西师范大学出版社,2018 年。

徐卫民、喻鹏涛:《直道与长城——秦的两大军事工程》,西安:陕西师范大学出版社,2018 年。

许宏:《大都无城:中国古代都城的动态解读》,北京:生活·读书·新知三联书店,2016 年。

薛英群:《居延汉简通论》,兰州:甘肃教育出版社,1991 年。

严耕望:《唐代交通图考》,上海:上海古籍出版社,2007 年。

严耕望:《中国地方行政制度史甲部——秦汉地方行政制度》,上海:上海古籍出版社,2007 年。

严耕望：《中国地方行政制度史乙部——魏晋南北朝地方行政制度》，上海：上海古籍出版社，2007 年。

严耕望撰，李启文整理：《魏晋南北朝佛教地理稿》，上海：上海古籍出版社，2007 年。

杨建：《西汉初期津关制度研究》，上海：上海古籍出版社，2010 年。

杨宽：《中国古代都城制度史研究》，上海：上海人民出版社，2016 年。

杨宽：《中国古代陵寝制度史研究》，上海：上海人民出版社，2016 年。

［英］迈克尔·鲁惟一著，于振波、车今花译：《汉代行政记录》，桂林：广西师范大学出版社，2005 年。

于振波：《秦汉法律与社会》，长沙：湖南人民出版社，2000 年。

张伯元：《出土法律文献丛考》，上海：上海人民出版社，2013 年。

张伯元：《出土法律文献研究》，北京：商务印书馆，2005 年。

张俊民：《敦煌悬泉置出土文书研究》，兰州：甘肃教育出版社，2015 年。

张俊民：《简牍学论稿——聚沙篇》，兰州：甘肃教育出版社，2014 年。

张维华：《中国长城建置考（上编）》，北京：中华书局，1979 年。

张伟然：《湖北历史文化地理研究》，武汉：湖北教育出版社，

2000 年。

张伟然：《湖南历史文化地理研究》，上海：复旦大学出版社，1995 年。

张在明、王有为、陈兰、喻鹏涛：《岭壑无语——秦直道考古纪实》，西安：陕西师范大学出版社，2018 年。

周振鹤：《西汉政区地理》，北京：人民出版社，1987 年。

周振鹤主著：《中国历史文化区域研究》，上海：复旦大学出版社，1997 年。

中国公路交通史编审委员会编著：《中国古代道路交通史》，北京：人民交通出版社，1994 年。

四、论文

安忠义：《秦汉简牍中的"致书"与"致籍"考辨》，《江汉考古》2012 年第 1 期。

鲍桐：《高阙地望新探》，《中国历史地理论丛》1993 年第 2 辑。

陈兰村、张根明：《论东方朔的"滑稽"、"朝隐"及文学创作》，《贵州社会科学》2003 年第 6 期。

陈桥驿：《历史地理学的回顾与展望》，《杭州师范学院学报（人文社会科学版）》2001 年第 4 期。

陈伟：《张家山汉简〈津关令〉"越塞阑关"诸令考释》，卜宪群、杨振红主编《简帛研究二〇〇六》，桂林：广西师范大学出版社，2008 年。

陈业新：《"载纵载横"与无远弗近——秦汉时期燕蓟地区交通地理研究》，《社会科学》2010 年第 8 期。

程民生：《宋代的诣阙上诉》，《文史哲》2012 年第 2 期。

初世宾：《悬泉汉简拾遗》，中国文物研究所编《出土文献研究》第 8 辑，上海：上海古籍出版社，2007 年。

初世宾：《悬泉汉简拾遗（二）》，中国文化遗产研究院编《出土文献研究》第 9 辑，北京：中华书局，2010 年。

初昉、世宾：《悬泉汉简拾遗（三）》，中国文化遗产研究院编《出土文献研究》第 10 辑，北京：中华书局，2011 年。

初昉、世宾：《悬泉汉简拾遗（四）——〈敦煌悬泉置汉简释粹〉例七七至一〇三之考释补》，中国文化遗产研究院编《出土文献研究》第 11 辑，上海：中西书局，2012 年。

初昉、世宾：《悬泉汉简拾遗（五）》，中国文化遗产研究院编《出土文献研究》第 12 辑，上海：中西书局，2013 年。

初昉、世宾：《悬泉汉简拾遗（六）》，中国文化遗产研究院编《出土文献研究》第 13 辑，上海：中西书局，2014 年。

初昉、世宾：《悬泉汉简拾遗（七）》，中国文化遗产研究院编《出土文献研究》第 15 辑，上海：中西书局，2016 年。

初昉、世宾：《悬泉汉简拾遗（八）》，中国文化遗产研究院编《出土文献研究》第 16 辑，上海：中西书局，2017 年。

代国玺：《说"制诏御史"》，《史学月刊》2017 年第 7 期。

戴卫红：《汉末魏晋时期县级主官加领校探讨》，《中国史研究》

2019 年第 4 期。

邓攀:《西汉州治问题辨析——兼论汉代扬州治所》,《南京晓庄学院学报》2017 年第 1 期。

邓天珍、张俊民:《敦煌汉简札记》,《敦煌研究》2012 年第 2 期。

丁超:《十年来中国历史人文地理研究评论》,《中国历史地理论丛》2011 年第 3 辑。

丁义珍:《汉东海庙今地考》,《文博通讯》1983 年第 4 期。

董平均:《〈津关令〉与汉初关禁制度论考》,《中华文化论坛》2007 年第 3 期。

杜文平:《东方朔偷桃故事的演变及其文化阐释》,《天中学刊》2013 年第 2 期。

杜晓:《汉代官用私印小议——以职官姓名印和"名印"私印为中心》,李学勤主编《出土文献》第 14 辑,上海:中西书局,2019 年。

段清波:《古代阙制研究——以秦始皇帝陵三出阙为基础》,西北大学考古学系、西北大学文化遗产与考古学研究中心编《西部考古》第 1 辑,西安:三秦出版社,2006 年。

段清波:《汉长安城轴线变化与南向理念的确立——考古学上所见汉文化之一》,《中原文化研究》2017 年第 2 期。

方麟:《秦汉博士制度研究综述》,北京大学《儒藏》编纂与研究中心编《儒家典籍与思想研究》,北京:北京大学出版社,2010 年。

冯玉新:《传统与现代——基于 GIS 支持下的历史地理研究》,

《地理教育》2007 年第 2 期。

傅振伦：《西汉始元七年出入六寸符券》，《文史》第 10 辑，北京：中华书局，1980 年。

葛剑雄、华林甫：《二十世纪的中国历史地理研究》，《历史研究》2002 年第 3 期。

葛全胜、何凡能、郑景云、满志敏、方修琦：《20 世纪中国历史地理研究若干进展》，《中国历史地理论丛》2005 年第 1 辑。

高次若、刘明科：《关于千渭之会都邑及其相关问题》，《周秦文化研究》编委会编《周秦文化研究》，西安：陕西人民出版社，1998 年。

高凤、徐卫民：《秦汉帝陵制度研究综述（1949-2012）》，中国秦汉史研究会、咸阳师范学院编，梁安和、徐卫民主编：《秦汉研究》第 7 辑，西安：西北大学出版社，2018 年。

高恒：《汉律篇名新笺》，《吉林大学社会科学学报》1980 年第 2 期，收入其著《秦汉简牍中法制文书辑考》，北京：社会科学文献出版社，2008 年。

高荣：《秦汉的传信——兼论传的演变》，张德芳主编《甘肃省第二届简牍学国际学术研讨会论文集》，上海：上海古籍出版社，2012 年。

龚胜生：《试论我国"天下之中"的历史源流》，《华中师范大学学报（哲学社会科学版）》1994 年第 1 期。

关治中：《函谷关考证——关中要塞研究之二》，《渭南师专学报(社会科学版)》1998 年第 6 期。

郭晨虹:《南宋时期太学生伏阙上书活动述评》,《纪念〈教育史研究〉创刊二十周年论文集(3)——中国教育制度史研究》会议论文,北京,2009 年。

郭璐:《基于辨方正位规划传统的秦咸阳轴线体系初探》,《城市规划》2017 年第 10 期。

郭胜强:《商周之际东西方商贸和交往的重要通道——崤函古道》,《三门峡职业技术学院学报》2017 年第 2 期。

郭小青:《从"某曹言"简看汉代玉门都尉府下的"分曹治事"》,"居延遗址学术研讨会"会议论文,内蒙古自治区额济纳,2019 年。

何清谷:《高阙地望考》,《陕西师大学报(哲学社会科学版)》1986 年第 3 期。

何智霖:《符传述略——简牍制度举隅》,《简牍学报》第 7 期,1980 年。

侯仁之、俞伟超、李宝田:《乌兰布和沙漠北部的汉代垦区》,中国科学院治沙队编《治沙研究》第 7 号,北京:科学出版社,1965 年。

侯旭东:《汉代律令与传舍管理》,卜宪群、杨振红主编《简帛研究二〇〇七》,桂林:广西师范大学出版社,2010 年。

侯旭东:《西北汉简所见"传信"与"传"——兼论汉代君臣日常政务的分工与诏书、律令的作用》,《文史》2008 年第 3 辑,修订稿见简帛网,2010 年 12 月 24 日。

侯旭东：《西汉御史大夫寺位置的变迁：兼论御史大夫的职掌》，《中华文史论丛》2015 年第 1 期。

侯旭东：《西汉张掖郡肩水候系年初编——兼论候行塞时的人事安排与用印》，甘肃简牍博物馆、西北师范大学大学历史文化学院编《简牍学研究》第 5 辑，兰州：甘肃人民出版社，2014 年。

胡宝国：《汉代政治文化中心的转移》，收入其著《汉唐间史学的发展》，北京：商务印书馆，2003 年。

胡春润：《东方朔"朝隐"思想探源》，《社科纵横》2006 年第 5 期。

胡春润、石观海：《东方朔的〈答客难〉在文学史上的功创》，《求索》2008 年第 2 期。

胡德经：《两京古道考辨》，《史学月刊》1986 年第 2 期。

胡方：《汉武帝"广关"措置与西汉地缘政策的变化——以长安、洛阳之间地域结构为视角》，《中国历史地理论丛》2015 年第 3 辑。

胡海帆：《汉〈东海庙碑〉及存世摹本考》，镇江焦山碑刻博物馆、文物出版社编《全国第二届碑帖学术研讨会论文集》，北京：文物出版社，2012 年。

胡建涛：《论汉初"津关令"的立法目的》，《法制与社会》2015 年第 35 期。

胡平生：《木简出入取予券书制度考》，《文史》第 36 辑，北京：中华书局，1992 年。

华林甫：《二十世纪中国历史地理学的成就》，《华东师范大学学报（哲学社会科学版）》2002年第1期。

华林甫：《改革开放40年来的中国历史地理研究》，《中国史研究动态》2018年第6期。

黄艳萍：《汉代边境的家属出入符研究——以西北汉简为例》，《理论月刊》2015年第1期。

贾衣肯：《蒙恬所筑长城位置考》，《中国史研究》2006年第1期。

江金波：《近20年来中国文化地理学研究综述》，《嘉应大学学报（自然科学）》2001年第6期。

江金波、司徒尚纪：《论我国文化地理学研究的前沿走向》，《人文地理》2002年第5期。

姜生：《汉阙考》，《中山大学学报（社会科学版）》1997年第1期。

姜守诚：《秦汉"直符"观念的神秘化》，"秦史与秦文化学术讨论会"会议论文，北京，2019年。

蒋五宝：《"千渭之会"遗址具体地点再探》，《宝鸡文理学院学报（社会科学版）》1998年第2期。

焦南峰、田亚岐：《寻找"汧渭之会"的新线索》，《中国文物报》2004年3月5日，第7版。

康震：《唐代诗歌与长安城建筑文化——以"北阙—南山"的意象解读为中心》，《陕西师范大学学报（哲学社会科学版）》2004年第 6 期。

孔庆茂：《芝秀堂本〈古今注〉版本考》，《古籍整理研究学刊》2008 年第 3 期。

寇彬堂：《寻找秦东门》，http://www.lygtour.com/lyg_content/lywh/llcx/2009/03-08/content_200903081142.shtml。

寇彬堂：《重测始皇碑，再论秦东门》，http://www.lygtour.com/lyg_content/lywh/llcx/2009/03-08/content_200903081143.shtml。

蓝勇：《对中国历史文化地理研究的思考》，《学术研究》2002 年第 1 期。

黎明钊：《汉代居延地区的"水火盗贼"》，本书编委会编《安作璋先生史学研究六十周年纪念文集》，济南：齐鲁书社，2007 年。

乐游、谭若丽：《敦煌一棵树西晋符信补释——兼说汉简中"符"的形态演变》，《中国国家博物馆馆刊》2016 年第 5 期。

乐游、谭若丽：《河西汉晋边塞出土散见印章封泥辑考》，西泠印社编《第五届"孤山证印"西泠印社国际印学峰会论文集》，杭州：西泠印社出版社，2017 年。

李并成：《甘肃省高台县骆驼城遗址新考》，《中国历史地理论丛》2006 年第 1 期。

李凡：《GIS 在历史、文化地理学研究中的应用及展望》，《地理与地理信息科学》2008 年第 1 期。

李凡、司徒尚纪：《近二十年来中国文化地理学文献分析》，《人文地理》2007 年第 1 期。

李凡、朱竑:《GIS 在历史及文化地理学研究中的应用——国外研究进展综述》,《人文地理》2009 年第 1 期。

李方:《张家山汉简〈二年律令〉有关汉代边防的法律》,《中国边疆史地研究》2009 年第 2 期。

李佳:《明代群臣"伏阙"抗争现象的政治文化分析》,《古代文明》2010 年第 4 期。

李健超:《霸上与长安》,《西北大学学报(哲学社会科学版)》1984 年第 1 期。

李江峰:《从滑稽之雄到偷桃大仙:古代小说戏曲中的东方朔》,《兰州交通大学学报》2009 年第 2 期。

李久昌:《春秋秦晋河西之争中的崤函古道战事》,《三门峡职业技术学院学报》2014 年第 4 期。

李久昌:《虢国的崤函古道经营》,《三门峡职业技术学院学报》2019 年第 2 期。

李久昌:《桃林之野·桃林塞·秦函谷关:秦函谷关创建年代与背景考》,《中国历史地理论丛》2019 年第 1 辑。

李久昌:《"天下之中"与列朝都洛》,《河南社会科学》2007 年第 4 期。

李久昌:《西周两京制与崤函古道》,中国古都学会编《中国古都研究》第 28 辑,西安:三秦出版社,2015 年。

李久昌:《崤函古道的起源与早期形态研究》,《三门峡职业技术学院学报》2012 年第 1 期。

李久昌:《崤函古道历史地理与文化内涵》,《三门峡职业技术学院学报》2008 年第 1 期。

李久昌:《"崤函古道"释名》,《三门峡职业技术学院学报》2018 年第 1 期。

李久昌:《崤函古道研究的回顾与展望》,《三门峡职业技术学院学报》2008 年第 4 期。

李久昌:《战国时期秦国的崤函古道攻略》,《三门峡职业技术学院学报》2016 年第 1 期。

李久昌:《周公"天下之中"建都理论研究》,《史学月刊》2007 年第 9 期。

李均明:《长沙五一广场出土东汉木牍"直符"文书解析》,《齐鲁学刊》2013 年第 4 期。

李均明:《汉简所反映的津关制度》,《历史研究》2002 年第 3 期。

李均明:《汉简所见出入符、传与出入名籍》,《文史》第 19 辑,北京:中华书局,1983 年。

李荣华:《汉魏六朝南方环境的改造与华夏社会的地域认同》,《陕西社会科学》2016 年第 7 期。

李荣华:《秦汉时期南土卑湿环境恶劣观念考述》,《云南社会科学》2014 年第 3 期。

李学勤:《说"张掖都尉棨信"》,《文物》1978 年第 1 期。

李岩云:《敦煌西湖一棵树烽隧遗址新获简牍之考释》,《敦煌研究》2012 年第 5 期。

李逸友：《高阙考辨》，《内蒙古文物考古》1996 年第 1、2 期。

李银良：《汉代"过所"考辨》，邬文玲主编《简帛研究二〇一七（春夏卷）》，桂林：广西师范大学出版社，2017 年。

李吟屏：《悬挂楼兰王首之北阙考》，《文物》1995 年第 12 期。

李永平：《敦煌出土西晋"元康三年侦候符信"考略》，"甘肃省第二届简牍学国际学术研讨会"会议论文，兰州，2011 年。

李正宇：《敦煌一棵树烽隧新获汉简初识》，张德芳主编《甘肃省第二届简牍学国际学术研讨会会议论文集》，上海：上海古籍出版社，2012 年。

李仲立：《秦直道新论》，《西北史地》1997 年第 4 期。

李仲立：《西周、战国时期秦直道子午岭路段已成型》，罗世杰、林向、彭邦本、彭裕商主编《先秦史与巴蜀文化论集》，天津：历史教学社，1995 年，收入李仲立《先秦历史文化探微》，兰州：甘肃人民出版社，2006 年。

李之勤：《"沙河古桥"为汉、唐西渭桥说质疑》，西安市交通局史志编纂委员会编《西安古代交通志》，西安：陕西人民出版社，1997 年。

连劭名：《汉律中的"上言变事律"》，《政法论坛》1988 年第 1 期。

廖文俊：《秦直道与九原地望》，张光耀主编《秦直道探索与研究》，呼和浩特：内蒙古人民出版社，2006 年。

林幹：《两汉时期"护乌桓校尉"略考》，《内蒙古社会科学（汉文版）》1987 年第 1 期。

刘明科、高次若：《再论千渭之会及其相关问题》，《宝鸡社会科学》2000 年第 4 期。

刘明科、辛怡华：《渭河峡谷的秦文化遗存与秦文公东猎汧渭之会路线蠡测》，秦始皇兵马俑博物馆《论丛》编委会编《秦文化论丛》第 12 辑（上），西安：三秦出版社，2005 年。

刘沛林：《文化地理学与历史地理学的关系》，《衡阳师专学报（社会科学版）》1995 年第 3 期。

刘沛林：《近年来我国文化地理学研究的进展》，《地理科学进展》1998 年第 2 期。

刘瑞：《阿房宫：从考古学开展秦统一研究的核心遗存》，《光明日报》2017 年 7 月 17 日，第 14 版。

刘庆柱：《汉长安城未央宫布局形制初论》，《考古》1995 年第 12 期。

刘卫鹏：《甘肃高台十六国墓券的再释读》，《敦煌研究》2009 年第 1 期。

刘欣宁：《汉代"传"中的父老与里正》，《早期中国史研究》第 8 卷第 2 期，2016 年 12 月。

刘增贵：《门户与中国古代社会》，《中研院历史语言研究所集刊》第 68 本第 4 分，1997 年。

卢云：《战国时期主要陆路交通初探》，复旦大学中国历史地理研究所编《历史地理研究》第 1 辑,上海:复旦大学出版社,1986 年。

吕卓民:《秦直道歧义辨析》,《中国历史地理论丛》1990 年第 1 期。

马衡:《居延汉简考释两种》,《考古通讯》1957 年第 1 期。

马正林:《〈水经注〉所记霸上辨析》,《陕西师大学报(哲学社会科学版)》1988 年第 4 期。

马正林:《渭河水运和关中漕渠》,《陕西师大学报(哲学社会科学版)》1983 年第 4 期。

马正林:《也论霸上的位置》,《陕西师大学报(哲学社会科学版)》1985 年第 3 期。

毛曦:《历史文化地理学的理论与方法》,《陕西师范大学学报(哲学社会科学版)》2002 年第 3 期。

[美]马增荣:《汉代地方行政中的直符制度》,武汉大学简帛研究中心主办《简帛》第 16 辑,上海:上海古籍出版社,2018 年。

聂济冬:《文人·名士·神仙——汉晋东方朔形象演变与定型》,《民俗研究》2014 年第 3 期。

潘威、孙涛、满志敏:《GIS 进入历史地理学研究 10 年回顾》,《中国历史地理论丛》2012 年第 1 辑。

彭浩:《〈津关令〉的颁行年代与文书格式》,《郑州大学学报(哲学社会科学版)》2002 年第 3 期。

彭年:《汉代的关、关市和关禁制度》,《四川师范大学学报(社会科学版)》1987 年第 4 期。

秦建明、张在明、杨政:《陕西发现以汉长安城为中心的西汉南北向超长建筑基线》,《文物》1995 年第 3 期。

裴锡圭:《汉简零拾》,《文史》第 12 辑,北京:中华书局,1981 年。

曲安京、段清波、陈镱文:《陕西三原天井坑遗址坑底结构的天文意义初探》,《文物》2019 年第 12 期。

[日]黄晓芬:《论西汉帝都长安的形制规划与都城理念》,中国地理学会历史地理专业委员会《历史地理》编辑委员会编《历史地理》第 25 辑,上海:上海人民出版社,2011 年。

[日]黄晓芬:《汉帝都长安的布局形制考》,中国社会科学院考古研究所、陕西省考古研究院、西安市文物保护考古所编《汉长安城考古与汉文化——纪念汉长安城考古五十周年国际学术研讨会论文集》,北京:科学出版社,2008 年。

沈长云:《赵北长城西段与秦始皇长城》,中国地理学会历史地理专业委员会《历史地理》编辑委员会编《历史地理》第 7 辑,上海:上海人民出版社,1990 年。

施丁:《谈谈“章邯军”与“王离军”》,《史学月刊》2000 年第 3 期。

史念海:《古代的关中》,收入其著《河山集》初集,此据《史念海全集》第 3 卷,北京:人民出版社,2013 年。

史念海:《函谷关和新谷关》,《西北史地》1984 年第 3 期,收入其著《河山集》四集,此据《史念海全集》第 4 卷,北京:人民出版社,

2013 年。

史念海:《三门峡与古代漕运》,《人文杂志》1960 年第 4 期,收入《河山集》初集,此据《史念海全集》第 3 卷,北京:人民出版社,2013 年。

史念海:《秦始皇直道遗迹的探索》,《陕西师大学报(哲学社会科学版)》1975 年第 3 期,收入其著《河山集》四集,此据《史念海全集》第 4 卷,北京:人民出版社,2013 年。

史念海:《石器时代人们的居地及其聚落分布》,《人文杂志》1959 年第 3 期,收入其著《河山集》初集,此据《史念海全集》第 3 卷,北京:人民出版社,2013 年。

史念海:《与王北辰论先生论古桥门与秦直道书》,《中国历史地理论丛》1989 年第 4 期,收入其著《河山集》四集,此据《史念海全集》第 4 卷(改题为《与友人论古桥门与秦直道书》),北京:人民出版社,2013 年。

史念海:《再与王北辰先生论古桥门与秦直道书》,《中国历史地理论丛》1989 年第 4 期,收入其著《河山集》四集,此据《史念海全集》第 4 卷(改题为《再与友人论古桥门与秦直道书》),北京:人民出版社,2013 年。

史念海:《直道和甘泉宫遗迹质疑》,《中国历史地理论丛》1988 年第 3 辑,收入其著《河山集》四集,此据《史念海全集》第 4 卷,北京:人民出版社,2013 年。

舒振邦:《赵长城终点高阙地望考》,《河套文化》2007 年第

3 期。

宋杰：《秦对六国战争中的函谷关和豫西通道》，《首都师范大学学报（社会科学版）》1997 年第 3 期。

宋艳萍：《汉简所见"以私印行事"研究》，中共金塔县委、金塔县人民政府、酒泉市文物局、甘肃简牍博物馆、甘肃敦煌学学会编《金塔居延遗址与丝绸之路历史文化研究》，兰州：甘肃教育出版社，2014 年。

孙慰祖：《新出汝南郡秦汉封泥群研究（代序）》，王玉清、傅春喜编著《新出汝南郡秦汉封泥集》，上海：上海书店出版社，2009 年。

谭慧存：《论东方朔的"朝隐"思想》，《史学月刊》2012 年第 6 期。

谭其骧：《北河》，《中华文史论丛》第 6 辑，北京：中华书局，1965 年，收入其著《长水集（下）》，此据《谭其骧全集》第 1 卷，北京：人民出版社，2015 年。

唐长寿：《汉代墓葬门阙考辨》，《中原文物》1991 年第 3 期。

田家溧：《汉简所见"致籍"与"出入名籍"考辨——以肩水金关简为中心》，《史学集刊》2014 年第 6 期。

汪桂海：《汉符余论》，甘肃省文物考研究所、西北师范大学文学院历史系编《简牍学研究》第 3 辑，兰州：甘肃人民出版社，2002 年。

汪桂海：《汉印制度杂考》，《历史研究》1997 年第 3 期，修订稿收入其著《秦汉简牍探研》，台北：文津出版社，2009 年。

王北辰:《古桥门与秦直道考》,《北京大学学报(哲学社会科学版)》1988 年第 1 期。

王北辰:《内蒙古后套平原的几个历史地理问题——兼考唐西受降城》,《内蒙古社会科学》1989 年第 5 期。

王朝客:《〈古今注〉小考》,《贵州文史丛刊》2001 年第 3 期。

王恩涌:《文化地理学近来在我国的出现与发展》,《人文地理》1996 年增刊。

王国维:《汉魏博士考》,收入其著《观堂集林》,北京:中华书局,1959 年。

王国维:《汉魏博士题名考》,收入其著《王国维遗书》,上海:上海古籍出版社,1983 年。

王国维:《书绩谿胡氏〈西京博士考〉昭文张氏〈两汉博士考〉后》,收入其著《观堂集林》,北京:中华书局,1959 年。

王雷生:《秦文公建都"汧渭之会"及其意义——兼考非子秦邑所在》,《人文杂志》2001 年第 6 期。

王晖:《周武王东都选址考辨》,《中国史研究》1998 年第 1 期。

王继训:《也谈朝隐与东方朔》,《济南大学学报(社会科学版)》2002 年第 1 期。

王静:《汉代蛮夷邸论考》,《史学月刊》2000 年第 3 期。

王开:《"秦直道"新探》,《陕西交通史志通讯》1986 年第 5 期,又见《西北史地》1987 年第 2 期,修改后发表于《成都大学学报(社会科学版)》1989 年第 1 期。

王克陵：《西周时期"天下之中"的择定与"王土"勘测》，《湖北大学学报（哲学社会科学版）》1990 年第 2 期。

王莉：《汉魏小说中东方朔故事的演变轨迹》，《济宁师范专科学校学报》2006 年第 2 期。

王社教：《论汉长安城形制布局中的几个问题》，《中国历史地理论丛》1999 年第 2 辑。

王庭槐、张传藻：《连云港历史地理概述》，《南京师院学报（社会科学版）》1981 年第 2 期。

王廷洽：《居延汉简印章资料研究》，《青海师范大学学报（哲学社会科学版）》1999 年第 3 期。

王文楚：《飞狐道的历史变迁》，收入其著《古代交通地理丛考》，北京：中华书局，1996 年。

王文楚：《唐代两京驿路考》，《历史研究》1983 年第 6 期，收入其著《古代交通地理丛考》，北京：中华书局，1996 年。

王文楚：《西安洛阳间陆路交通的历史发展》，收入其著《古代交通地理丛考》，北京：中华书局，1996 年。

王咸秋：《汉函谷关遗址相关问题的初步研究》，《洛阳考古》2016 年第 3 期。

王学理：《法天意识在秦都咸阳建设中的规划与实施》，袁仲一主编《秦俑秦文化研究——秦俑学第五届学术讨论会论文集》，西安：陕西人民出版社，2000 年，收入其著《王学理秦汉考古文选》，西安：三秦出版社，2008 年。

王学理:《以讹传讹"咸阳宫",一扫蒙尘显"冀阙"——对秦都咸阳 1 号宫殿遗址定性的匡正》,《文博》2011 年第 2 期。

王学泰:《先秦笑话中的地域歧视》,收入其著《采菊东篱下》,西安:陕西人民出版社,2009 年。

王云渠:《西汉徙民于诸陵考》,《师大史学丛刊》1931 年第 1 卷第 1 期。

王治国:《高阙塞考辨》,《河套大学学报》2006 年第 4 期。

王子今:《刘贺昌邑—长安行程考》,《南都学坛》2018 年第 1 期。

王子今:《"雒阳虞初"事迹考》,《河洛史志》1996 年第 2 期。

王子今:《"秦东门"与秦汉东海郡形势》,《史林挥麈——纪念方诗铭先生学术论文集》编辑组编《史林挥麈——纪念方诗铭先生学术论文集》,上海:上海古籍出版社,2015 年。

王子今:《秦汉"北边"交通格局与九原的地位》,收入其著《秦始皇直道考察与研究》,西安:陕西师范大学出版社,2018 年。

王子今:《秦汉长城与北边交通》,《历史研究》1988 年第 6 期,收入其著《秦汉边疆与民族问题》,北京:中国人民大学出版社,2011 年。

王子今:《秦汉区域地理学的"大关中"概念》,《人文杂志》2003 年第 1 期。

王子今:《秦直道的历史文化观照》,《人文杂志》2005 年第 5 期。

王子今：《秦直道起点辨正》，《人文杂志》2017 年第 1 期，后改题为《关于秦始皇直道的起点》，收入其著《秦始皇直道考察与研究》，西安：陕西师范大学出版社，2018 年。

王子今：《王咸举幡：舆论史、教育史和士人心态史的考察》，《读书》2009 年第 6 期。

王子今：《直道与丝绸之路》，收入其著《秦始皇直道考察与研究》，西安：陕西师范大学出版社，2018 年。

王子今、刘华祝：《张家山汉简〈二年律令·津关令〉所见五关》，《中国历史文物》2003 年第 1 期。

王子今、焦南峰：《秦直道石门琐议》，袁仲一主编《秦俑秦文化研究——秦俑学第五届学术讨论会论文集》，西安：陕西人民出版社，2000 年。

魏坚：《河套历史文化的考古学探索》，王建平主编《河套文化论文集》，呼和浩特：内蒙古人民出版社，2006 年。

吴方基：《新出尚德街东汉简牍所见"上言变事"制度》，邬文玲、戴卫红主编《简帛研究二〇一九（春夏卷）》，桂林：广西师范大学出版社，2019 年。

吴宏岐：《秦直道修筑的起讫时间与工程分期》，《中国历史地理论丛》1996 年第 3 辑。

吴礽骧：《河西汉代驿道与沿线古城小考》，李学勤、谢桂华主编《简帛研究二〇〇一》，桂林：广西师范大学出版社，2001 年。

吴树平：《从竹简本〈秦律〉看秦律律篇的历史源流》，《中华文史论丛》1983 年第 2、3 期,收入其著《秦汉文献研究》,济南:齐鲁书社,1988 年。

吴松弟、侯甬坚:《中国历史人文地理学研究进展与展望》,《地理科学进展》2011 年第 12 期。

夏增民:《历史学术地理刍议——以 20 世纪 80 年代以来的历史学术地理研究为例》,《华中科技大学学报(社会科学版)》2006 年第 6 期。

谢桂华:《新旧居延汉简册书复原举隅(续)》,李学勤主编《简帛研究》第 1 辑,北京:法律出版社,1993 年,收入其著《汉晋简牍论丛》,桂林:广西师范大学出版社,2014 年。

辛德勇:《北京大学藏秦水陆里程简册的性质和拟名问题》,武汉大学简帛研究中心主办《简帛》第 8 辑,上海:上海古籍出版社,2013 年,收入其著《石室賸言》,北京:中华书局,2014 年。

辛德勇:《北京大学藏秦水陆里程简册初步研究》,李学勤主编《出土文献》第 4 辑,上海:中西书局,2013 年,收入其著《石室賸言》,北京:中华书局,2014 年。

辛德勇:《河洛渭汇流关系变迁概述》,收入其著《古代交通与地理文献研究》,北京:中华书局,1996 年。

辛德勇:《汉唐间长安附近的水路交通——汉唐长安交通地理研究之三》,收入其著《古代交通与地理文献研究》,北京:中华书局,1996 年。

辛德勇:《汉武帝"广关"与西汉前期地域控制的变迁》,《中国历史地理论丛》2008 年第 2 辑。

辛德勇：《两汉州制新考》，收入其著《秦汉政区与边界地理研究》，北京：中华书局，2009 年。

辛德勇：《论霸上的位置及其交通地位》，《陕西师大学报（哲学社会科学版）》1985 年第 1 期，收入其著《古代交通与地理文献研究》，北京：中华书局，1996 年。

辛德勇：《秦汉直道研究与直道遗迹的历史价值》，《中国历史地理论丛》2006 年第 1 辑，收入其著《秦汉政区与边界地理研究》，北京：中华书局，2009 年。

辛德勇：《三论霸上的位置》，《中国历史地理论丛》1989 年第 1 辑，收入其著《古代交通与地理文献研究》，北京：中华书局，1996 年。

辛德勇：《〈水经·渭水注〉若干问题疏证》，收入其著《古代交通与地理文献研究》，北京：中华书局，1996 年。

辛德勇：《唐高僧籍贯及驻锡地分布》，收入其著《古代交通与地理文献研究》，北京：中华书局，1996 年。

辛德勇：《西汉时期陕西航运之地理研究》，中国地理学会历史地理专业委员会《历史地理》编辑委员会编《历史地理》第 21 辑，上海：上海人民出版社，2006 年。

辛德勇：《西汉至北周时期长安附近的陆路交通——汉唐长安交通地理研究之一》，收入其著《古代交通与地理文献研究》，北京：中华书局，1996 年。

辛德勇：《崤山古道琐证》，收入其著《古代交通与地理文献研究》，北京：中华书局，1996年。

辛德勇：《阴山高阙与阳山高阙辨析——并论秦始皇万里长城西段走向以及长城之起源诸问题》，《文史》2005年第3辑，收入其著《秦汉政区与边界地理研究》，北京：中华书局，2009年。

辛德勇：《越王勾践徙都琅邪事析义》，《文史》2010年第1辑。

辛德勇：《再论霸上的位置》，《陕西师大学报（哲学社会科学版）》1986年第3期，收入其著《古代交通与地理文献研究》，北京：中华书局，1996年。

邢义田：《试释汉代的关东、关西与山东、山西》，收入其著《治国安邦：法制、行政与军事》，北京：中华书局，2011年。

徐畅：《西汉长安城未央宫北阙的地理位置及政治功用》，《四川文物》2012年第4期。

徐乐尧：《汉简所见信符辨析》，《敦煌学辑刊》1984年第2期。

徐日辉：《秦文公兵进"汧渭之会"考》，秦始皇兵马俑博物馆《论丛》编委会编《秦文化论丛》第12辑（上），西安：三秦出版社，2005年。

徐日辉：《秦襄公东进关中路线考》，《中国历史地理论丛》2005年第4辑。

徐世虹：《居延新简汉律佚文考》，《政法论坛》1992年第3期。

徐世虹：《九章律再认识》，"沈家本与中国法律文化国际学术研讨会"组委会编《沈家本与中国法律文化国际学术研讨会论文集》，北京：中国法制出版社，2005 年。

徐志君：《汉画所见棨戟研究——论使用、形制和意义》，《美术与设计》2015 年第 5 期。

薛英群：《汉代符信考述（上、下）》，《西北史地》1983 年第 3、4 期。

学理、采梁、梓林、洪春：《秦都咸阳发掘报道的若干补正意见》，《文物》1979 年第 2 期。

严宾：《高阙考辨》，中国地理学会历史地理专业委员会《历史地理》编辑委员会编《历史地理》第 2 辑，上海：上海人民出版社，1982 年。

阎步克：《乐府诗〈陌上桑〉中的"使君"与"五马"——兼论两汉南北朝车驾等级制的若干问题》，《北京大学学报（哲学社会科学版）》2011 年第 2 期。

严耕望：《战国学术地理与人才分布》，收入其著《严耕望史学论文选集》，北京：中华书局，2006 年。

严耕望：《唐代佛教之地理分布》，《民主评论》第 4 卷 24 期，1953 年 12 月。

杨发鹏：《近二十年来国内佛教历史地理研究综述》，《重庆文理学院学报（社会科学版）》2009 年第 5 期。

杨泓：《中国古代的戟》，收入其著《中国古兵器论丛（增订本）》，北京：中国社会科学出版社，2007 年。

杨思植、杜甫亭：《西安地区河流及水系的历史变迁》，《陕西师大学报(哲学社会科学版)》1985 年第 3 期。

杨思植、杜甫亭:《西安附近渭河河道演变》,《史前研究》1985 年第 1 期。

杨小亮:《略论东汉"直符"及其举劾犯罪的司法流程》,中国政法大学法律古籍整理研究所编《中国古代法律文献研究》第 9 辑,北京:社会科学文献出版社,2015 年。

杨振红:《秦汉律篇二级分类说——论〈二年律令〉二十七种律均属九章》,《历史研究》2005 年第 6 期,收入其著《出土简牍与秦汉社会》,桂林:广西师范大学出版社,2009 年。

姚生民:《秦直道起点及相关问题》,《咸阳师范学院学报》2002 年第 1 期。

叶其峰:《西汉官印丛考》,《故宫博物院院刊》1986 年第 1 期。

佚名:《关于朐山县与朐山戍及海州古朐县》,《连云港人文》2009 年第 1 期,转引自 http://www.lygwh.gov.cn/item/Print.asp? m=1&ID=15668。

雍际春:《论历史文化地理学的研究对象、科学内容及其任务》,《中国历史地理论丛》1994 年第 3 辑。

雍际春:《论中国历史文化地理学的形成与发展》,《天水师专学报(哲社版)》1996 年第 1 期。

于春雷:《评〈秦直道〉丛书》,《中国史研究动态》2019 年第 1 期。

于赓哲:《疾病、卑湿与中古族群边界》,《民族研究》2010 年第

1 期。

于豪亮：《居延汉简校释》，《考古》1964 年第 3 期，收入其著《丁豪亮学术文存》，北京：中华书局，1985 年。

于洪涛：《论敦煌悬泉汉简中的"厩令"——兼谈汉代"诏"、"令"、"律"的转化》，《华东政法大学学报》2015 年第 4 期。

俞伟超、信立祥：《孔望山摩崖造像的年代考察》，《文物》1981 年第 7 期。

余英时：《汉代循吏与文化传播》，收入其著《士与中国文化》，上海：上海人民出版社，2003 年。

袁仲一：《对秦始皇陵园门阙遗址的初步认识》，秦始皇兵马俑博物馆《论丛》编委会编，吴永琪主编《秦文化论丛》第 11 辑，西安：三秦出版社，2004 年。

臧知非：《论汉文帝"除关无用传"——西汉前期中央与诸侯王国关系的演变》，《史学月刊》2010 年第 7 期。

张博：《"反书"、"变事"及"变告"》，《古籍整理研究学刊》1996 年第 3 期。

张伯元：《居延"言变事"案复原》，收入其著《出土法律文献研究》，北京：商务印书馆，2005 年。

张崇琛：《"宋人"现象与中国传统文化中的地域偏见》，《科学·经济·社会》2008 年第 3 期。

张传玺：《关于"章邯军"与"王离军"的关系问题》，《史学月刊》1958 年第 11 期。

张春龙、龙京沙:《里耶秦简三枚地名里程木牍略析》,武汉大学简帛研究中心主办《简帛》第 1 辑,上海:上海古籍出版社,2006 年。

张德芳:《悬泉汉简中的"传信简"考述》,中国文物研究所编《出土文献研究》第 7 辑,上海:上海古籍出版社,2005 年。

张海斌:《高阙、鸡鹿塞及相关问题的再考察》,《内蒙古考古文物》2000 年第 1 期。

张汉东:《论秦汉博士制度》,附录于安作璋、熊铁基著《秦汉官制史稿》,济南:齐鲁书社,2007 年。

张俊民:《〈敦煌悬泉汉简释文选〉校补》,《敦煌学辑刊》2001 年第 1 期。

张俊民:《〈敦煌悬泉汉简释粹〉校读》,简帛研究网,2007 年 1 月 31 日。

张萍:《地理信息系统(GIS)与中国历史研究》,《史学理论研究》2018 年第 2 期。

张天恩:《古代关陇通道与秦人关中路线考略》,秦始皇兵马俑博物馆《论丛》编委会编,吴永琪主编《秦文化论丛》第 13 辑,西安:三秦出版社,2006 年。

张伟然:《历史文化地理研究的"软"与"硬"》,《云南大学学报(社会科学版)》2018 年第 1 期。

张伟然:《南北朝佛教地理的初步研究(上篇)》,《中国历史地理论丛》1991 年第 4 辑。

张伟然：《南北朝佛教地理的初步研究（下篇）》，《中国历史地理论丛》1992 年第 1 辑。

张伟然：《中国佛教地理研究史籍述评》，《地理学报》1996 年第 4 期。

张文：《地域偏见和族群歧视：中国古代瘴气与瘴病的文化学解读》，《民族研究》2005 年第 3 期。

张文华：《二十余年来区域历史地理理论研究概述》，《中国史研究动态》2013 年第 2 期。

张再兴：《秦汉简帛中的"曆"和"磨"》，邬文玲、戴卫红主编《简帛研究二〇一八（春夏卷）》，桂林：广西师范大学出版社，2018 年。

赵光怀：《"告御状"：汉代诣阙上诉制度》，《山东大学学报（人文社会科学版）》2002 年第 1 期。

赵海洲、张广军：《汉代陵墓前的阙门及其起源探讨》，《平顶山学院学报》2005 年第 6 期。

赵静：《子午道名称的科技认识探讨》，《文博》2016 年第 1 期。

赵雪野、赵万钧：《甘肃高台魏晋墓墓券及所涉及的神祇和卜宅图》，《考古与文物》2008 年第 1 期。

赵占魁：《内蒙古后套平原古城考——兼与王北辰先生商榷》，《内蒙古社会科学》1993 年第 4 期。

中国政法大学中国法制史基础史料研读会：《睡虎地秦简法律文书集释（二）：〈秦律十八种〉（〈田律〉〈厩苑律〉）》，中国政法大学法律古籍整理研究所编《中国古代法律文献研究》第 7 辑,北京:社会科学文献出版社,2013 年。

周尚意:《文化地理学研究方法及其学科影响》,《中国科学院院刊》2011 年第 4 期。

段清波、周昆叔:《长安附近河道变迁与古文化分布》,周昆叔主编《环境考古研究》第 1 辑,北京:科学出版社,1991 年。

朱竑、司徒尚纪:《近年我国文化地理学研究的新进展》,《地理科学》1999 年第 4 期。

朱绍侯:《关于秦末三十万戍守北边国防军的下落问题》,《史学月刊》1958 年第 4 期。

狄三峰:《2000—2012 年中国大陆历史地理学研究之发展》,扬州大学硕士学位论文,2013 年。

高子期:《秦汉阙论》,西安美术学院博士学位论文,2013 年。

胡俊俊:《〈汉书〉如淳注研究》,西南科技大学硕士学位论文,2011 年。

李洪财:《汉简草字整理与研究》,吉林大学博士学位论文,2014 年。

梁健:《曹魏律章句研究——以如淳〈汉书〉注为视角》,西南政法大学硕士学位论文,2007 年。

林春香:《东方朔及其文学形象研究》,福建师范大学博士学位论文,2012 年。

罗小华:《战国简册所见车马及其相关问题研究》,武汉大学博士学位论文,2011 年。

刘新然:《汉文帝登基与朝廷政局变动——围绕二代危机展开的思考》,华中师范大学硕士学位论文,2012 年。

宋洁:《西汉法制问题研究》,湖南大学博士学位论文,2014 年。

王欢:《〈古今注〉研究》,陕西师范大学硕士学位论文,2014 年。

徐斌:《秦咸阳—汉长安象天法地规划思想与方法研究》,清华大学博士学位论文,2014 年。

张蓓:《论东方朔传说丛的建构、传承与呈现方式》,复旦大学硕士学位论文,2012 年。

张玲:《秦汉关隘制度研究》,河南大学博士学位论文,2009 年。

赵宁:《散见汉晋简牍的搜集与整理》,吉林大学硕士学位论文,2014 年。

朱翠翠:《秦汉符信制度研究》,上海师范大学硕士学位论文,2009 年。

朱恩荣:《西汉初期出入境管理立法研究——以〈津关令〉为分析对象》,西南政法大学硕士学位论文,2010 年。

后　记

　　2007 年夏天,我独自一个人来到洛阳,骑着自行车开始了我规划已久的"洛阳—西安"交通线学术考察。之所以选择骑自行车考察,一半是因为我算半个自行车运动爱好者,另一半则是仿慕王子今老师年轻时骑自行车考察的壮举。而选择考察"洛阳—西安"交通线的原因,则是因为我的硕士学位论文《汉代两都交通沿线区域学术地理研究》写的就是这条道路。

　　骑行虽然艰苦,但收获颇丰。至今依然仍清晰记得看到新安函谷关遗址时的激动与兴奋。正是日暮时分,一轮红日坠下,炊烟已缓缓升起。坐在函谷关城门门洞中乘凉的老者与城门上康有为手书的"汉函谷关"匾额,一起笼罩在一片微泛金光的红色之中。彼时的函谷关遗址尚未进行有效保护与科学发掘,村民的房舍堆叠在函谷关前,几乎将关楼淹没。黄土夯筑的汉代阙台遗迹上布满荒草乱树,残缺的汉瓦散落其间。陇海铁路紧贴着北侧关墙穿行而过。站在民国初年重修的关楼向东远眺,可见涧河缓缓流向远方的洛阳。一列开往西安方向的火车恰好鸣笛而过。古关、铁路、民居、夕阳交织在一起，呈现一种历史的"原生态"，别有一番沧桑之美。

在这次短暂的学术考察中，我过去的一些观点得以修正，一些新的思路得以形成。可惜因为各种原因，考察并未全部完成。不过，这也使我认识到行路之于读书的重要。参加工作后，得以借会议之机到各地进行考察，更多地体会到了读书与行路的乐趣。这本小书即是读书与行路结合的产物。其中的一些文章写于十几年前，虽然当时已尽力，但现在看来其实非常青涩、粗糙。在这次撰写书稿的过程中，对此前的文章进行了认真的修订，有些观点甚至完全改变。这些文章大多游离于我的学术重心之外，最初撰写时并没有十分清晰的规划，章节之间也没有多少内在逻辑可言。虽然已经尽力连缀，但自己仍然很不满意，以这样的成果供学界检验，其实内心十分忐忑。

读书以来，一直得到恩师王子今先生的悉心教导。受老师潜移默化的影响，我平时的读书思考多与交通有关。本书对许多问题的思考，均受到过老师的启发和帮助。

本书的完成，得到南开大学杨振红教授、中国社会科学院古代史研究所邬文玲研究员的鼓励。她们对小书的章节设计、标题命名提供了很好的意见。特别是邬文玲研究员，如果没有她的不断督促，小书恐怕难以顺利完成。

2007年考察时，洛阳市文物考古研究院蔡运章先生，河南科技大学薛瑞泽先生，三门峡文物考古研究所郑立超先生提供了很多帮助。随后在陕西西安神禾原大墓的考古实习得到了陕西省考古研究院丁岩先生的帮助。2018年9月,承蒙陕西师范大学出版社侯海英女士邀请,有幸参加了甘肃庆阳等地古道遗址的考察。

好友翟金明先生帮助校改了书稿。广西师范大学出版社罗文波女士、梁鑫磊先生为小书的出版付出许多心血。

在此谨对以上老师、朋友一并深心致谢!

在构思这篇后记时,犬子游荡至身边,遂请他帮忙去故纸堆中抽取一张草纸以便记录。他抽出的恰好是我2007年考察前打印的一张交通地图。这篇后记的初稿即写于其上。冥冥之中,或是天意。